Die Reihe „Vernetzte Sicherheit“
wird herausgegeben von

Ralph Thiele und Heiko Borchert

Band 7

Heiko Borchert (Hrsg.)

Wettbewerbsfaktor Sicherheit

Staat und Wirtschaft im Grand Pas de Deux für Sicherheit und Prosperität

Nomos

Die Deutsche Nationalbibliothek verzeichnet diese Publikation in der Deutschen Nationalbibliografie; detaillierte bibliografische Daten sind im Internet über http://www.d-nb.de abrufbar.

ISBN 978-3-8329-3778-2

Die Bände 1 - 3 der Schriftenreihe sind erschienen bei Verlag E. S. Mittler & Sohn, Hamburg

1. Auflage 2008

Inhalt

Abbildungs- und Tabellenverzeichnis

Abkürzungsverzeichnis

AA	Auswärtiges Amt
ADS-B	Automatic Dependent Surveillance-Broadcast
ASW	Arbeitsgemeinschaft für Sicherheit der Wirtschaft e.V.
BDI	Bundesverband der Deutschen Industrie
BDWS	Bundesverband Deutscher Wach- und Sicherheitsunternehmen
BfV	Bundesamt für Verfassungsschutz
BI	Business Intelligence
BKA	Bundeskriminalamt
BM.I	Bundesministerium für Inneres
BMBF	Bundesministerium für Bildung und Forschung
BMF	Bundesministerium der Finanzen
BMI	Bundesministerium des Innern
BMVg	Bundesministerium der Verteidigung
BND	Bundesnachrichtendienst
BORS	Behörden und Organisationen für Rettung und Sicherheit
BSI	Bundesamt für Sicherheit in der Informationstechnik
CDM	Collaborative Decision Making
CERT	Computer Emergency Response Teams
CIIP	Critical Information Infrastructure Protection
COP	Common Operational Picture
CSI	Container Security Initiative
DAP	Dienst für Analyse und Prävention
DDoS	Distributed Denial of Services
EADRCC	Euro-Atlantic Disaster Response Coordination Cell
EAI	Enterprise Application Integration
EBAO	Effects-Based Approach to Operations
EITI	Extractive Industries Transparency Initiative
EPSKI	Europäisches Programm zum Schutz kritischer Infrastrukturen
ERP	Enterprise Resource Planning
F&E	Forschung und Entwicklung
FAA	Federal Aviation Authority
FAR	Flexibel, adaptiv und robust
GIS	Geographisches Informations-System
HKR	Haushalts-Kassen-Rechnungsverfahren
HLA	High-Level Architecture
IEF	Internationales Energieforum
IKT	Informations- und Kommunikationstechnologie
IMK	Innenministerkonferenz
IP	Intellectual Property
IPC	Intellectual Property Cluster
ISB	Informatikstrategieorgan Bund

IT	Informationstechnologie
JDL	Joint Directors of Laboratories
KIRAS	Österreichisches Sicherheitsforschungsprogramm
KKW	Kernkraftwerk
KLR	Kosten-Leistungs-Rechnung
KontraG	Gesetz zur Kontrolle und Transparenz im Unternehmensbereich
KRITIS	Kritische Infrastrukturen
LAN	Local Area Network
LNG	Liquefied Natural Gas
MELANI	Melde-und Analysestelle Informationssicherung
MHR	Modernisierung des Haushalts- und Rechnungswesens
MRMPM	Multiresolution Multiperspective Modeling
NDA	Non-Disclosure Agreement
NPSI	Nationaler Plan zum Schutz der Informationsinfrastrukturen
ÖBB	Österreichische Bundesbahnen
OLAP	OnLine Analytical Processing
ÖOC	Österreichisches Olympisches Comité
ÖPP	Öffentlich-Private Partnerschaft
ORF	Österreichischer Rundfunk
PICC	Police Information & Coordination Center
PMC	Private Military Companies
PMF	Private Militär-Firmen
PPP	Public-Private Partnership oder Police Private Partnership
SASPF	Standard-Anwendungs-Software-Produkt-Familien
SCADA	Supervisory Control And Data Acquisition
SHERQ	Safety, Health, Environment and Quality
SONIA	Sonderstab Information Assurance
SSR	Security Sector Reform
TSA	Transportation Security Administration
UAV	Unmanned Aerial Vehicle
UP	Umsetzungsplan
VBS	Eidgenössisches Departement für Verteidigung, Bevölkerungsschutz und Sport
WINKI	Warn- und Informationsnetz für kritische Infrastrukturen
ZIS	Zentrale Informationsstelle
ZSA	Zentrum für Sportangelegenheiten

Grand Pas de Deux für Sicherheit und Prosperität: Einführung

Heiko Borchert

In an interdependent world, the risks faced by any individual, firm, region or country depend not only on its own choices but also on those of others.[1]

For chief executives (...) it is time to invest more time and resources in furthering the public-private partnership. Helping legislators craft appropriate security standards will indeed be an integral part of your business strategy.[2]

Sicherheit und Prosperität sind traditionell zwei Seiten der gleichen Medaille. Beobachter weltgeschichtlicher Zusammenhänge wie Paul Kennedy leiten daher die sicherheitspolitische Entwicklung weitgehend aus den weltwirtschaftlichen Verhältnissen ab.[3] Im gegenwärtigen Sicherheitsumfeld ist diese Betrachtung nach wie vor gültig. Allerdings ist der einfache Analogieschluss, dass durch eine vorherrschende wirtschaftliche Stellung automatisch auch die Sicherheit einer Nation gewährleistet ist, heute aus einer Reihe von Gründen weniger denn je zulässig. Vielmehr sind es die Offenheit moderner Gesellschaften und ihrer Volkswirtschaften sowie die daraus resultierenden Abhängigkeiten und Wechselwirkungen zwischen unterschiedlichen politischen und wirtschaftlichen Handlungsfeldern, die genau analysiert werden müssen und eine bessere Abstimmung zwischen den Akteuren der öffentlichen Hand und des Privatsektors erfordern.

Die zielgerichtete Zusammenarbeit zwischen Staat und Wirtschaft ist ein zentraler Erfolgsfaktor, um mit der Dynamik und der Komplexität einer globalisierten Welt Schritt halten und um die Sicherheitsherausforderungen des 21. Jahrhunderts erfolgreich meistern zu können. Der Grand Pas de Deux, der dem vorliegenden Sammelband seinen sinnbildlichen Untertitel gibt, beschreibt die Notwendigkeit der engen Abstimmung von Sicherheits- und Wirtschaftspolitik und einer neuen Qualität der Zusammenarbeit zwischen Staat und Wirtschaft. In dem Maß, wie durch die Sicherheitspolitik Rahmenbedingungen für innovative unternehmerische Leistungen defi-

1 Geoffrey Heal at. al., „Interdependent Security in Interconnected Networks“, in Philip E. Auerswald et. al. (eds.) *Seeds of Disaster, Roots of Response. How Private Action Can Reduce Public Vulnerability* (Cambridge: Cambridge University Press, 2006), S. 258-275, hier S. 258.

2 Ralph W. Shrader and Mike McConnell, „Security and Strategy in the Age of Discontinuity: A Management Framework for the Post-9/11 World“, in Randall Rothenberg (ed.), *Enterprise Resilience: Risk and Security in a Networked World* (McLean: Booz Allen Hamilton, 2003), S. 12-28, hier S. 25.

3 Paul Kennedy, *The Rise and Fall of the Great Powers. Economic Change and Military Conflict from 1500 to 2000* (New York: Vintage Books, 1989).

niert werden, schafft der Staat nicht nur Anreize zur Verbesserung der unternehmerischen Sicherheitsvorsorge. Das Innovationspotenzial der Wirtschaft und der Wissenschaft kann darüber hinaus freigesetzt werden, um Konzepte, Produkte und Systemlösungen zu entwickeln und anzubieten, die gleichzeitig Sicherheit und Prosperität fördern. Das gilt in ganz besonderem Maß für so wichtige Bereiche wie die Systemintegration, die Modellbildung und Simulation, die Datensicherheit, die mobile und sichere Kommunikation und Datenübertragung, neue Werkstoffe, die Bio-, Gen- und Nanotechnologie, unbemannte Plattformen oder integrierte Schutzlösungen für das zivile und das militärische Umfeld. Die Leistungen von Wirtschaft und Wissenschaft in diesen Bereichen ist in hohem Maß wissensintensiv und damit relevant für die Wertschöpfung einer Volkswirtschaft. Zudem trägt die Expertise in diesen Feldern auch direkt zur Bereitstellung adäquater sicherheitspolitischer Fähigkeiten bei und ist damit unerlässlicher Bestandteil der nationalen Sicherheitsvorsorge.

Die Erfahrungen im Zuge der Transformation der Streitkräfte lehren allerdings, dass die Industrie alleine kaum in der Lage ist, die notwendigen Reformen einzuleiten, die erforderlich sind, um die von den staatlichen Behörden geforderten Sicherheitssysteme, -produkte, -dienstleistungen und -technologien bereitzustellen. Für die nationale Sicherheitsvorsorge sollte daraus die Lehre gezogen werden, dass die staatlichen Stellen ihre Partner in Wirtschaft und Wissenschaft aktiv begleiten sollten, um deren Geschäftsmodelle auf die neuen Sicherheitsherausforderungen anzupassen. Neben seiner Funktion als Kunde schlüpft der Staat dadurch auch in die Rolle des Coachs seiner nicht-staatlichen Partner. Durch neue Ansätze der Zusammenarbeit auf allen Stufen des Lebenszyklus' eines Systems (d.h. von der Risiko- und Bedarfsanalyse über Produktentwicklung, Indienststellung sowie Wartung und Unterhalt) können Staat und Wirtschaft bzw. Wissenschaft einander gegenseitig dazu befähigen ihre jeweiligen Rollen und Beiträge im Umgang mit den zu lösenden Sicherheitsherausforderungen neu zu definieren. Das gilt insbesondere für die zunehmend wichtiger werdende Systemfähigkeit. Diese integriert die bestehenden Produkt-, Dienstleistungs- und Technologiekompetenzen zu umfassenden Lösungsansätzen für die staatlichen Auftraggeber und definiert damit ein eigenständiges Marktsegment. Erfolg in diesem Marktsegment ist abhängig von entsprechenden Kompetenzen, die sich in der Praxis bewähren müssen. Durch die Beauftragung mit der Durchführung konkreter Projekte und die Förderung der Forschung kann der Staat dazu beitragen, dass seine Partner in Wirtschaft und Wissenschaft solche Systemfähigkeiten aufbauen, erhalten und stärken.

Die Notwendigkeit des Grand Pas de deux leitet sich aus fünf Überlegungen ab:

- Erstens sind die auf Vernetzung und Optimierung der Abläufe ausgelegten *globalen Wirtschaftsprozesse* anfällig für Verzögerungen des Leistungserstellungsprozesses,[4] die z.B. aus technischem Versagen, gezielten – mitunter terroristischen – Angriffen oder aus der Verschärfung von Sicherheitsbestimmungen resultieren können. Nach den Anschlägen im September 2001 in den USA war die Sperrung des Luftraums über den Vereinigten Staaten eine der ersten Sicherheitsmaßnahmen. Mit dem Ergebnis, dass die privaten Logistikunternehmen ihre Fracht nicht mehr per Lufttransport versenden konnten und dadurch signifikante Verzögerungen in der Zustellung und in den davon abhängigen Wirtschaftsprozessen entstanden. Dieses Beispiel verdeutlicht, dass Sicherheitsbestimmungen als Folge eines neuen Risikobildes zu relevanten wirtschaftlichen Zusatzbelastungen führen können, beispielsweise durch höhere Versicherungsprämien, die Umgestaltung von Geschäftsprozessen, die Einführung neuer Technologien, den erhöhten Personalbedarf oder den Bau neuer Infrastruktur.[5] Daher ist die enge Abstimmung zwischen Staat und Wirtschaft bei der Definition von Sicherheitsmaßnahmen dringend geboten.

- Zweitens ist die *Sicherheit von Unternehmen* in unterschiedlicher Weise gefährdet. Abgesehen von den Risiken, die mit der eigentlichen Erstellung der jeweiligen Produkte und Dienstleistungen verbunden sind, reicht das Spektrum vom Produktboykott, der Produktpiraterie und der Wirtschaftsspionage über Angriffe gegen die Mitarbeitenden und die Infrastruktur von Unternehmen bis hin zum Ausfall der Mitarbeitenden und dem Rückgang des Konsums bei Pandemien. Die damit verbundenen Kosten sind signifikant. Nach Schätzungen beliefen sich 2003 die weltweiten Kosten von Unternehmen durch Cyber-Attacken auf 12,5 Milliarden \$.[6] Die Kosten für die Wirtschaftsspionage werden in Deutschland auf knapp 20 Milliarden € geschätzt, und die Schäden der Wirtschaftskriminalität werden auf bis zu 43 Milliarden € beziffert.[7] Im Fall der Terroranschläge auf New York und Washington D.C. im Jahr 2001 beliefen sich die geschätzten finanziellen Einbußen der Tourismusindustrie auf 16 Milliarden \$, der Flugverkehrslinien auf 15 Milliarden \$ und der Finanzdienstleister auf 77 Milliarden \$.[8] Schließlich liegt der geschätzte Schaden, der aus Produktfälschungen resultiert, je nach Betrachtungsweise

4 Nach einer Studie des Bundesverbands Materialwirtschaft, Einkauf und Logistik (BME) vom September 2007 verfügte knapp die Hälfte der vom Verband in Deutschland befragten Unternehmen, die über die Bahn versorgt werden, über keinen oder nur einen Tag Sicherheitsreserve in der Belieferung mit Gütern. Siehe: Holger Hildebrandt, „Trends in der Logistik“, *Griephan Global Security,* 1/2008, S. 15- 18, hier S. 15.

5 *Erfolg in der Secure Economy. Wachstum und Wohlstand in einer sicheren Wirtschaft* (o.O.: Deloitte, 2004), S. 3-4.

6 *Erfolg in der Secure Economy,* S. 1.

7 „Gefahr aus dem Ausland“, Der Tagesspiegel, 23. Oktober 2007, <http://www.tagesspiegel.de/wirtschaft/Spionage;art271,2404817> (Zugriff: 28. Februar 2008).

8 Erik Belfrage, „Public-private sector cooperation“, in Alyson J. K. Bailes and Isabel Frommelt (eds), *Business and Security. Public-Private Sector Relationships in a New Security Environment* (Oxford: Oxford University Press, 2004), S. 33-36, hier S. 34.

zwischen 200 bis 1.000 Milliarden $.[9] Schutz-, Abwehr- und Gegenmaßnahmen gegen die unterschiedlichen Risiken können nicht von einzelnen Unternehmen oder Sicherheitsbehörden ergriffen werden, sondern bedürfen der branchenübergreifenden Abstimmung und der engen Zusammenarbeit zwischen öffentlichen und privaten Akteuren.

- Drittens sind in den meisten Industrienationen private Unternehmen die Eigentümer und Betreiber der kritischen Infrastrukturen (KRITIS), z.B. in den Bereichen Energie, Transport, Kommunikation. In Deutschland befinden sich gut 85 % dieser kritischen Infrastrukturen in privatem Besitz.[10] Die Verschiebung der Besitzverhältnisse in diesem Bereich ist unmittelbar relevant für die staatliche Sicherheitsvorsorge. Bis in die jüngste Zeit war nämlich die *Sicherstellung der Gemeinwohlorientierung,* die mit den Leistungen verbunden sind, die auf Basis der kritischen Infrastruktur angeboten werden, eine der ureigensten Aufgaben des Staates. Aufgrund der festgestellten Verlagerung der Besitzverhältnisse ist diese Funktion des Staates unmittelbar abhängig von der Leistungsfähigkeit und von der Sicherheitsvorsorge der privaten KRITIS-Eigentümer und -Betreiber. Daraus ergibt sich die Notwendigkeit der engen Einbindung privater KRITIS-Akteure in staatliche Schutzmaßnahmen, Übungen und sowie in die Fähigkeitsanalyse und -planung.
- Eng mit dem dritten Punkt verbunden ist, viertens, die Tatsache, dass wesentliche Komponenten der eigentlichen *staatlichen Leistung* inzwischen ebenfalls *von Unternehmen erbracht* werden. Der „vernetzte Staat“ teilt mit seinen Partnern die Verantwortung für die Leistungserbringung, muss gleichzeitig aber auch neue Aufgaben übernehmen sowie neue Kompetenzen entwickeln, um die Netzwerkbeziehungen aufzubauen, zu pflegen und weiterzuentwickeln. Das Ausmaß privater Leistungserbringung für den Staat reicht dabei im Sicherheitsbereich von der Unterstützung z.B. bei der Informations- und Datenverwaltung, dem Betrieb von Kommunikationslösungen über die Ausrüstung von Streitkräften und zivilen Einsatzkräften bis hin zur Bereitstellung von Impfstoffen. Ob und in welchem Umfang der „vernetzte Staat“ seine eigentlichen Aufgaben erfüllen kann, wird daher ebenfalls maßgeblich von der Sicherheitsvorsorge und der Leistungsfähigkeit seiner privatwirtschaftlichen Partner bestimmt.
- Schließlich stellen wir fest, dass die *privatwirtschaftlichen Partner selbst immer stärker voneinander abhängen.* Diese Entwicklung ist ein direktes Ergebnis der Auslagerung verschiedener Unternehmensfunktionen, die primär aus kostengetriebenen Optimierungsüberlegungen resultiert. Natürlich ist betriebswirtschaftliche Effizienz wichtig, doch wie ist diese zu beurteilen, wenn sie – wie z.B. in der Logistik oder beim Management der Infrastruktur der modernen Datenverwaltung – zu kritischen Abhängigkeiten führt?

9 „Produktfälschung als globales Problem. Die OECD bezeichnet Asien als wichtigsten Produktionsort“, *Neue Zürcher Zeitung,* 30. Oktober 2007, S. 21.

10 <http://www.bsi.de/literat/faltbl/F17KritischeInfrastruktur.htm> (Zugriff: 28. Februar 2008.)

> If FedEx runs supply-chain operations for 50 firms, multiple operating systems are replaced by a single one. The one may be more effective, and even inherently more secure, than most of the 50 were, but hackers now can concentrate their attacks on one target.[11]

Angesichts dieser Überlegungen ist die Öffentlich-Private Sicherheitspartnerschaft das Gebot der Stunde. Sie ist sicherheits- wie wettbewerbspolitisch gleichermaßen von Bedeutung. Sicherheitspolitisch ermöglicht erst die enge Abstimmung zwischen Staat und Wirtschaft/Wissenschaft die Entwicklung von Sicherheitskonzepten und die Bereitstellung sicherheitsrelevanter Fähigkeiten, die den modernen Sicherheitsherausforderungen gerecht werden. Wettbewerbspolitisch ist die enge Verzahnung von politischen und wirtschaftlichen Interessen notwendig, um die Wettbewerbsposition der eigenen Industrie im globalen Wettbewerb z.B. durch Informationsaustausch, den Einsatz für die Harmonisierung sicherheitsrelevanter Bestimmungen oder das Erschließen neuer Märkte zu stärken.[12]

Diese Sicherheitspartnerschaft erfordert allerdings von allen beteiligten Akteuren die Übernahme neuer Aufgaben und Verantwortlichkeiten sowie in gewissen Bereichen auch Verhaltensänderungen. Wie Abbildung 1 verdeutlicht, darf diese Sicherheitspartnerschaft auch nicht nur auf die Beziehung zwischen Staat und Wirtschaft im Sinne der klassischen Öffentlich-Privaten Partnerschaft (ÖPP) reduziert werden. Vielmehr sollte sie um die Notwendigkeit der verstärkten Kooperation und Koordination zwischen staatlichen Akteuren (Öffentlich-Öffentliche Partnerschaft) und zwischen Unternehmen (Privat-Private Partnerschaft) ergänzt werden.[13] Diese beiden Zusatzdimensionen bilden gewissermaßen die Klammer, innerhalb derer sich die Öffentlich-Private Sicherheitspartnerschaft entwickeln kann.

Die Öffentlich-Öffentliche Partnerschaft ist die zentrale Voraussetzung für eine neue Qualität der Sicherheitszusammenarbeit, denn ohne eine bessere Vernetzung zwischen den Ressorts im Hinblick auf Lageanalyse, Führung, Planung, Einsatzdurchführung und -auswertung sowie Ausbildung und Beschaffung fehlen wichtige Rahmenbedingungen für die Kooperation mit nicht-staatlichen Akteuren. Die Privat-Private Partnerschaft bildet hierzu das Pendant auf der wirtschaftlichen Seite und trägt dem Umstand Rechnung, dass die vielgliedrigen Wertschöpfungsketten der heutigen Wirtschaftsprozesse eine Reihe von Akteuren umfassen, die im Sinne eines Total Security Management[14] ganzheitlich betrachtet werden müssen. Untersuchun-

11 Robert A. Miller and Irving Lachow, *Strategic Fragility: Infrastructure Protection and National Security in the Information Age,* Defense Horizons 59 (Washington, D.C.: Center for Technology and National Security Policy, 2008), S. 3.

12 Hierzu auch: Positionspapier zur Bedeutung der Sicherheit in der Industrie für Deutschland (Berlin: BDI, 2006), S. 10-11.

13 Amit Kumar, „Developing Homeland Security Partnerships: A Comparative Analysis From the Area of Financial Security“, *HSI Journal of Homeland Security,* 24 August 2007, <http://www.homelandsecurity.org/newjournal/Articles/displayArticle2.asp?article=163> (Zugriff: 29. Februar 2008).

14 Luke Ritter, J. Michael Barrett, Rosalyn Wilson, *Securing Global Transportation Networks. A Total Security Management Approach* (New York: McGraw Hill, 2007).

gen zeigen denn auch, dass die Bereitschaft von Unternehmen, in die Verbesserung ihrer Sicherheit zu investieren, wesentlich davon abhängt, wie viele Unternehmen ebenfalls von den gleichen Sicherheitsherausforderungen betroffen sind und in welchem Umfang diese in ihre Sicherheit investieren.[15]

Dimensionen	Herausforderungen	Schlüsselaufgaben
Öffentlich ⇕ Öffentlich	▪ Diffuse Risiken mit unterschiedlichen Ursachen vs. bestehende Ressortzuständigkeiten ▪ Steigerung der organisatorischen Flexibilität und der institutionellen Lernfähigkeit ▪ Verbesserung der Kohärenz politischer Maßnahmen	▪ Förderung gesamtstaatlicher Ansätze für Lageanalyse, Führung, Planung, Einsätze, Ausbildung und Beschaffung ▪ Wechselwirkungen zwischen subnationaler, nationaler und internationaler Ebene beachten
Öffentlich ⇕ Privat	▪ Vernetzter Staat ist abhängig von unternehmerischer Leistungsfähigkeit ▪ Unternehmerische Sicherheitsvorsorge beeinflusst staatliche Sicherheitsvorsorge ▪ Unternehmen als Ziele sicherheitsgefährdender Aktionen ▪ Aufwirkungen von Sicherheitsmaßnahmen auf die Wirtschaft ▪ Sicherheit vs. Liberalisierung ▪ Selbststeuerung des Marktes vs. Regulierung	▪ Sicherheitspartnerschaften auf strategischer und projektspezifischer Ebene (Prozesse, Strukturen, Instrumente, Fähigkeiten) ▪ Finanzierung der Sicherheitsaufgaben sicherstellen ▪ Regulatives Umfeld weiterentwickeln (Anreizmechanismen)
Privat ⇕ Privat	▪ Wertschöpfungsketten der globalen Wirtschaft erhöhen inter- und intra-unternehmerische Abhängigkeiten ▪ Sicherheit als Investition in die Zukunftsrobustheit des eigenen Geschäftsmodells vs. Sicherheit als Kostenfaktor	▪ Unternehmenssicherheitsvorsorge als integraler Bestandteil betrieblicher Wertschöpfungsketten ▪ Sektorspezifische und sektorübergreifende Betrachtung der Abhängigkeiten

Abbildung 1: Drei Dimensionen der Sicherheitspartnerschaft

Im Hinblick auf die stärkere gemeinsame Betrachtung staatlicher und wirtschaftlicher (Sicherheits-)Interessen spielt der Mittelstand eine besondere Rolle. Dienstleistungs- und Wissensgesellschaften schöpfen ihre Kraft aus der Leistungsfähigkeit des Mittelstandes. Durch zwei große Entwicklungslinien gerät dieser jedoch immer mehr unter Druck. Zum einen erhöhen sich die Forderungen an den Mittelstand in den unterschiedlichsten Politikfeldern – von der Sozial-, über die Umwelt- und Energie- bis hin zur Finanzpolitik. Der finanzielle Spielraum, aus dem z.B. Investitionen in die Sicherheit der Geschäftsprozesse finanziert werden, schrumpft dadurch. Zum anderen lagern multinationale Konzerne einen immer größeren Teil ihrer Entwicklungs- und Herstellungsrisiken an die Zulieferer aus. Gleichzeitig spielen diese eine immer wichtigere Rolle, wenn es darum geht, selbst Systemfähigkeiten zu entwickeln bzw. die Systemfähigkeiten der Konzerne durch Expertise in Schlüsselbereichen zu unterstützen. Klein- und mittelgroße Unternehmen tragen dadurch eine immer größere Verantwortung für ihren eigenen Erfolg und

15 Heal, „Interdependent Security in Interconnected Networks", S. 260.

auch für den Erfolg der multinationalen Konzerne. Diesen Erfolg können sie jedoch langfristig nur gewährleisten, wenn sie über eine ausreichende Finanzkraft verfügen.

Begleitet wird dieser Prozess beispielsweise in Deutschland durch eine zunehmende Polarisierung der Einkommensverteilung. Während die einkommensstarken und die einkommensschwachen Bevölkerungsteile zunehmen, schrumpft die gesellschaftliche Mittelschicht. Das legt die Schlussfolgerung nahe, dass bei der Diskussion über die möglichen Folgekosten von Sicherheitsmaßnahmen nicht nur die Belastungsfähigkeit der Unternehmen, sondern auch diejenige der Bürgerinnen und Bürger verstärkt beachtet werden sollte.[16]

Wie die einzelnen Beiträge des vorliegenden Sammelbands verdeutlichen, gibt es für die konkrete Ausgestaltung der Öffentlich-Privaten Sicherheitspartnerschaft zahlreiche Ideen und konkrete Empfehlungen. Zusammenfassend können an dieser Stelle vier Punkte besonders hervorgehoben werden:

- *Regulative Rahmenbedingungen*
  Grundvoraussetzung der Öffentlich-Privaten Sicherheitspartnerschaft sind die rechtlichen Rahmenbedingungen, die eine Zusammenarbeit zwischen der Wirtschaft und den staatlichen Sicherheitsbehörden überhaupt erst ermöglichen. Hierfür besteht in Deutschland Handlungsbedarf, denn im Unterschied zu anderen Ländern sind die Grundlagen hierfür noch nicht ausreichend geschaffen.[17] Darüber hinaus sollte den Wechselwirkungen zwischen Sicherheit und Wettbewerb mehr Beachtung geschenkt werden. Dabei spielen vier Aspekte eine wichtige Rolle.
  Erstens wird die Diskussion über Regulierung zu oft einseitig als Eingriff in die Wettbewerbskräfte dargestellt. Sie sollte viel stärker unter dem Gesichtspunkt der Anreizregulierung geführt werden. Dabei geht es darum, durch marktkonforme Anreize wie z.B. Steuererleichterungen oder die Änderung der Abschreibungsmodalitäten die Bereitschaft von Unternehmen zu Sicherheitsinvestitionen zu fördern.[18] Eine wichtige Rolle spielen in diesem Zusammenhang auch Finanzanalysten, Rating-Agenturen und Versicherungen. Mit ihrer Bewertung von Sicherheitsinvestitionen und von Unternehmen, die in ihre Sicherheit investieren, können sie wichtige Impulse dafür setzen, Sicherheit als Beitrag zur Steigerung des Unternehmenswertes und nicht nur als Kostenfaktor zu interpretieren.
  Zweitens ist ein enger Dialog zwischen Staat und Wirtschaft nötig, um die möglichen Konsequenzen veränderter Sicherheitsbestimmungen im nationalen und im internationalen Kontext zu erörtern. Im Vordergrund steht die Bemü-

16 Markus M. Grabka und Joachim R. Frick, „Schrumpfende Mittelschicht – Anzeichen einer dauerhaften Polarisierung der verfügbaren Einkommen?“, *Wochenbericht des DIW Berlin,* 75:10 (7. März 2008), S. 101-108.

17 Positionspapier zur Bedeutung der Sicherheit in der Industrie für Deutschland, S. 11.

18 Heiko Borchert, „Engaging the Science and Technology Community in the Fight against Terrorism“, in Andrew James (ed.), *Science and Technology for the Anti-Terrorism Era* (Amsterdam: IOS Press, 2006), S. 111-124.

hung, Wettbewerbsnachteile infolge von Sicherheitsbestimmungen zu vermeiden. So belaufen sich z.B. die Flugsicherheitsgebühren in Dubai auf 0,31 € pro Passagier, während in Frankfurt 2,84 € pro Passagier anfallen.[19] Die Öffentlich-Private Sicherheitspartnerschaft soll durch den intensiven Informationsaustausch und die Positionsabstimmung zwischen Staat und Wirtschaft dazu beitragen, dass Handelsströme über Sicherheitsbestimmungen nicht zum Wettbewerbsnachteil der eigenen Wirtschaft in andere Länder umgeleitet werden.[20]

Drittens sollte auch verstärkt analysiert werden, wie Sicherheitsvorschriften in die globalisierten wirtschaftlichen Wertschöpfungsprozesse eingreifen und wie sie sich beispielsweise auf die Zusammenarbeit zwischen Unternehmen auswirken. Es kann nämlich sein, dass nationale Sicherheitsbestimmungen z.B. zum Schutz sensitiven Materials und Know-hows die unternehmerischen Anreize zur internationalen Zusammenarbeit reduzieren. Das kann sich möglicherweise nicht nur negativ auf die Innovationsfähigkeit der entsprechenden Unternehmen auswirken, sondern kann auch deren Fähigkeit beeinträchtigen, sicherheitsrelevante Produkte und Lösungen anzubieten.[21]

Schließlich ist auch zu beachten, dass Sicherheitsbestimmungen nicht nur auf die Wettbewerbskräfte einwirken. Umgekehrt können auch Deregulierung und Marktkonsolidierung sicherheitsrelevante Auswirkungen nach sich ziehen, mit unter sogar die Sicherheit gefährden. Dieses Risiko besteht z.B. im Energiebereich vor allem dann, wenn unter Wettbewerbsdruck z.B. Reservekapazitäten abgebaut werden, die Personaldecke ausgedünnt oder gar Investitionen zugunsten sicherheitsrelevanter Vorkehrungen ausbleiben.[22] Im Softwarebereich stellt sich angesichts des verstärkten Rückgriffs auf Standardsoftware anstelle spezifischer Entwicklungen die Frage nach der Zuverlässigkeit der jeweiligen Anbieter und möglicher Sicherheitsrisiken in ihren Anwendungen, die auch die Geschäftsprozesse der Nutzer beeinflussen können.[23] Und schließlich sind

19 *Booming Middle East carriers – The largest threat beside LCC* (München: Arthur D. Little GmbH, 2008), S. 5.

20 Genau darum bemüht sich die deutsche Bundesregierung nach eigenen Angaben gegenwärtig im Hinblick auf die Umsetzung des US-Safe-Port-Act aus dem Jahr 2006, der eine 100prozentige Durchleuchtung aller Seecontainer mit dem Transportziel USA vorsieht. Siehe: Folgen des US-Safe-Port-Act und der US-House Resolution No. 1 für die Bundesrepublik Deutschland vom 5. Februar 2008, BT-Drs. 16/7971.

21 Eine solche Gefahr sieht Stephen Brooks z.B. in den US-Bestimmungen, die für die biotechnologische und chemische Industrie im Umgang mit der Entwicklung von Mitteln zur Abwehr und Bekämpfung von BC-Kampfstoffen erlassen wurden. Siehe: Stephen Brooks, *Producing Security. Multinational Corporations, Globalization, and the Changing Calculus of Conflict* (Princeton/Oxford: Princeton University Press, 2005), S. 245.

22 David Buchan, „The Threat Within: Deregulation and Energy Security", *Survival,* 44:3 (Autumn 2002), S. 105-116; Stephen Thomas and David Hall, *Restructuring and outsourcing of electricity distribution in the EU* (London: Public Services International Research Unit, 2003).

23 In den USA wurde daher kürzlich in einer Studie gefordert, dass Software und Anbieter von Commercial off the shelf-Lösungen verstärkt auf ihre möglichen Sicherheitsimplikationen un-

in jüngster Zeit die Aspekte der Kontrolle von und des Eigentums an Unternehmen aus sicherheitsrelevanten Branchen durch die Konsolidierung innerhalb bestimmter Marktsegmente und den Vermögenszuwachs von Investoren aus Schwellenländern (Stichwort: Staatsfonds) in den Mittelpunkt der öffentlichen Diskussion gerückt. Bestehende Regelungen zum Schutz wissenschaftlich-industrieller Schlüsselunternehmen und ihres Know-hows müssen im Lichte neuer sicherheitspolitischer Herausforderungen, machtpolitischer Verschiebungen in den internationalen Beziehungen und dem Interesse an einem freien Kapitalverkehr neu ausbalanciert werden.

- *Plattformen und Prozesse*
  Die Öffentlich-Private Sicherheitspartnerschaft bedarf eines adäquaten institutionellen Rahmens für den Informationsaustausch und für die Zusammenarbeit. Ansätze dazu sind in Deutschland über die Arbeitsgemeinschaft für Sicherheit der Wirtschaft e.V. als zentrale Koordinierungsstelle zur Weitergabe von Sicherheitsinformationen zwischen Staat und Wirtschaft vorhanden.[24] Darauf lässt sich aufbauen, wobei zwei Stoßrichtungen unterschieden werden können.
  Im Hinblick auf den Umgang mit konkreten Gefahren kann ein Beispiel aus Großbritannien als Anregung dienen. Zur Bekämpfung ausländischer Hackerangriffe hat der britische Inlandsgeheimdienst MI5 das private Beratungsunternehmen KPMG mit dem Aufbau eines Monitoringsystems betraut. Dieses soll es ermöglichen, dass die Führungskräfte britischer Unternehmen in einem gesicherten Informationsraum Daten und Erfahrungen zum Umgang mit Cyberattacken und möglichen Abwehr- und Gegenmaßnahmen austauschen können.[25]
  Darüber hinaus sollte auf der strategischen Ebene die Systematisierung des Informationsaustauschs zwischen Staat und Wirtschaft im Hinblick auf die Erstellung eines gemeinsamen, rollenorientierten öffentlich-privaten Lagebildes in Angriff genommen werden. Dadurch könnte ein Führungsinstrument geschaffen werden, das gleichzeitig strategische Entscheidungsprozesse unterstützt und für das Krisenmanagement die Zusammenführung von Informationen aus Lagebildern staatlicher und privater Leitstellen befördern kann.

- *Risiko- und Chancendialog*
  Eng mit dem zweiten Punkt verbunden ist die Idee des öffentlich-privaten Risiko- und Chancendialogs. Dabei geht es zum einen natürlich um den Austausch von Informationen mit Blick auf mögliche Risiken und Gefährdungsla-

tersucht werden. Siehe: Defense Science Board, *Mission Impact of Foreign Influence on DoD Software* (Washington, D.C.: Office of the Under Secretary of Defense for Acquisition, Technology, and Logistics, 2007).

24 <http://www.asw-online.de> (Zugriff: 28. Februar 2008).

25 *Intelligence Online,* 13. Dezember 2007, S. 5

gen, der durch den Vorschlag eines gemeinsamen, rollenorientierten öffentlich-privaten Lagebildes unterstützt wird. Darüber hinaus könnten im Rahmen eines solchen Dialogs sicherheitsrelevante Entwicklungen im In- und Ausland auch viel stärker für die Abstimmung politischer und unternehmerischer Strategien genutzt werden. Zu denken ist beispielsweise an das Sicherheitsengagement im Ausland. Dieses leistet nicht nur einen Beitrag zur Stabilität am jeweiligen Einsatzort, sondern böte auch die Möglichkeit, Marktpotenziale für Sicherheitslösungen nationaler Anbieter zu erschließen. Eine ähnliche Überlegung gilt auch für die Abstimmung der politischen und der unternehmerischen Positionen im Hinblick auf die Bewältigung von Sicherheitsaufgaben im Rahmen internationaler Organisationen und die diesbezügliche politische Flankierung der Industrieinteressen[26] oder für die Nutzung internationaler Förderprogramme im Sicherheitsbereich zur Unterstützung der eigenen Industrie- und Wissenschaftskompetenzen.[27]

- *Sicherheitsstandards*
  Wer Standards setzt, definiert Märkte. Dies bedeutet, dass Sicherheitsmärkte oftmals nur durch Standards oder andere regulative Rahmenbedingungen entstehen. Der Gesetzgeber wird somit durch seine Tätigkeit in diesem Bereich entweder zum „Geburtshelfer" für bestimmte Industriezweige oder er verschafft der eigenen Industrie möglicherweise durch unterlassenes oder zu spätes Handeln einen Wettbewerbsnachteil, weil andere die Standards bereits definiert haben.
  Standards können aber auch von der Wirtschaft selbst entwickelt werden, z.B. durch das „Lernen vom Besten" (Best Practice). In diesem Sinne sind die in verschiedenen Ländern und auch auf der europäischen Ebene laufenden Bemühungen zur Definition von Standards für sicherheitsrelevante Geschäftsprozesse zu interpretieren.[28] Diese können einen Beitrag zur Verbesserung der unternehmerischen Sicherheitsvorsorge leisten, vorausgesetzt, dass die jeweiligen Standards entsprechend der Risiko- und Gefährdungslage weiterentwickelt und die Einhaltung der Standards überprüft werden.

Vor diesem Hintergrund decken die einzelnen Beiträge des vorliegenden Sammelbandes ein breites Themenspektrum ab. Den Auftakt bilden die beiden Beiträge von Uwe Christian Fischer und Thomas Menk zur Sicherheitspartnerschaft aus staatlicher bzw. unternehmerischer Perspektive.

26 Als ein Beispiel kann die Einführung von Systemen zur Personenkontrolle auf Basis biometrischer Anwendungen genannt werden.

27 So schaffte es z.B. Frankreich, aus dem 2007 mit gut 150 Millionen € dotierten EU-Sicherheitsforschungsprogramm mit 13 % einen höheren Projektanteil zu akquirieren als Großbritannien oder Deutschland. Siehe: *Intelligence Online,* 14. Februar 2008, S. 8.

28 „Societal Security: Guideline for incident preparedness and operational continuity management" (ISO/PAS 22399:2007), <http://www.iso.org/iso/catalogue_detail?csnumber=50295> (Zugriff: 8. April 2008).

Uwe Christian Fischer sieht in der Wirtschaftsspionage, dem illegalen Wissenstransfer, der Organisierten Wirtschaftskriminalität sowie im Terrorismus ein Risikopotenzial, das die technologischen Kernkompetenzen des Wirtschaftsstandorts Deutschlands und sein Auslandsengagement gefährden können. Angesichts eines wachsenden Sicherheitsbedürfnisses der Unternehmen und knapper werdenden Ressourcen des Staates betrachtet er die Öffentlich-Private Sicherheitspartnerschaft als einen möglichen Pfeiler zur Umsetzung des Konzepts der Vernetzten Sicherheit. Fischer stellt in seiner umfassenden Betrachtung allerdings fest, dass die Entwicklung zugunsten einer solchen Sicherheitspartnerschaft in Deutschland, verglichen mit den anglo-amerikanischen Ländern, eher schleppend verläuft. Bislang fehlt es, nach seiner Beurteilung, an einer ordentlichen Institutionalisierung einer solchen Partnerschaft, an personeller Vernetzung und insbesondere an den erforderlichen Sicherheitsregeln. Um diese Defizite zu beheben, schlägt Fischer verschiedene Ansatzpunkte vor: Er rät zu einem verbesserten Informationsaustausch vor allem bezüglich konkreter Risikobewertungen, zu einer stärkeren Einbeziehung der Wirtschaft in die nationalen Sicherheitsstrategien sowie zur Einsetzung einer ressortübergreifend besetzen Lenkungsgruppe mit Wirtschaftsvertretern. Ein neuer Ressortkreis „Sicherheit der Wirtschaft" und ein gemeinsam besetztes Gemeinschaftsbüro einer Koordinierungsstelle der Bundesregierung könnten Beratung und Hilfestellung bei besonderen Sicherheitsvorkommnissen leisten. Im Hinblick auf die einleitend angesprochenen regulativen Rahmenvorgaben sieht Fischer im Vorgehen für ein nationales Kryptokonzept einen Ansatz, der auch auf andere sicherheitsrelevante Felder übertragen werden könnte. Dabei spielt die Sicherheitsforschung eine wichtige Rolle.

Thomas Menk stellt aus der Sicht eines global tätigen Unternehmens dar, dass neben den wirtschaftsexternen Faktoren wie z.B. internationalen Konflikten, informationellen Angriffen auf das Unternehmenswissen sowie kriminellen Handlungen gegen Unternehmen vor allem die wirtschaftsinternen Risiken, die aus der globalen Vernetzung der Wirtschaftsprozesse resultieren, immer mehr an Bedeutung gewinnen. Das traditionelle unternehmerische Sicherheitsmanagement, das sich auf Wach- und Schutzfunktionen konzentriert, kann diesen Herausforderungen nicht gerecht werden. Es berücksichtigt weder die Risikofelder, die von strategischer Bedeutung sind, noch ist es systematisch mit den unternehmerischen Wertschöpfungsprozessen verknüpft. Menk plädiert daher für den Aufbau eines integrierten Risiko- und Sicherheitsmanagements. Dieses basiert auf der ganzheitlichen Betrachtung unternehmensrelevanter Sicherheitsrisiken und legt den Fokus auf deren umfassende und frühe Aufklärung bzw. Identifizierung. Zu seiner Umsetzung bedarf das integrierte Risiko- und Sicherheitsmanagement einer unternehmensweit zuständigen Sicherheitsorganisation, die alle Sicherheitsprozesse im Unternehmen definiert und steuert. Sicherheit wird dabei als integraler Bestandteil der normalen Geschäftsprozesse verstanden. Dieses umfassende Risiko- und Sicherheitsmanagement leistet damit einen aktiven Beitrag zur betrieblichen Wertschöpfung. Darüber hinaus sind sichere und erfolgreiche Unternehmen wichtig für die staatliche Sicherheitsvorsorge. In der Art und Weise, wie Staat und Wirtschaft zusammenarbeiten, um das Gemeinwohlziel Sicherheit zu gewährleisten, sieht Menk noch Verbesserungspotenzial. Geht es um die Beurteilung der nationalen und der internationalen Sicherheitslage, könnte der

Informationsaustausch noch intensiver sein. Aus seiner Sicht wäre die Errichtung integrierter, öffentlich-privater Frühwarnstrukturen ein Ansatz, um dieses Ziel zu erreichen. Ebenso sollte die Wirtschaft aus seiner Sicht in einen möglichen nationalen Sicherheitsrat einbezogen werden.

Nach diesen strategischen Grundsatzüberlegungen richten Heiko Borchert und Karina Forster, Johannes Prinz sowie von Stefan Brem und Ruedi Rytz den Blick auf die Bemühungen zur Gewährleistung der Sicherheitsvorsorge in drei wichtigen Bereichen der kritischen Infrastruktur. Energie, Transport und Kommunikation können gewissermaßen als „Kern" der kritischen Infrastrukturen interpretiert werden, von denen alle anderen Sektoren der kritischen Infrastruktur weitgehend abhängen. Günther Marek und Maximilian Prinz verdeutlichen zudem die Herausforderungen zum Schutz von Großveranstaltungen am Beispiel der Fußball-Europameisterschaft 2008.

Der Beitrag von Heiko Borchert und Karina Forster basiert auf der Prämisse, dass die Sicherheit der Energieversorgung ohne die Sicherheit der Energieinfrastrukturen nicht gewährleistet werden kann. Die steigende Energienachfrage, die Forderung nach Diversifizierung mit Blick auf die Energielieferländer und die Versorgungswege, die Verknüpfung der europäischen Energieinfrastrukturen mit anderen Regionen sowie die Einspeisung erneuerbarer Energieträger werden die Abhängigkeit von funktionierenden Energieinfrastrukturen weltweit erhöhen. Angesichts der Einsicht in die Verwundbarkeit der Energieinfrastrukturen, die aus der Vernetzung der Infrastrukturkomponenten, aus spezifischen Gefährdungen, aber teilweise auch aus der erheblichen Unterfinanzierung resultieren, werden auf nationaler, europäischer und globaler Ebene unterschiedliche Ansätze zur Verbesserung ihres Schutzes ergriffen. Vor diesem Hintergrund stellen die Autoren in einem Modell die wesentlichen analytischen Dimensionen der Energieinfrastruktursicherheit dar, skizzieren die Schwerpunkte des Europäischen Programms zum Schutz kritischer Infrastrukturen und gehen auf den künftigen Handlungsbedarf ein. Dabei machen sie sich u.a. stark für adäquate institutionelle Rahmenbedingungen auf internationaler und europäischer Ebene, um die verschiedenen Politikfelder sowie die staatlichen und privatwirtschaftlichen Maßnahmen besser aufeinander abstimmen zu können. Wie andere Autoren des vorliegenden Sammelbandes sehen auch Borchert und Forster in der Erarbeitung von Sicherheitsstandards eine wichtige Aufgabe, um Anreize für Investitionen zu schaffen. Zudem plädieren sie dafür, die möglichen Beiträge der Streitkräfte zum Schutz der kritischen Energieinfrastrukturen systematisch zu analysieren, lokale Gemeinschaften in Energierohstoffförder- und -transitländer stärker in Sicherheitsüberlegungen einzubeziehen und das grenzüberschreitende Krisenmanagement für den Fall infrastrukturbedingter Zwischenfälle in Europa auszubauen.

Johannes Prinz geht auf die Herausforderungen im Bereich Transportverkehr an den Beispielen Flug- und Seehäfen ein. Die besondere Sicherheitsrelevanz dieser Einrichtungen erklärt sich aus der hohen Akkumulation von Personen und Gütern an wenigen Knotenpunkten, die in globale Verkehrsströme eingebunden sind. Dieses zentrale Wesensmerkmal der kritischen Transportinfrastruktur bringt es denn auch mit sich, dass auf der internationalen und auf der nationalen Ebene unzählige Akteure unterschiedlichster Herkunft koordiniert werden müssen. Das geht kaum ohne ein gemeinsames Lagebild. Wie Prinz darstellt, liegt die zentrale Herausforderung der gemeinsamen Lagebilderstellung weniger im technischen Bereich, sondern vielmehr in der Art und Weise, wie Personen aus unterschiedlichen Organisationen mit Informationen umgehen und wie sie diese interpretieren. Damit spricht er die wichtige Schnittstellenproblematik an, die immer entsteht, wenn Prozesse organisationsübergreifend aufeinander abgestimmt werden sollen. Standardisierung ist dabei für Prinz das Schlüsselinstrument, um von organisationsspezifischen, meist proprietären Lösungen zu organisationsgemeinsamen und offenen Ansätzen zu kommen. Gleichzeitig betont er auch den marktbildenden Charakter von Standards, die gerade für Klein- und Mittelunternehmen von herausragender Bedeutung sind. Prinz spricht darüber hinaus zwei wichtige Aspekte an, die bei der Förderung sicherheitstechnischer Anwendungen nicht vernachlässigt werden dürfen. Zum einen bedeutet der Ersatz menschlicher Arbeitskraft durch technische Anwendungen auch die Verlagerung von Verantwortung. Nicht in jedem Bereich der sicherheitsrelevanten Aufgaben ist dies jedoch möglich bzw. wünschenswert. Zum anderen sind technische Lösungen nicht frei von Zielkonflikten, die sich beispielsweise aus Ansätzen zur Förderung von Safety (Umgang mit endogenen Risiken) und Security (Umgang mit exogenen Risiken) ergeben können.

Stefan Brem und Ruedi Rytz beschäftigen sich mit der Sicherheit der kritischen Informations- und Kommunikationsinfrastruktur. Ausgehend von einer Betrachtung des relevanten Risikospektrums entwickeln die Autoren theoretische Überlegungen zur Rolle des Staates als Sicherheitsproduzent im Bereich kritischer Infrastrukturen und illustrieren diese anhand konkreter Lösungsansätze, die in der Schweiz zum Schutz der kritischen Informations- und Kommunikationsinfrastruktur ergriffen wurden. Brem und Rytz führen aus, dass mit Ausnahme des Cyberterrorismus bislang alle anderen Hauptbedrohungskategorien (Naturgefahren, menschliches und technisches Versagen) zu teilweise erheblichen Beeinträchtigungen der Leistungsfähigkeit der Informationsinfrastruktur geführt haben. Die Gefährdung der kritischen Informationsinfrastruktur ist daher reell und erfordert entsprechende Abwehr- und Sicherungsmaßnahmen. Nach Ansicht der Autoren tragen jedoch der Zeitgeist des schlanken Staates und die dynamischen Markt- und Technologieentwicklung dazu bei, dass Regierungen nicht länger als Eigentümer oder Betreiber kritischer Informations- und Kommunikationsinfrastrukturen auftreten. Marktversagen, unvollständige Information und Moral Hazard sind aus Sicht der Autoren allerdings die wichtigsten Gründe, weshalb sich die Regierungen in diesem Bereich nicht bloß auf eine reine Laissez-faire-Politik zurückziehen können. Gefragt ist daher ein Mittelweg, der Elemente der öffentlich-privaten Zusammenarbeit mit Anreizmechanismen und gegebenenfalls gesetzlichen Maßnahmen kombiniert. Vor allem der partnerschaftliche Ansatz hat sich dabei in der Schweiz als Grundansatz zur Erarbeitung eines umfassenden Krisenmanagement- und Schutzsystems für die kritische Informations- und Kommunikationsinfrastruktur bewährt. So führten beispielsweise die von staatlichen Behörden und der Wirtschaft gemeinsam durchgeführten Risikoanalysen zu freiwilligen Maßnahmen zwischen den kritischen Infrastruktursektoren Telekommunikation und Energie, ohne dass der Staat gesetzgeberisch eingreifen musste. Ebenso gelang es, durch die enge öffentlich-private Abstimmung verschiedene Versuche der

Wirtschaftsspionage rechtzeitig zu erkennen und geeignete Gegenmaßnahmen zu treffen.

Günther Marek und Maximilian Prinz vermitteln aus österreichischer Sicht einen Blick in die Vorbereitung der Sicherheitsmaßnahmen für die gemeinsam mit der Schweiz ausgetragene Fußballeuropameisterschaft 2008. Die große mediale, sportliche und wirtschaftliche Bedeutung dieses Turniers erklärt den hohen Stellenwert der Sicherheitsfragen. Um den störungsfreien Verlauf dieses Ereignisses und die Sicherheit aller daran beteiligten Personen zu gewährleisten, setzen die Verantwortlichen auf die 3D-Einsatzphilosophie (Dialog, Deeskalation und Durchsetzung) sowie auf die enge Zusammenarbeit mit einer Vielzahl nationaler und internationaler, staatlicher und nicht-staatlicher Akteure. Die enge Kooperation dient der Prävention und dem Krisenmanagement. Bei der Prävention geht es u.a. um die Unterstützung privater Organisationen im Hinblick auf die zu bewältigenden Sicherheitsherausforderungen (z.B. Bereitstellen relevanter Informationen). Bei dem besonders wichtigen Aspekt der Stadionsicherheit war das Innenministerium bereits in die Planung neuer Stadien eingebunden und konnte Sicherheitsüberlegungen in einer frühen Phase einbringen. Im Rahmen des Krisenmanagements schenkten die Verantwortlichen gemeinsamen Planspielen mit allen sicherheitsrelevanten Akteuren große Beachtung. Diese wurden an den verschiedenen Austragungsorten durchgeführt und trugen dazu bei, die Zusammenarbeit zu verbessern sowie Führungs- und Einsatzverfahren aufeinander abzustimmen. Die Ausführungen der Autoren unterstreichen, dass ein Großereignis wie die EURO 08 für die Konzeption der nationalen Sicherheitsvorsorge aus mehreren Gründen relevant ist. Zum einen verdeutlicht ein solcher Anlass Entwicklungen, die auch sonst stattfinden, aber weniger auffallen. Das gilt vor allem für die Übernahme staatlicher Sicherheitsleistungen durch private Akteure. Zum anderen können aus den Ansätzen des Krisenmanagements für Großveranstaltungen und aus Erkenntnissen über das Verhalten großer Menschenmengen Lehren für den Schutz der Öffentlichkeit in offenen Räumen abgeleitet werden.[29] Darüber hinaus könnten solche Veranstaltungen auch genutzt werden, um sicherheitsrelevante Technologien im Einsatz zu testen. Das stärkt die Fähigkeiten der Sicherheitskräfte und dient der Herausbildung von Märkten für zivile Sicherheitsanwendungen.

Die drei abschließenden Beiträge illustrieren den Zusammenhang zwischen Sicherheitsförderung und Prosperitätsentwicklung anhand luftgestützter Fähigkeiten, der Zusammenführung komplexer Daten- und Informationsbestände in Lagebildern sowie der Modellbildung und der Simulation.

Im Mittelpunkt des Beitrags von Ralph Thiele steht der Aufbau sicherheits-, industrie- und wissenschaftspolitisch relevanter Cluster am Beispiel von zwei Projekten aus dem Österreichischen Sicherheitsforschungsprogramm KIRAS. Ausgehend vom Konzept der Vernetzten Sicherheit erläutert er die grundsätzliche Bedeutung luftgestützter Beiträge für die Bewältigung von Sicherheitsaufgaben sowie für die wirkungsvolle Unterstützung des Entscheidungszyklus‘ von der strategischen bis auf

29 So auch: *Forschung für die zivile Sicherheit. Programm der Bundesregierung* (Berlin: Bundesministerium für Bildung und Forschung, 2007), S. 22.

die operative Ebene. Dabei konzentriert er seine Ausführungen auf die Rolle unbemannter fliegender Plattformen. Er unterstreicht die Rolle mittelständischer Unternehmen, die – teilweise im Unterschied von den Angeboten führender multinationaler Konzerne – Produkte mit sehr breitem Aufgabenspektrum sowie sinkenden Investitions- und Betriebskosten anbieten. Damit solche Produkte entwickelt und hergestellt werden können, bedürfen gerade mittelständische Unternehmen eines entsprechenden innovativen Milieus, in dem sie von den Beziehungen zu anderen Unternehmen und Wissenschaftseinrichtungen profitieren. Der hierfür erforderliche Wissens- und Technologietransfer, die Förderung der Mitarbeiterkompetenzen durch Aus- und Weiterbildung sowie die Organisation des Austauschs von Daten, Informationen und Wissen kann durch die Clusterpolitik unterstützt werden. Besonders wichtig ist aus Thieles Sicht dabei die Fähigkeit, das Bewusstsein und das Verständnis aller Clusterpartner für die aktuelle Sicherheits- und Marktlage sowie deren künftige Entwicklung im Rahmen eines gemeinsamen Lagebildes zu fördern und zu verstärken. Die beiden KIRAS-Projekte „Sicherheit aus der Luft“ und „Periodische Überwachung kritischer Infrastrukturen“ dienen diesen Zielsetzungen und können als prototypische Beispiele des im vorliegenden Sammelband postulierten Zusammenhangs zwischen Sicherheits- und Prosperitätsförderung durch enge öffentlich-private Zusammenarbeit interpretiert werden.

Jan-Erik Schmidt legt in seinem Beitrag dar, welche informationstechnischen Schritte ein Gemeinwesen unternehmen kann, um seine Führungskräfte zu befähigen, eine komplexe Umwelt zu verstehen und darin erfolgreich zu agieren. Dabei stellt er einen direkten Zusammenhang her zwischen der sicherheitspolitischen Vernetzung, der damit verbundenen Forderung nach Wirkungsorientierung, den hierfür benötigten (finanztechnischen) Grundsätzen und Steuerungsinstrumenten sowie dem Beitrag von Business Intelligence. Information alleine verschafft noch keine Vorteile im Umgang mit komplexen Situationen. Vielmehr kommt es auf die Art und Weise an, wie Daten und Informationen verfügbar gemacht, welche Zusammenhänge durch Kombinationen von Informationsbausteinen dargestellt und welche Entscheidungen auf Basis der daraus gewonnenen Erkenntnissen schließlich getroffen werden. Business Intelligence kann dabei als Ansatz „höherer Intelligenz“ im Umgang und in der Auswertung mit Daten und Informationen verstanden werden. Schmidt verdeutlicht den aktuellen Sachstand mit einem Blick für die Schwächen der Verwaltungssteuerung im Übergang von der Input- zur Outputsteuerung (Wirkungsorientierung). Er diskutiert eingehend die technischen Herausforderungen, die zu bewältigen sind und stellt die Fähigkeit zur Integration verschiedener Komponenten moderner informationstechnischer Systeme als wesentliche Erfolgsvoraussetzung dar. Anhand konkreter Beispiele verdeutlicht er den Mehrwert von Business Intelligence-Lösungen und erläutert den Stellenwert von Lagebildern für die Führung im militärischen Umfeld bzw. im Kontext der nationalen Sicherheitsvorsorge. In dem Maß, wie Business Intelligence-Anwendungen zu neuen Erkenntnissen beitragen, so Schmidts Fazit, leisten sie einen wichtigen Beitrag zur Förderung von Sicherheit und Prosperität.

Andreas Lang und Olav Hansen argumentieren, dass die Komplexität moderner Sicherheitsherausforderungen simplifizierende Lösungsansätze verbieten. Vielmehr sind Methoden und Verfahren erforderlich, um die Ursachen und Wirkungen von Sicherheitsherausforderungen, ihren Konsequenzen und möglichen Abwehr- und Gegenmaßnahmen zu verstehen. Die Modellbildung und die Simulation unterstützen Planer, Entscheider und Operateure bei dieser anspruchsvollen Aufgabe. Modellbildung und Simulation ermöglichen es u.a., die Wirkung von Maßnahmen zu testen, bevor diese ergriffen werden, wodurch Risiken minimiert und der Einsatz knapper Ressourcen optimiert werden können. Das ist von entscheidender Bedeutung, um beispielsweise Aussagen über die Wirkungsweise und die Folgen bzw. die Kosten von Sicherheitsmaßnahmen machen zu können. Gemäß der Darstellung der Autoren tragen unterschiedliche technologische Trends dazu bei, dass der Einsatz von Rechnersystemen zur Modellbildung und Simulation zunehmend einfacher und flexibler wird und die Leistungsfähigkeit der Systeme erhöhen. Daher dürften Modellbildung und Simulation künftig auch verstärkt im Rahmen der nationalen Sicherheitsvorsorge eingesetzt werden. Im Hinblick auf die spezifischen Rahmenbedingungen der nationalen Sicherheitsvorsorge und des Schutzes kritischer Infrastrukturen müssen jedoch neue methodische Ansätze entwickelt werden. Nur dann ist es möglich, kritische Infrastrukturen mit ihren Eigenschaften, in ihrem Verhalten und in ihrer gegenseitigen Abhängigkeit richtig darstellen zu können. Anhand eines Szenariobeispiels (Anschlag mit einer schmutzigen Bombe auf einen US-Hafen) illustrieren Lang und Hansen den Erklärungsgehalt und die Wirkungsweise der Modellbildung und Simulation. Gerade weil im Rahmen der nationalen Sicherheitsvorsorge unterschiedliche staatliche und nicht-staatliche Akteure zusammenarbeiten müssen, wäre es sinnvoll, diese in kollaborative Anwendungen der Modellbildung und Simulation einzubinden. Die Autoren machen allerdings klar, dass hierzu noch verschiedene methodische und technische Hürden zu nehmen sind.

Einige der in diesem Sammelband veröffentlichten Beiträge wurden im Rahmen eines Autorenworkshop am 19. September 2007 auf Einladung des Herausgebers in der Landesvertretung Baden-Württembergs in Berlin diskutiert. Andere Beiträge wurden spezifisch für diesen Sammelband verfasst. Der Herausgeber dankt den Autoren für die gute Zusammenarbeit. Die Durchführung des Workshops und die Drucklegung wurden von den Unternehmen Thales und Frequentis finanziell unterstützt. Weiterführende Materialien zu diesem Sammelband stehen über www.vernetzte-sicherheit.net zum Download zur Verfügung.

Sicherheitspartnerschaft zwischen Staat und Wirtschaft: Anforderungen an die Sicherheitszusammenarbeit mit der Wirtschaft

Uwe Christian Fischer

Sicherheit in der Wirtschaft als Wettbewerbsfaktor

Der wirtschaftliche Erfolg der Exportnation Deutschland beruht auf technologischen Kernkompetenzen (Ideenreichtum, Innovation, Wissensvorsprung) sowie auf wachsendem Auslandsengagement seiner über 100.000 international tätigen Unternehmen auch in Risikoregionen. Wirtschaftsspionage und illegaler Wissenstransfer (Patent- und Urheberrechtsverletzungen) sowie Organisierte Wirtschaftskriminalität und Terrorismus bedrohen den Industriestandort Deutschland jedoch in einer globalisierten Welt zunehmend, der Sicherheitsbedarf der Wirtschaft wächst. Mitarbeiter, Wissen und Anlagen gilt es daher in nationalem Interesse zu schützen und dabei Zielkonflikte zu Wettbewerb und Freihandel sowie zu Persönlichkeitsrechten zu vermeiden – so zur informationellen Selbstbestimmung bei Sicherheitsüberprüfungen. Wirtschaft und Staat sehen daher seit längerem die Notwendigkeit eines kooperativen Sicherheitskonzepts und einer Sicherheitspartnerschaft zwischen öffentlicher Hand und privater Wirtschaft. Der Gesetzgeber soll Rechtssicherheit über unbürokratische Schutzbestimmungen schaffen und Wirtschaftsinteressen stärker in neue Sicherheitsstrategien einbinden. Die kosteneffiziente Bereitstellung von vernetzter Sicherheit in der Wirtschaft wird in offenen Volkswirtschaften zum Wettbewerbsfaktor für den Wirtschaftsstandort.

Staat und Wirtschaft bilden in offenen Volkswirtschaften neue und komplexe Formen von Sicherheitsnetzwerken, die das traditionelle Rollenverständnis des Staates als „Monopolanbieter" von Sicherheit (Protective State) verändert haben. Private Sicherheitsunternehmen, Sicherheitsabteilungen transnationaler Konzerne, der traditionelle Betriebsschutz sowie Ordnungs- und Sicherheitspartnerschaften mit der privaten Hand gewinnen an Umfang und Bedeutung. Die ökonomische Machtverschiebung der letzten Jahrzehnte vom Staat in Richtung Wirtschaft im Zuge der Globalisierung hat diesen Prozess beschleunigt. Der nationalstaatliche Rechtsschutzstaat sieht sich zunehmend in der Rolle eines moderierenden Gesamtverantwortlichen für innere und äußere Sicherheit in einer grenzenlosen und vernetzten Welt, die von transnationalen Konzernen, substaatlichen Akteuren und internationalen Organisationen dominiert wird und in der die Frage des Global Governance nur unzureichend geklärt ist. Öffentlich-private Partnerschaften (Public Private Partnerships, PPP) öffnen vor diesem Hintergrund wachsender Anforderungen und knapper Ressourcen neue Optionen des Staates bei der Gewährleistung von Sicherheit.

Öffentlich-private Partnerschaften im Bereich der Sicherheit

„Öffentlich-Private Partnerschaft“ ist ein Sammelbegriff für Kooperationsprojekte der öffentlichen Hand mit der Privatwirtschaft.[1] Im Bereich von Infrastruktur- und Bauprojekten sowie dem öffentlichen Bildungs- und Gesundheitswesen gibt es zahlreiche solcher Projekte. Zumeist übernimmt der privatwirtschaftliche Akteur Planung, Bau und Bewirtschaftung von genuin öffentlichen Wirkungsbereichen. Finanziert wird dies durch Mieten und Nutzungsgebühren der öffentlichen Hand. Dabei tragen die öffentliche wie die private Hand gemeinsam Risiko. Die Zusammenarbeit ist in der Regel sehr langfristig geplant. Ziel der so genannten PPP-Projekte sind Effizienzgewinne bei öffentlichen Leistungen und damit eine Steigerung des Gemeinwohls. Erreicht werden soll dies durch Synergieeffekte aus der gleichzeitigen Nutzung von privatwirtschaftlichem sowie öffentlichem Know-how und Kapital. Die entstehenden Effizienzgewinne sollen zudem dazu beitragen, angespannte öffentliche Haushalte zu entlasten und die Staatsquote zu senken.

Ihre Anfänge liegen in den USA der vierziger Jahre, als im Rahmen des New Deal unter Roosevelt für marode Kommunen wie die Stahlmetropole Pittsburgh privates Kapital für Entwicklungsprojekte aktiviert werden sollte. Besonderen Schub erhielten die PPP-Projekte seit der neo-konservativen Präsidentschaft Reagan (1981-89), als sich der Zentralstaat massiv aus der Finanzierung von Kommunen und Sozialausgaben zurückzog. Diese Politik hält bis heute an und wurde unter Thatcher auch in Großbritannien wirkmächtig. In Deutschland entwickelten sich PPP-Projekte seit Mitte der 80er Jahre zur Kostenersparnis, die bei privatem Betrieb z.B. der Abwasserversorgung in der Regel 15-25 % erreicht. Einen Durchbruch erfuhr das Modell nach der deutschen Einheit aufgrund zeitweise unzureichender Planungs- und Verwaltungskapazitäten in den neuen Bundesländern sowie aufgrund fehlenden Kapitals. Die neuere Rechtsetzung (§7II Bundeshaushaltsordnung) schreibt bei allen finanzwirksamen Maßnahmen vor, bei Wirtschaftlichkeitsuntersuchungen privaten Anbietern und PPP-Modellen die Möglichkeit zu eröffnen, die entsprechende Leistung kostengünstiger zu erbringen.

Seit einiger Zeit werden in diesem Zusammenhang auch so genannte Sicherheitspartnerschaften[2] (Police Private Partnerships) diskutiert und zum Teil umgesetzt.

1 Dietrich Budäus und Peter Eichhorn (Hrsg.), *Public Private Partnership* (Baden-Baden: Nomos, 1997).

2 Rainer Pitschas und Rainer Stober (Hrsg.), *Staat und Wirtschaft in Sicherheitsnetzwerken* (Köln: Heymanns, 2000); Rolf Stober, *Public-Private-Partnerships und Sicherheitspartnerschaften: Ergebnisse des Professorengesprächs vom 13. April 2000* (Köln: Heymanns 2000); Fabian Jungk, *Police Private Partnerships. Eine Untersuchung anhand verschiedener Modelle* (Köln: Heymanns 2002); Benno Kirsch, *Private Sicherheitsdienste im öffentlichen Raum – Formen und Folgen der Zusammenarbeit mit der Polizei in Berlin und Frankfurt am Main* (Opladen: VS Verlag für Sozialwissenschaften, 2003); Mathias Kleespies, *Police Private Partnerships. Recht öffentlicher Aufgabenwahrnehmung durch gemischtwirtschaftliche Unternehmen* (München: Verlag Utz, Herbert, 2003); Rainer Pitschas, *Kriminalprävention durch Sicherheitspartnerschaften* (Köln: Heymanns, 2000); Rainer Pitschas, *Polizei und Sicherheitsgewerbe. Rechtsgutachten zu verfassungs- und verwaltungsrechtlichen Aspekten der Aufga-*

Zur Police Private Partnership[3] zählen grundsätzlich alle diejenigen Kooperationsformen, bei denen Polizei-, Justiz- oder andere Behörden mit hoheitlichen Vollzugsaufgaben langfristig angelegte Kooperationen mit privaten Partnern eingehen, um Vollzugs- und andere typischerweise von der Polizei wahrgenommene Aufgaben wirtschaftlich und effektiv zu unterstützen oder durchzuführen. Hierzu zählen Objekt- und Personenbewachungen, Kontrollen, Bestreifungen und andere Sicherungsaufgaben. Hierbei kooperieren die für die innere Sicherheit des Staates zuständigen Behörden mit privaten Akteuren vor allem bei Präventionsmaßnahmen. Beispiele sind

- der Schutz von Objekten und Veranstaltungen (private Sicherheitsunternehmen),
- Ordnungspartnerschaften zwischen Polizei, Kommunen und Deutsche Bahn AG im öffentlichen Verkehrsbereich,
- der Schutz von Wohnvierteln (Neighbourhood-Watch-Programme, private Wachdienste),
- der Schülerlotsendienst (zwischen Verkehrswacht, Schule und Polizei) oder
- die Zusammenarbeit mit Versicherungsunternehmen zur Aufklärung von Betrugsstraftaten oder zur Bewältigung von Terrorfolgen.

Bei den Kooperationspartnern der Polizei handelt es sich v.a. um Bürger und Sicherheitsunternehmen, die zum polizeilichen Lagebild beitragen und z.B. die Fahndung unterstützen – so z.B. bei der Nutzung gemeinsamer Leitstellen der Sicherheitsunternehmen. In den Kommunen arbeitet die Polizei aber auch mit Schulen oder anderen Bildungseinrichtungen zur Kriminalitätsvorbeugung zusammen. Auf Länderebene gibt es Kooperationen zwischen Behörden und Unternehmen zur Vorbeugung und Bekämpfung von Wirtschaftsspionage (Beispiel Nordrhein-Westfalen). Privates Sicherheitspersonal findet bereits im Strafvollzug, dem Schutz von Polizeigebäuden, der Parkraumüberwachung, der U-Bahnbewachung und der Rückführung ausreisepflichtiger Personen Verwendung. Diskutiert werden gemeinsame Einsatzleitzentralen zwischen den sog. „Blaulichtorganisationen“ wie Polizei, Feuerwehr und Rettungsdiensten auf der einen und privaten Sicherheitsunternehmen bzw. Sicherheitskräften der Unternehmen (z.B. Betriebsfeuerwehren von Chemieunternehmen) auf der anderen Seite. Ziel wäre es, private und staatliche Sicherheitskräfte stärker zu vernetzen. Auslöser dieses Prozesses war der zeitweise scharfe Anstieg der Kriminalität nach der Maueröffnung bei gleichzeitig hohem Kostendruck in den öffentlichen Kassen. Der Gefahr eines Staats- respektive Polizeiversagens sollte

benverteilung zwischen Polizei und privaten Sicherheitsunternehmen (Wiesbaden: BKA, 2000); Rolf Stober, *Neues Sicherheitsdenken und neue Sicherheitsmärkte. Ergebnisse des 5. Hamburger Sicherheitsgewerberechtstages* (Köln: Heymanns 2005); Rolf Stober und Harald Olschok (Hrsg.), *Handbuch des Sicherheitsgewerbes* (München: Beck 2004).

3 Siehe dazu: Rolf Stober, „Police-Private-Partnership aus juristischer Sicht“, *Die Öffentliche Verwaltung,* 53 (2000), S. 261-268.

durch Aktivierung des Gemeinschaftsgefühls[4] und des bürgerlichen Engagements von Sicherheitsbeteiligten wie -betroffenen in „Sicherheitsnetzen" begegnet werden.

Gemeinsam erscheint den bisherigen Kooperationsfeldern, dass sie eher spontan entstanden und punktuell konzipiert sind – d.h. sie folgen keinem Grundsatz. Dabei wäre die Zusammenarbeit grundsätzlich entlang der gesamten sicherheitspolitischen Wertschöpfungskette (Abbildung 2) möglich, bedürfte jedoch auf den verschiedenen Ebenen unterschiedlicher Kooperationspartner, Prozesse bzw. Verfahren, Gremien und Instrumente. So weist die Global Player Initiative des BKA zur Kooperation mit der Wirtschaft bei der Abwehr von Wirtschaftsspionage bereits in das Feld der Erarbeitung sicherheitsrelevanter Strategien hinein. Insbesondere fehlt dem derzeitigen Stand der Sicherheitspartnerschaft der Konturen schaffende „Überbau" einer gemeinsamen Sicherheitsstrategie.

Abbildung 2: Felder der öffentlich-privaten Zusammenarbeit im Sicherheitsbereich

Kritikpunkt gegen PPP ist oftmals der Vorwurf des „Ausverkaufs des Staates". Gerade im Bereich Sicherheit als originär staatlicher Aufgabe stellt sich die Frage nach der Vereinbarkeit von staatlichem Gewaltmonopol und Einbeziehung privater Akteure bei der Gewährleistung der inneren Sicherheit. Eine strenge Lizenzierung und Aufsicht privater Sicherheitsunternehmen kann dem begegnen. Rechtlich klar

4 Zur Kommunitarismusdebatte v.a. in den USA siehe insbesondere: Amitai Etzioni, *Die Entdeckung des Gemeinwesens* (Stuttgart: Schöffer-Poeschel Verlag, 1995).

geregelt werden muss die Grenze der Aufgaben und Befugnisse, die Haftung und der Datenschutz. Nur Rechtsklarheit schafft Rechtssicherheit. Im Felde der sicherheitsrelevanten PPP ist auf der Gesamtverantwortung und letztendlich verbindlichen Entscheidungskompetenz des Staates zu beharren. Während im Bereich der Daseinsvorsorge Privatisierung bis hin zur Übernahme durch ausländische Staatsfonds denkbar erscheint (Grenzen siehe später), muss das Gewaltmonopol (nicht das Sicherheitsmonopol) klar erkennbar beim Staat verbleiben. Das heißt: Sicherheitsdienstleistungen können privatisiert werden, nicht jedoch das hoheitliche Monopol der Gewaltanwendung. Ein Landeskriminalamt kann die Bewachung seiner Liegenschaft einem privaten Sicherheitsdienst anvertrauen, nicht aber die gesamte kriminalpolizeiliche Ermittlungstätigkeit und insbesondere Verhaftungen an private Detektivbüros übertragen.

Rahmenbedingungen: Wachsende Bedrohung der Sicherheit in der Wirtschaft bei schwindenden öffentlichen Ressourcen im Sicherheitsbereich

Auslöser der Debatte um eine engere Sicherheitspartnerschaft zwischen Staat und Wirtschaft ist die aktuell wachsende Bedrohung der Sicherheit in der Wirtschaft. Der Produktionsfaktor Wissen gewinnt im internationalen Wettbewerb weiter an Bedeutung. Seine Verwundbarkeit steigt. Der Wettbewerbsdruck nimmt generell zu, Schwellenländer drängen in den Hochtechnologiebereich und gleichzeitig unterhält die deutsche Wirtschaft vermehrt Forschungs- und Entwicklungszentren im Ausland (z.B. Indien, China). Internationale Unternehmens- und Informationsverflechtungen schaffen hier neue Probleme für nationale Sicherheitsbehörden. Unterschiedliche internationale Wertvorstellungen hinsichtlich des Schutzes geistigen Eigentums (z.B. Produktpiraterie in China) erschweren diesen. Organisierte Kriminalität, Terrorismus und Nachrichtendienste rüsten zudem technologisch auf (Cyber-Kriminalität, Computerhacker), Wirtschaftsspionage nimmt zu.

Gleichzeitig nimmt die Verwundbarkeit kritischer Infrastrukturen weiter zu. Die auf Vernetzung und Optimierung der Abläufe ausgelegten, hoch arbeitsteiligen globalen Wirtschaftsprozesse sind zwar effizient (z.B. Just in Time-Produktion), aber anfällig für Verzögerungen des Leistungserstellungsprozesses – sei es aus technischem Versagen, gezielten terroristischen Angriffen oder auch aus der Verschärfung von Sicherheitsbestimmungen. Die Zunahme des weltweiten und verwundbaren Flugverkehrs ist hier nur ein Beispiel, die Zunahme der Kommunikationsakte ein anderes. In beiden Fällen spielen private Akteure bei der Bereitstellung von Sicherheit eine immer wichtigere Rolle, seitdem in den westlichen Industrienationen private Unternehmer Eigentümer und Betreiber der für die Sicherheit bedeutsamen Infrastrukturen (Energie, Wasser) wurden.

Die ökonomische Kräfteverschiebung (Abbildung 3) zwischen öffentlicher Hand und privaten Unternehmen zugunsten letzterer in den letzten Jahrzehnten indiziert zudem eine wichtige Veränderung der Rahmenbedingung auch für den wirtschaftsnahen Sicherheitsbereich. Die Zahl der im Ausland Beschäftigten großer deutscher Konzerne hat mit dem Erfolg der Exportnation Deutschland deutlich schneller zugenommen als die Zahl der öffentlich Bediensteten im Ausland. Die Sicherheitsabteilungen großer internationaler Konzerne v.a. in den USA verfügen heute über Lagezentren, die denen mittlerer Nationalstaaten in nichts nachstehen.

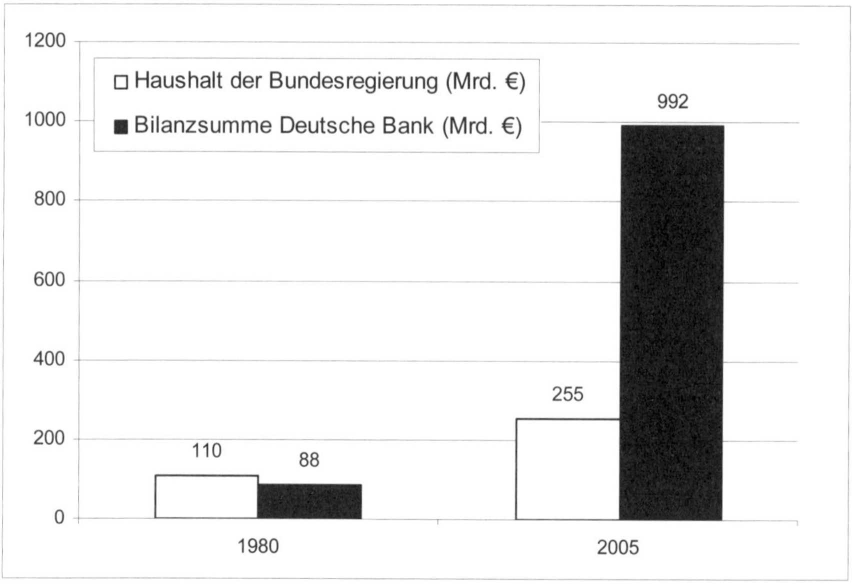

Abbildung 3: Wirtschaftliche Kräfteverschiebung zwischen öffentlichem und privatem Sektor am Beispiel der verfügbaren Haushaltsmittel
Quelle: Deutsche Bank

Schutz strategischer Schlüsselindustrien

Auslandskapital v.a. staatskapitalistischer Länder (China, Russland, Golfstaaten) ist derzeit im Vormarsch. Sicherheitsrelevante deutsche Schlüsselindustrien drohen unter ausländische Kapitalkontrolle zu geraten. Intransparente private und v.a. staatsnahe ausländische Investoren (Staatsfonds) könnten die daraus resultierende Wirtschaftsmacht zur Ausübung außenpolitischer Ziele gegen Deutschland missbrauchen. In verschiedenen Sicherheitsdoktrinen (u.a. Russland, USA, Frankreich) wird Wirtschaftsmacht ganz selbstverständlich als ein Instrument staatlicher Machtpolitik begriffen. Das in staatlichen Investitionsfonds verwaltete Vermögen nimmt schnell zu.

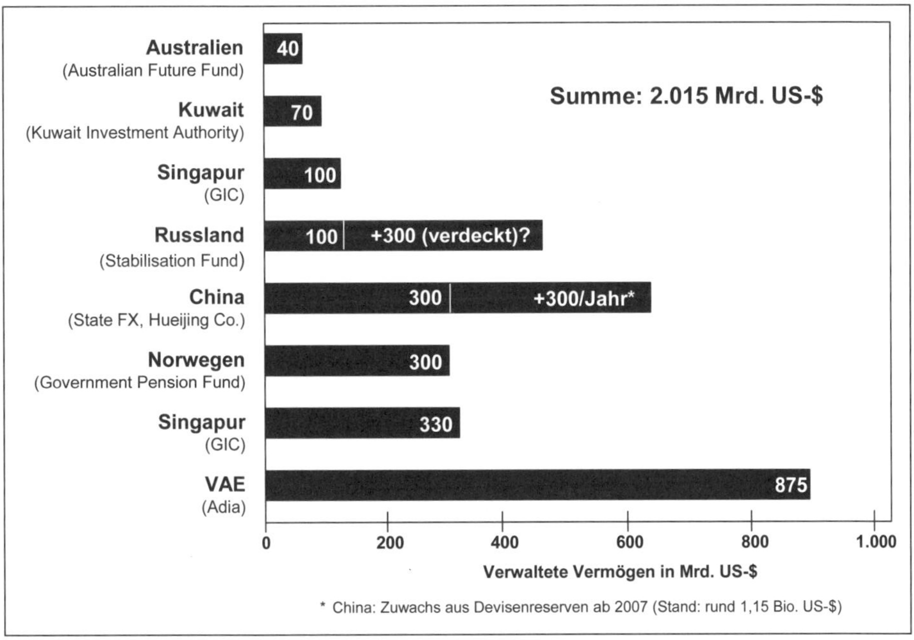

Abbildung 4: Die weltweit größten staatlichen Investmentfonds
Quelle: Deutsche Bank

Befürchtet wird die planmäßige Schwächung oder gar Abwicklung strategischer Unternehmen durch ausländische Eigentümer mit daraus resultierenden Beeinträchtigungen der Infrastruktur oder Versorgungslage der Bevölkerung. Die meisten Länder schirmen sicherheitsrelevante Schlüsselindustrien (Abbildung 5) gegen ausländische Übernahmen daher ab. In Deutschland soll dies u.a. über eine Novellierung des Außenwirtschaftsgesetzes ermöglicht werden. Eingeführt wird ein besonderes Verfahren zur Prüfung ausländischer Investitionen in Deutschland zum Schutz nationaler Sicherheitsinteressen. Dabei zeichnet sich ab, dass die Schutzwirkung nur in enger Kooperation zwischen Staat und Wirtschaft erreicht werden kann. Denn zusätzliche Behörden sind zunächst nicht vorgesehen.

Das novellierte Außenwirtschaftsgesetz erlaubt erweiterte staatliche Möglichkeiten zur Beschränkung von Unternehmensbeteilungen in grundsätzlich allen Branchen (bisher ausschließlich Rüstungsgüter, Kryptosysteme), wenn infolge des Erwerbs die öffentliche Ordnung oder Sicherheit der Bundesrepublik Deutschland gefährdet ist und wenn die Mindestbeteiligung 25 % übersteigt. Dem Erwerber werden Stimmrechte dritter zugerechnet, mit denen der Erwerber eine gemeinsame Ausübung von Stimmrechten vereinbart hat. Ferner werden Investitionen von Unternehmen mit Sitz in Deutschland als gebietsfremd angesehen, wenn ein Investor aus der EU oder einem Drittland mindestens 25 % der Stimmrechte an diesem Unternehmen hält. Der Investor hat die Möglichkeit zur Anzeige, eine Verpflichtung besteht nicht. Die Frist zur Ausübung des Prüfrechts auf Anzeige oder Initiative des

Bundesministeriums für Wirtschaft beträgt drei Monate, die Frist zur Entscheidung einen Monat nach Mitteilung über die Prüfung. Dieses kann im Einvernehmen mit Auswärtigem Amt, Finanz- und Innenministerium eine Übernahme untersagen oder nur mit Auflagen genehmigen. Um europarechtliche Bedenken auszuräumen, sollen nur Nicht-EU-Investoren beschränkt werden. Mittelfristig zeichnet sich hier eine stärkere Verantwortung der Bundesregierung für sicherheitsrelevante Wirtschaftspolitik ab, die aber z.B. bei der Identifizierung schutzwürdiger Übernahmeversuche informationell auf enge Kooperation der Wirtschaft angewiesen ist und die zudem – im Vergleich zu den Regulierungen in anderen Ländern – als eher „minimalinvasiv" gewertet werden kann.

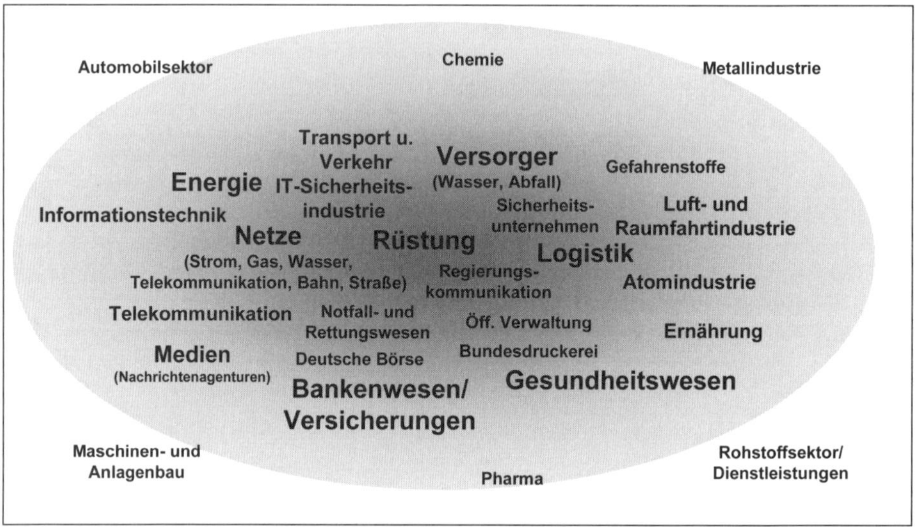

Abbildung 5: Sicherheitsrelevante Branchen

Lesehinweis: Sicherheitsrelevante Branchen im dunkelgrauen Feld, Schutzbedürftigkeit nach außen abnehmend

Aktuelle Herausforderungen für die Sicherheit des Standorts Deutschland

Mehrere Schwellenländer begleiten ihren wirtschaftlichen Aufstieg derzeit mit robuster Wirtschaftsspionage. Der technologische Abstand zum Westen soll binnen einer Generation geschlossen werden. In der öffentlichen Diskussion wird häufig nicht zwischen Wirtschaftsspionage und der Konkurrenzausspähung („Industriespionage") unterschieden. Unter Wirtschaftsspionage ist die staatlich gelenkte oder gestützte, von fremden Nachrichtendiensten ausgehende Ausforschung von Wirtschaftsunternehmen und Betrieben zu verstehen. Dieser Bereich gehört zu den Aufgaben der Spionageabwehr der Verfassungsschutzbehörden.

Bei der Konkurrenzausspähung handelt es sich um die Ausforschung, die konkurrierende Unternehmen gegeneinander betreiben. Für diesen Bereich sind die Verfassungsschutzbehörden bislang nicht zuständig. Derzeit wird aufgrund der Bedeutung gerade auch der Konkurrenzausspähung für das wirtschaftliche Gesamtgefüge geprüft, inwieweit eine gesetzgeberische Erweiterung der BfV-Zuständigkeiten auf den Bereich der Abwehr von Konkurrenzausspähung möglich wäre. Erfolgversprechender erscheint jedoch auch hier eine öffentlich-private Partnerschaft, in der der Staat Grundlagenwissen über Methoden und allgemeine Bedrohungslagen zur Verfügung stellt, während die Privatwirtschaft konkrete Maßnahmen zur Konkurrenzspionageabwehr organisiert und finanziert. In einen Großteil der Fälle sind interne Mitarbeiter involviert. Schon heute reagieren die Unternehmen auf unfreundliche Informationsabflüsse mehrheitlich durch interne Maßnahmen und nur in einem Bruchteil der Fälle mit Hilfe der Sicherheitsbehörden.

Die Bundesregierung hat 2005 den „Nationalen Plan zum Schutz der Informationsinfrastrukturen“ (NPSI) verabschiedet und 2007 den „Umsetzungsplan für die Bundesverwaltung“ (UP Bund) und den „Umsetzungsplan für die Kritischen Infrastrukturen“ (UP KRITIS) beschlossen. Letzterer entstand in enger Zusammenarbeit mit rund 30 Unternehmen der betroffenen Wirtschaftszweige Telekommunikation, Finanzwesen, Verkehr, und Energie sowie dem Wirtschaftsministerium. Die Unternehmen haben die beschriebenen IT-Sicherheitsmaßnahmen zu ihrem eigenen Standard erklärt. Die Umsetzung der IT-Sicherheitsstrategie (Roadmap, vier Arbeitsgruppen) ist im Koalitionsvertrag als vordringliche Aufgabe zur Gewährleistung der Inneren Sicherheit festgehalten. Der vom Kabinett beschlossene „Umsetzungsplan für die Gewährleistung der IT-Sicherheit in der Bundesverwaltung“ ist die verbindliche interne IT-Sicherheitsleitlinie für den Schutz der Informationsinfrastrukturen in allen Behörden des Bundes.

Eng verbunden mit der Störung kritischer Infrastrukturen ist die Sabotage, also die absichtliche Störung eines wirtschaftlichen Ablaufs zur Erreichung eines bestimmten (oft politischen) Zieles. Im alltäglichen Sprachgebrauch ist mit Sabotage oft auch die gewaltsame Beschädigung und Zerstörung von Geräten, Maschinen, Infrastruktur usw. zugunsten eines höheren Zweckes gemeint (Gewalt gegen Sachen). Sabotage kann jedoch auch Fertigungsprozesse oder deren Dokumentation treffen. Die heute komplexen Warenketten in der Fertigung haben die Unternehmen generell verwundbarer gegenüber Sabotage gemacht, wenngleich die Schadensvolumina derzeit gering sind.

Hinsichtlich des islamistischen Terrorismus liegen in Deutschland zwar bislang keine konkreten Bedrohungen gegen Wirtschaftsunternehmen vor, die Anschläge von London oder Madrid haben aber die Verwundbarkeit unserer Wirtschaftsprozesse aufgedeckt – wenngleich diese Anschläge vor allem auf medial verwertbare menschliche Opfer zielten („weiche Ziele“). Die Unterbrechung komplexer Warenketten, Börsenauswirkungen und die Unterbrechung von Informations- und Energienetzen unterliegen einer kontinuierlichen abstrakten Gefährdung auf hohem Niveau. Einem wesentlich höheren Risiko unterliegen unsere im außereuropäischen Ausland operierenden Unternehmen, die seit 2001 erhöhtem Anschlags- und Entführungsrisiko ausgesetzt sind.

Weitere Problemfelder wie unlauterer Wettbewerb, Korruption oder Markenpiraterie sollen hier nur angerissen werden. Diese aktuellen Herausforderungen für die

Sicherheit des Standorts Deutschland haben die Frage nach einer Neuaufstellung der Kräfte gestellt. Unternehmenssicherheit und private Sicherheitsunternehmen spielen dabei eine wachsende Rolle.

Unternehmenssicherheit heute – eine Innensicht aus deutschen Konzernen

Obgleich die deutsche Wirtschaft verwundbarer wird, gehört Sicherheit heute nicht zu den wichtigen Investitionsbereichen der deutschen Wirtschaft. Sicherheitsdienstleistungen werden als zu minimierender Kostenfaktor betrachtet und nach Möglichkeit ausgelagert (Outsourcing). Die Sicherheitsabteilungen großer Konzerne haben Schwierigkeiten, sich in der Konzernleitung durchzusetzen. Traditionelles Sicherheitsmanagement der Konzern- oder Betriebssicherheit[5] – vom Werksschutz mit Zugangskontrollen über die Frühwarn- und Ermittlungssysteme der Internen Revision bis zur IT-Abteilung und deren Datenschutzkonzepten – konzentriert sich heute v.a. auf die physische Sicherheit von Mitarbeitern und Anlagen. Sie ist defensiv und reaktiv, eine langfristige Bedrohungsanalyse (unter Nutzung von Intelligence) und Prävention spielen eine nachgeordnete Rolle. Eine Einbindung strategischen Sicherheitsdenkens in die Unternehmensstrategie selbst findet kaum statt (vielleicht mit Ausnahme IT-Sicherheit). Ein eigener Sicherheitsbeitrag zum Konzernergebnis wird als gering bewertet. Das Bewusstsein in den Konzernführungen verändert sich unter dem Eindruck steigender globaler Sicherheitsrisiken nur langsam.

Als Kernbedrohungen sieht die deutsche Wirtschaft laut BDI die Bereiche:

- Destabilisierung von Räumen und Ordnungssystemen, von Rohstoff- und Absatzmärkten sowie von Verkehrswegen durch regionale Konflikte, Extremismus und Terrorismus.
- Informationelle Angriffe auf das Unternehmenswissen (Wirtschaftsspionage, Produktpiraterie, Lauschangriffe, Desinformationskampagnen, Cyber War) mit einem hohen Anteil an Innentätern. Unternehmensansehen und Börsenwert werden häufig geschädigt.
- Korruption, OK, Wirtschaftsdelikte: Untreue, Betrug, Diebstahl, Unterschlagung, Hehlerei, Erpressung, Bestechung.

Ein integriertes Risiko- und Sicherheitsmanagement (Intelligence oriented early warning systems) wird erst langsam aufgebaut. Die konsequente Früherkennung von

5 Zeitschrift für die Sicherheit der Wirtschaft WIK, <http://www.wik.info>; Zeitschrift für Informations-Sicherheit kes <http://www.kes.info> (Zugriff: 14. Dezember 2007).

Sicherheitsrisiken erfordert die enge Kooperation zwischen Staat und Wirtschaft, wie sie in Sicherheitsgesetzen[6] bereits gedacht ist.

Große Konzerne betreiben heute v.a. eine Standort- und Prozess-Sicherung. Einige verfügen über ein Krisenzentrum als Kern der Sicherheitsabteilung, in dem durch Sammlung und Auswertung aller sicherheitsrelevanter Informationen eine komprimierte Risikobewertung geschaffen wird. Meist wird das eigene Netzwerk von Auslandsvertretungen, Vertriebsabteilungen etc. als aufklärender „Sensor“ (Human Intelligence) genutzt. Kritisch hinterfragt wird immer wieder, warum der Staat (auch die Nachrichtendienste) diese Zugänge nicht stärker nutzt. Ein systematisches Corporate Risk Management steckt bislang meist in den Kinderschuhen. Es ist v.a. das Haftungsrisko der Unternehmensführungen, das Handlungsdruck erzeugt.

Die Wirtschaft fordert mehr staatliche Unterstützung der (v.a. mittelständischen) Unternehmen im Ausland zumindest durch Informationen und bietet im Gegenzug eigene Expertise an. Die deutschen Nachrichtendienste haben sich aus Sicht der Wirtschaft auch unter dem Eindruck medialer Ereignisse zuletzt eher defensiv verhalten. Dabei gehe es der Wirtschaft nicht immer um „geheime Informationen“, sondern häufig um abstraktes Methoden- und Systemwissen. Ein systematischer und regelmäßiger Gedankenaustausch wird gefordert. Frankreich weist dem Staat hier traditionell große Bedeutung im Sinne einer erweiterten Industriepolitik zu und entwickelt in der „Schule für Wirtschaftskrieg“ in Paris weit reichende kooperative Handlungsstrategien mit der eigenen nationalen Wirtschaft auch bezüglich Competitive Intelligence, Wirtschaftsspionage und anderer regelwidriger Formen der Wettbewerbsverzerrung. Doch ordnungspolitische Bedenken und nicht zuletzt die Datenschutzdebatte namentlich in Deutschland steckt der Sicherheitspartnerschaft zwischen Staat und Wirtschaft – trotz viel versprechender Ansätze wie der „Global Player Initiative“ des BKA – bislang enge Grenzen.

Dies hat v.a. bei den großen transnational tätigen Konzernen zu Ausbaubemühungen der eigenen Konzernsicherheit geführt. Der russische Energiekonzern Gazprom hat ein firmeneigenes Sicherheitsunternehmen aufgebaut, dem der Staat weit reichende – auch bewaffnete – Handlungsvollmachten zum Schutz seiner weltweiten Infrastruktur eröffnet hat. Die Pipeline-Trasse der Erdölpipeline Baku-Tiflis-Ceyhan wird von westlichen Energiekonzernen bewacht und ist dabei teilweise territorialer Souveränität entzogen. Insbesondere in Subsahara-Afrika entwickeln die Sicherheitsabteilungen großer Konzerne erhebliche Macht. Modelle der alten Hanse oder der Ostindischen Kompanie werden für diesen Aufwuchs bei transnationalen Weltkonzernen bemüht. Der mit der Globalisierung einhergehende Aufstieg der Großkonzerne führt zu einer Machtverschiebung, die sich auch in den Sicherheitsbereich hinein projizieren wird. Und dies v.a. dann, wenn der (National-)Staat die an

6 Gesetz zur Kontrolle und Transparenz im Unternehmensbereich (KontraG); Eigenmittelhinterlegungspflicht für Unternehmen bei der Beantragung von Krediten (Basel 1 und 2); Umweltschutzrichtlinien Seveso 1 und 2; Bestimmungen für Sicherheit, Gesundheit, Umweltschutz und Qualität (SHERQ: Safety, Health, Environment and Quality); Haftung aus dem Aktienrecht.

ihn in diesem Bereich gestellten Anforderungen (z.B. hinsichtlich Spionageabwehr) systematisch nicht wird erfüllen können. Die Konzerne reagieren jedoch fast mehr noch mit einer zweiten Strategie, nämlich dem Zukauf der Expertise privater Sicherheitsunternehmen.

Private Sicherheitsunternehmen

Private Sicherheitsunternehmen werden künftig weltweit weiter aufwachsen und wichtiger Akteur einer Sicherheitspartnerschaft zwischen Staat und Wirtschaft werden. Die private „Sicherheitsindustrie" ist derzeit ein rasant wachsender Wirtschaftsfaktor, denn der Sicherheits- und Bewachungsbedarf nimmt im Zuge der Globalisierung stetig zu. Prognostiziert wird ein weiter zunehmender Einsatz privater Sicherheitsunternehmen auch in früheren Kernbereichen staatlicher Aufgabenwahrnehmung im In- und Ausland.[7] Es kann schon heute fast jede Sicherheitsleistung vom Personen- und Objektschutz über den Sicherheitsdienst im nachrichtendienstlichen Feld bis zur Integritätsüberprüfung und technischen Beratung am Markt gekauft werden.

Für den Bereich innere Sicherheit sind Sicherheitsunternehmen in Deutschland bereits stark entwickelt. Derzeit arbeiten ca. 180.000 Mitarbeiter bei privaten Sicherheitsdiensten – dies entspricht ca. 2/3 der bei Bund und Ländern beschäftigten Polizeibeamten. Einsatzschwerpunkte liegen in den Bereichen Betriebsschutz sowie Schutz von Wohn- und Verkehrsanlagen (Luftsicherheit, öffentlicher Nahverkehr). Treiber dieses Prozesses ist neben der ökonomischen Machtverschiebung vom Staat zur Wirtschaft (fiskalische Zwänge) auch die Verschiebung der Staatsausgaben vom Sicherheitsbereich in die Bereitstellung kollektiver Güter und den „sozialen Reparaturbetrieb". Der moderne Staat versteht sich dabei immer mehr als Gewährleistungsverwaltung denn als Leistungsverwaltung, d.h. er übernimmt die Verantwortung für die Bereitstellung von Leistungen und für deren Kontrolle. Der globale Standortwettbewerb hat Deregulierung und Minimalstaats-Überlegungen Vorschub geleistet. Gleichzeitig stieg der Bedarf an Sicherheitsleistungen, der vom Staat nicht mehr gedeckt werden kann. So liegt der staatliche Nachfrageanteil am Gesamtumsatz des privaten Sicherheitsgewerbes heute schon bei 25 % – mit steigender Tendenz.

Einen schnellen Aufstieg erlebt seit dem Ende des Kalten Krieges die Bedeutung privater Sicherheitsunternehmen bei Auslandseinsätzen. Es entstanden zunächst v.a. auf Betreiben der USA und Großbritanniens große Sicherheitsunternehmen,[8] die im

7 Sicherheitsdienstleister wie Securitas wachsen auch in Deutschland schnell auf. Selbst in China gibt es heute rund 2.000 Sicherheitsunternehmen mit mehr als 300.000 Mitarbeitern.

8 In der Literatur finden sich beinahe synonym die Begriffe Private Militär-Firmen (PMF) und Private Military Companies (PMC). Diese haben bislang überwiegend für das US-Verteidigungsministerium (para-)militärische und logistische Aufgaben, insbesondere aber Wach- und Personenschutzaufgaben wahrgenommen. Siehe hierzu insbesondere: Deborah D. Avant, *The Market for Force. The Consequences of Privitizing Security* (Cambridge: Cam-

Auftrag von Regierungen mit Söldnern in Krisengebieten im Bereich des zivilen Krisenmanagements tätig sind. Seit Mitte der 90er Jahre werden sie neben dem militärischen und paramilitärischen Bereich auch im Polizei- und Strafverfolgungsbereich tätig.[9] Das zivile Krisenmanagement gewinnt immer stärker an Gewicht; der Aufbau ziviler Sicherheitsbehörden im Rahmen der Security Sector Reform (SSR) wird zu einer wichtigen Regeltätigkeit im Ausland – auch der deutschen Behörden nicht nur in Afghanistan. Doch für diese Aufgabe sind sie bislang weder systematisch vorbereitet noch personell kurzfristig in der Lage. Paramilitärisch operierende Polizeieinheiten sind in Deutschland zudem seit den 90er Jahren nicht mehr vorhanden. Der Polizeieinsatz in militärisch nicht befriedeten Gebieten ist derzeit untersagt. Neben Überlegungen zum Aufbau staatlicher Interventionskräfte für Friedensmissionen und Sicherheitsoperationen[10] wären auch private Sicherheitsunternehmen eine Option. Eine entsprechende private Sicherheitsbranche könnte sich auch in Deutschland mit zunehmenden Auslandseinsätzen entwickeln. Die Bundeswehr hat mit zwei Rahmenverträgen 1998/1999 die Auslagerung militärischer Aufgaben bereits eingeleitet.

Der Mangel an jungen wehrfähigen Kombattanten in den postheroischen[11] Gesellschaften des Westens und die mangelnde Opferbereitschaft westlicher Demokratien setzt dem Einsatz staatlicher Militär- und Polizeikontingente enge Grenzen. Sollen Auslandseinsätze also auch unter robusten Bedingungen wie in Afghanistan oder Irak durchhaltefähig bleiben, wird man um die Einbeziehung ziviler Sicherheitsunternehmen kaum umhin kommen. Einsatzoptionen sind dabei künftig im Rahmen nationaler und internationaler Polizeimissionen als reguläre Polizisten zu erwarten, ferner als Ausbilder und Berater im In- und Ausland sowie als Sicherheitsleute. Ihr Einsatz kann sowohl im Rahmen internationaler Friedensmissionen als auch im

bridge University Press, 2005); Thomas Jäger and Gerhard Kümmel (eds.), *Private Military and Security Companies. Chances, Problems, Pitfalls and Prospects* (Wiesbaden: VS Verlag für Sozialwissenschaften, 2007); P. W. Singer, *Corporate Warriors. The Rise of the Privatized Military Industry* (Ithaca: Cornell University Press, 2003).

9 Dr. Markus Ritter, Rent a Cop, Berlin 2007.

10 Im US-Außenministerium erhielt das Bureau for International Narcotics and Law Enforcement den Auftrag, 2.000 Polizisten für Auslandseinsätze bereitzustellen. Weil diese aus den bestehenden Polizeistrukturen nicht zu rekrutieren waren, wendete man sich an private Unternehmen. Die USA haben seit 1994 weltweit insgesamt 4.000 Polizisten unter VN-Mandat eingesetzt (Haiti, Bosnien-Herzegowina, Kroatien, Palästina, Sierra Leone, Liberia, Kosovo, Ost-Timor), aktuell sind es rund 1.000. Sie alle wurden von privaten Sicherheitsunternehmen unter Vertrag genommen.

11 „Heroisch" sind Gesellschaften, in denen Kriegerehre und bedingungslose Opferbereitschaft für eine „große Idee" (meist religiös fundiert) hohes Ansehen genießen. Die letzten „heroischen" Gesellschaften auf europäischem Boden verschwanden 1945 mit dem Ende des 2. Weltkriegs. Seither gelten westliche Gesellschaften als postheroisch – soll heißen: Kriegertum und Soldatenehre bringen keine Anerkennung; die Wehrpflicht, lange Zeit der Garant für Kriegs- und Opferbereitschaft der männlichen Bevölkerung, ist ein Auslaufmodell, militärische Macht basiert auf Waffentechnologie; Militäreinsätze stoßen in der Regel auf erheblichen innenpolitischen Widerspruch – vor allem dann, wenn mit eigenen Opfern zu rechnen ist.

Rahmen nationaler SSR-Programme erfolgen (Aufbau Ermittlungsorgane, Kriminaltechnik, Ausbildungsgänge etc.). Die Übergänge sind fließend.

Dies birgt die Gefahr einer Erosion des staatlichen Gewaltmonopols, die nur durch „Engführung" (Lizenzierung, Überwachung, Reglementierung) eingehegt werden kann. Dies erfordert enge Verschränkung von öffentlicher und privater Sicherheit. Zur Schlüsselfrage wird die Kontrolle der Sicherheitsunternehmen. Die Regierungen von Einsatzländern wie Afghanistan und Irak gehen derzeit dazu über, private Sicherheitsunternehmen in ihren Ländern stärker zu regulieren und zu lizenzieren. Die afghanische Regierung hatte Ende November 2007 beschlossen, alle derzeit bis zu 140 Sicherheitsunternehmen zu verbieten und den Waffenbesitz nur staatlichen Sicherheitsdiensten zu gestatten. Der Beschluss gilt zwar als eher populistisch und praktisch kurzfristig kaum ausführbar, er verweist jedoch auf das Grundproblem der Tangierung staatlicher Souveränität, wenn Interventionsmächte gar über private Sicherheitsunternehmen Gewalt ausüben. Dies widerspricht Grundsätzen wie der „Afghan Ownership" und öffnet Machtmissbrauch, Korruption und Kommerzialisierung von Konflikten eine Pforte. Der Weg kann künftig nur eine strenge Lizenzierung und staatliche Kontrolle von Auftrag und Mitteln privater Sicherheitsunternehmen durch die jeweiligen Innenministerien sein. Dies gilt im In- wie im Ausland – und zwar unabhängig vom Geldgeber. Immunitäts-Garantien wie im Falle Blackwater im Irak schließen dies aus, der völkerrechtliche Status der „Privaten" kann kein Kombattantenstatus sein.

Auch die Rolle der Wirtschaft selbst im internationalen Krisenmanagement wird langsam stärker instrumentalisiert. Eine Task Force im US-Verteidigungsministerium rekrutiert jetzt Investoren für den Irak und kompensiert deren Risiken u.a. durch Marktzugangs-Garantien (Monopol für Halliburton etc.). Auch in Deutschland wird über Modelle einer systematischen Außenwirtschaftsförderung als Teil des internationalen Krisenmanagements nachgedacht. Damit würden Unternehmen einerseits zu Pionieren der Entwicklung in instabilen Räumen unter staatlicher Risikoversicherung, andererseits in hohem Maße abhängig von sicherheitlichen Lageinformationen.

Gemeinsame Sicherheitsforschung

Die innere Sicherheit wird in einer zunehmend technisierten Welt auch zentrales Thema für den Wissenschafts- und Technologiedialog zwischen Staat und Wirtschaft. Schlüsselfrage ist dabei die Identifizierung industrieller und wissenschaftlicher Schlüsselkompetenzen. Die Entwicklung ziviler Sicherheitstechnologien ist ein Schwerpunkt der Forschungsförderung in der Europäischen Union, für die bis 2013 rund 1,4 Milliarden € eingeplant ist. Zusätzlich zu den EU-Forschungsinvestitionen stellt das deutsche Forschungsministerium in den nächsten vier Jahren insgesamt 123 Millionen € für die zivile Sicherheitsforschung zur Verfügung. Dabei sollen zukunftsträchtige Kompetenzcluster und namentlich Dual Use-Anwendungen aufgebaut werden, d.h. für den Verteidigungs- wie den Sicherheitsbereich gleichermaßen nutzbare Technologien. Ziel ist es nicht zuletzt, in Zusammenarbeit mit der Wirtschaft wettbewerbs- und exportfähige Produkte im Sicherheitsbereich zu entwickeln. Dies sollte in enger Abstimmung mit den Sicherheitsbehörden erfolgen, die ihre Kompetenz hinsichtlich Bedrohungslagen und Einsatzverfahren in die Entwicklung einbringen können.

Die Kompetenzen zur Sicherheitsforschung liegen staatlicherseits in Innenministerium und Forschungsministerium (BMBF – dort eigenes Referat Sicherheitsforschung). Gegenwärtig trägt das BMBF die Federführung für den Gesamtkomplex der Sicherheitsforschung innerhalb der Bundesregierung sowohl im Hinblick auf die EU-Sicherheitsforschung (Programm Sicherheitsforschung als Bestandteil des 7. Forschungsrahmenprogramms der EU) wie auch das vor kurzem vom Kabinett verabschiedete nationale Sicherheitsforschungsprogramm. Die zivile Sicherheitsforschung erfordert den Aufbau eines intensiven Kontakts und damit eines eigenen Netzwerks des Staates zu Lösungsanbietern in der Wirtschaft und zu Forschungsinstituten. Neben technischen Lösungen muss es dabei auch um die Erforschung gesellschaftlicher Zusammenhänge gehen.

Schließlich muss das erforderliche ressortübergreifende „Systemwissen" auch vermittelt werden. Gemeinsame Aus- und Weiterbildungsveranstaltungen nicht zuletzt der Bundesakademie für Sicherheitspolitik sollten hierbei zur Sensibilisierung von Entscheidungsträgern für Sicherheitsaspekte im Allgemeinen und den Kooperationsmöglichkeiten zwischen Staat und Wirtschaft im Besonderen dienen. Die gewonnenen Erkenntnisse sollten durch Simulationen und Übungen (z.B. LÜKEX) auf ihre Praxistauglichkeit hin überprüft werden.

Fazit/Ausblick: Staat und Wirtschaft in neuen Sicherheitsnetzwerken

Die öffentlich-private Sicherheitspartnerschaft könnte eine Säule des Konzepts vernetzter Sicherheit werden. Sie bildet eine probate beiderseitige Strategie, einen Mangel an Ressourcen durch Zugang zu externem Wissen im Sicherheitsbereich zu überwinden. Derzeit sind wir in Deutschland von einer systematischen Implementierung des Netzwerkgedankens im Sicherheitsbereich noch weit entfernt. Während die vernetzte Sicherheit hinsichtlich der äußeren Sicherheit stärker Eingang im sicherheitspolitischen Denken findet, ist das Feld der „inneren Sicherheit" und insbesondere der Sicherheit in der Wirtschaft bislang nur ansatzweise vernetzt.[12] Der intensivere Dialog zwischen Politik und Wirtschaft, Wissenschaft und Verwaltung im Hinblick auf die Bewältigung der neuen Sicherheitsherausforderungen wird zwar vehement gefordert, scheitert aber an einer ordentlichen Institutionalisierung (gemeinsame Lagezentren und Informationsbasen), an mangelnder personeller Vernetzung (öffentliche Dienstrechtsregeln, Karriereplanungsmodelle etc.) und v.a. an Sicherheitsregeln (Verschlusssachen-Verordnung etc.). Sicherheit muss heute jenseits der klassischen Unterscheidungen zwischen national versus international, staatlich versus

12 Siehe hierzu: Peter Stegmaier und Thomas Feltes, „Vernetzung als neuer Effektivitätsmythos für die innere Sicherheit", *Aus Politik und Zeitgeschichte* 12/2007, S. 18 ff.

nicht-staatlich und zivil versus militärisch neu gedacht und konzipiert werden. Das ist zwar weitgehend konsensfähig, hinsichtlich der institutionellen Reformen und datenschutzrechtlichen Konsequenzen tut sich Deutschland jedoch schwer. Der Mangel an ressortübergreifenden Krisenbewältigungsinstrumenten wie dem machtlosen Bundessicherheitsrat ist hier nur ein Beispiel, während unsere Nachbarn Großbritannien und Frankreich hinsichtlich ihrer nationaler Sicherheitsräte gerade neue Schritte gehen.

Die Kräfteverschiebung zwischen öffentlicher Hand und freier Wirtschaft hin zur Privatwirtschaft hatte seit den 90er-Jahren eine stärkere Beteiligung der Wirtschaft in Sicherheitsfragen – einschließlich Nutzung privater Sicherheitsdienstleistungen – zur Folge. Ob dieser Trend sich fortführt, ist derzeit noch offen und nicht zuletzt abhängig von unserer Investitionsbereitschaft in staatliche Sicherheitsbehörden. Wenn Deutschland den Staat namentlich im Bereich der aufwachsenden zivilen Auslandseinsätze nicht ertüchtigt, wird man über privatwirtschaftliche Optionen nachdenken müssen. Hierzu könnte man neue Anreizsysteme aus dem Versicherungswesen[13] für eine private Beteiligung im Sicherheitsbereich ebenso prüfen wie die Gestaltung der stärkeren Rolle privater Sicherheitsunternehmen. Die Privatwirtschaft ist Gewinn- und nicht Gemeinwohlorientiert, was der Frage der öffentlichen Kontrolle gerade im Sicherheitsbereich zentrale Bedeutung zuweist. Die vorhandenen politisch-rechtlichen Rahmenbedingungen z.B. aus dem Gewerberecht reichen bislang kaum aus, um die öffentlich-private Sicherheitspartnerschaft voranzutreiben und zu koordinieren sowie die Wirtschaft zu den erforderlichen Sicherheitsmaßnahmen und -investitionen zu bewegen. Hierzu bedarf es neuer Anreizsysteme. Da in Deutschland derzeit ohnehin an ressortübergreifenden Krisenmanagementinstrumenten gearbeitet wird, könnte hier die Einbindung der Wirtschaft und ihrer Informationsbedürfnisse in neue Netzwerkstrukturen und Lagezentren frühzeitig erwogen werden. Vieles läuft hier heute noch in informellen Netzwerken.[14] In Deutschland entwickeln sich die Voraussetzungen für die öffentlich-private Sicherheitspartnerschaft gerade im Vergleich zu den angelsächsischen Partnern erst langsam und werden auch kaum deren Umfang erreichen. Doch die effektive Zusammenarbeit zwischen Staat und Wirtschaft wird künftig auch zu einem Wettbewerbs- und Erfolgs-

13 Der Terror-Spezialversicherer Extremus war nach den Anschlägen von New York (9/11) mit staatlicher Unterstützung gegründet worden, weil der private Markt nicht genügend Deckung für Terrorrisiken größerer Anlagen anbieten konnte. Jetzt will er mit einem neuen Tarifsystem seine Kundenbasis erweitern. Das Prämienvolumen soll 2008 trotz fallender Industrieversicherungs-Preise auf 70 Mio. € steigen. Sachschäden ab 25 Mio. € – bis dahin sind Terrorschäden durch die Feuerversicherung gedeckt – deckt der Spezialversicherer mit 10 Mrd. € Kapazität. Davon stellt 2 Mrd. € die private Versicherungswirtschaft und 8 Mrd. € der Staat. Um die gerade erfolgte Verlängerung der Staatshaftung um zwei Jahre war gerungen worden.
Für Flughäfen und Bahnhöfe gibt es einen Zuschlag von 100 %, für andere Risiken wie Wahrzeichen, Brücken oder Chemiefabriken werden 50 % mehr fällig. Große Energieversorger waren zuletzt wegen hoher Prämien abgesprungen. Rund 1.200 Kunden hat die Versicherung. Die meisten Industriestaaten haben ähnliche Lösungen, in Frankreich ist sie Pflicht.

14 Dazu zählen informelle Staatssekretärsrunden, Polizeichefrunden, der Arbeitskreis II der Innenministerkonferenz oder die Innenausschüsse der Parlamente.

faktor am Standort Deutschland. Hierzu gilt es eine Reihe von Handlungsoptionen zu prüfen.

Eine Sicherheitspartnerschaft zwischen Staat und Wirtschaft (Abbildung 6)[15] könnte durch die stärkere Einbeziehung der Wirtschaft in nationale Sicherheitsstrategien und deren Interessendurchsetzung auch in der EU befördert werden. Der Wirtschaft entgegen käme eine stärkere deutsche Einflussnahme auf die Harmonisierung sicherheitsrelevanter Verordnungen im EU-Rahmen (KontraG, Basel 1+2, Seveso I+II, SHERQ), da unterschiedliche Regelungen v.a. in den EU-Staaten zu Irritationen und zu Mehraufwand in der Industrie führen. Generell ist eine noch intensivere institutionalisierte Zusammenarbeit von Ressorts und Wirtschaft sinnvoll, in der die Wirtschaftsverbände (BDI, Arbeitsgemeinschaft Sicherheit in der Wirtschaft ASW) eine wichtige Rolle spielen. Die gesamtstaatliche Führungskompetenz in Sicherheitsfragen gilt es generell durch eine ressortübergreifend zu besetzende Lenkungsgruppe zu stärken, in die neben Vertreter der Ressorts des Bundessicherheitsrats auch Wirtschaftsvertreter integriert werden sollten. Dort könnten künftig gemeinsam Sicherheitsstrategien erörtert werden (Bedrohungs- und Fähigkeitsanalysen, Ressourcensteuerung) und so der strategische Sicherheitsdialog mit der Wirtschaft insgesamt belebt werden. Hier sollten auch die sicherheitsrelevanten Ressortkreise (z.B. Ressortkreis Zivile Krisenprävention, der in Planung befindliche Ressortkreis Wirtschaftsspionage, regelmäßige Ressortkreise Sicherheit in der Wirtschaft) vernetzt werden.

Anzustreben ist der bedarfsgerechte Informationsaustausch zwischen Regierungsstellen und Unternehmen (Jour Fixe, regelmäßige Ressortkreise „Sicherheit in der Wirtschaft"), ein intensivierter Personalaustausch zwischen Staat und Wirtschaft, die gemeinsame Entwicklung von Sicherheitssystemen/-produkten und die Bereitstellung von Risikoanalysen bei der Erschließung neuer Märkte sowie mittels Warnungen durch Sicherheitsbehörden vor nachrichtendienstlichen Angriffen, Organisierter Kriminalität sowie Terrorismus. Es gilt sicherheitsrelevante Entwicklungen gemeinsam frühzeitig zu erkennen und Handlungsbedarf abzuleiten. Ein legalisierter bedarfsgerechter Informationsaustausch zwischen Sicherheitsverantwortlichen der Industrie und den Sicherheitsbehörden z.B. bei der Risikobewertung von Mitarbeitern oder Standorten erfordert unter Umständen zusätzliche rechtliche Korrekturen.

15 Erste Kodifizierungen: Rahmenregelung für die Zusammenarbeit mit der gewerblichen Wirtschaft auf Bundesebene in Sicherheitsfragen (Berlin: BMI 2000); Positionspapier zur Bedeutung der Sicherheit in der Industrie für Deutschland (Berlin: BDI, 2006); Leitsätze zur Sicherheit in der Wirtschaft (Berlin: ASW, 2007).

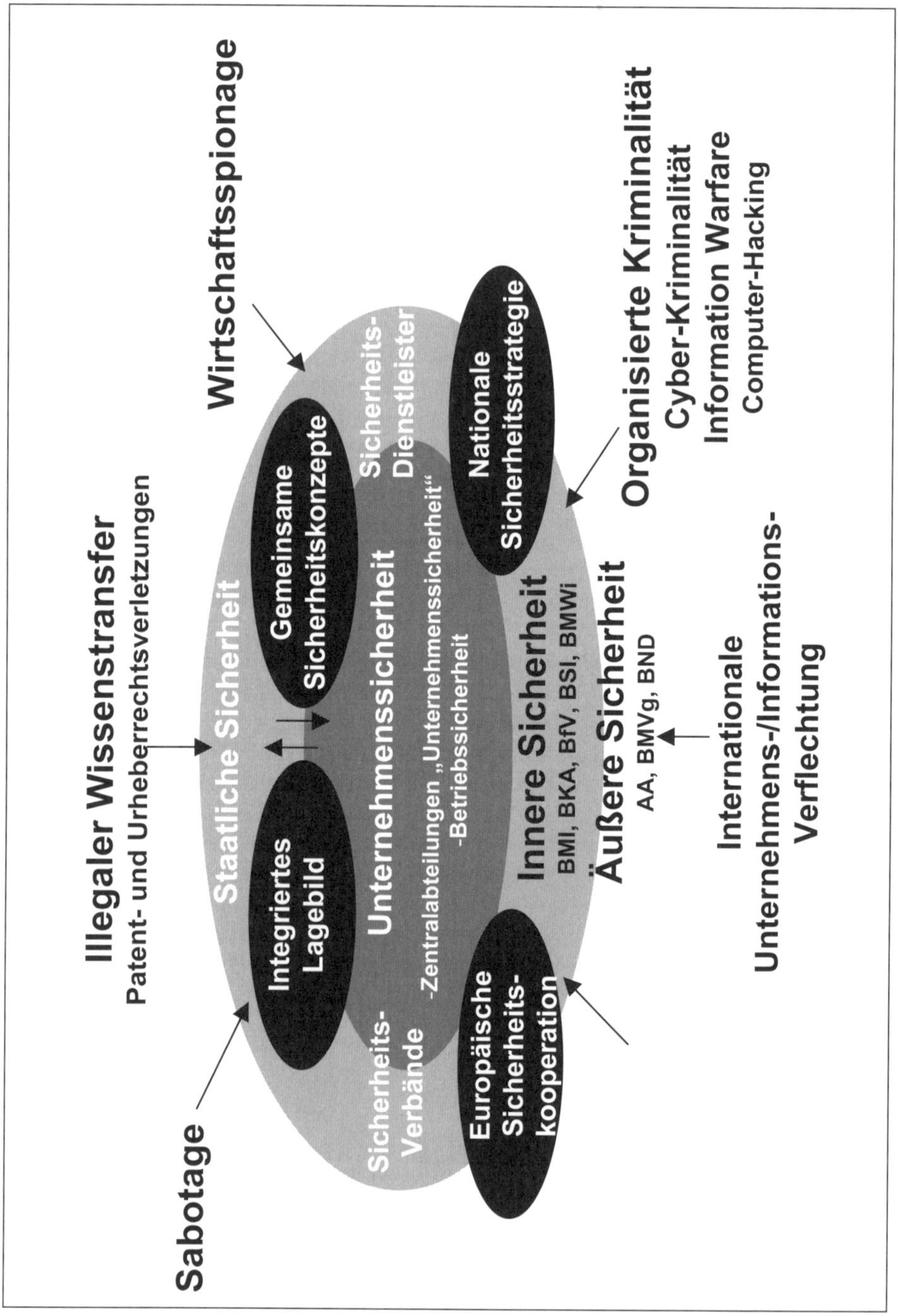

Abbildung 6: Dimensionen der öffentlich-privaten Sicherheitspartnerschaft

Eine einheitliche und aktualisierte Informationsbasis für nationale und internationale Lagebeurteilung und Risikobewertung könnte über gemeinsam betriebene Internet-Portale, Chat-Rooms oder Newsletter geschaffen werden. Die Frage der Lastenverteilung wäre regelungsbedürftig und eine starke Wirtschaftsbeteiligung sinnvoll. Das Auslandsgeschäft schafft erhebliche Profite, die damit verbundenen Sicherheitslasten sollten so wenig wie möglich „vergesellschaftet" werden. Ziel wäre ein permanent aktualisiertes Lagebild zur nationalen und internationalen Sicherheit zwischen Zentralabteilungen, Unternehmenssicherheit und Sicherheitsbehörden. Über dieses neue Kommunikationsmedium könnte Beratung zu sicherheitsrelevanten Themen erfolgen und die Zusammenarbeit mit Sicherheitsdienstleistern und Verbänden erfolgen. Das öffentliche Warnen und Aufklären, die Verbreitung von Ratgebern und Kriminalstatistiken sowie von aufklärenden Fernsehsendungen könnte so schneller und effizienter erfolgen.

Für Beratung und Hilfestellung bei besonderen Sicherheitsvorkommnissen und Krisenmanagement könnte über einen regelmäßig tagenden Ressortkreis „Sicherheit in der Wirtschaft" und ein diesem evtl. anzuschließendes (gemeinsam besetztes) Geschäftsbüro eine Koordinierungsstelle der Bundesregierung geschaffen werden. Ähnliche Strukturen bestehen bereits auf Länderebene (z.B. Nordrhein-Westfalen). Arbeitsstäbe zur Organisation des konkreten Kommunikationsbedarfs gibt es schon heute innerhalb der involvierten Bundesbehörden (BfV, BKA, BND). Auf strategischer Ebene nimmt das Bundeskanzleramt (Abt. 6) diese koordinierende Rolle wahr, in Innen- und Wirtschaftsministerium bestehen feste Ansprechpartner. Eine Organisation des Kommunikationsbedarfs der Wirtschaft in die Bundes- und Landes-Behörden hinein könnte z.B. über den ASW erfolgen. Die Koordinierung von Interessen des Bundes und der Länder zu Fragen der Gewährleistung der Inneren Sicherheit findet im Rahmen der Innenministerkonferenz (IMK) sowie in den nachgeordneten Gremien statt. Beispielhaft ist die Wiederaufnahme des Gesprächskreises „Innere Sicherheit" mit dem Bundesverband Deutscher Wach- und Sicherheitsunternehmen (BDWS) zu nennen.

Auf einer Reihe von Handlungsfeldern ist die Harmonisierung der Schutzanstrengungen zu intensivieren. So sollte der staatliche Schutz kritischer Infrastrukturen Firmeninfrastrukturen stärker mit in die Überlegungen einbeziehen (z.B. Schutz gegen Sabotage). Auch die Schaffung politischer Rahmenvorgaben für die Entwicklung von Sicherheitsprodukten und -systemen und die Anpassung der Regelungen an globale Praxis kann hier eine Vernetzung der Sicherheitskonzepte befördern.

Ein Beispiel ist die Forcierung des Aufbaus des nationalen Kryptokonzepts unter Einbeziehung der Interessen der Industrie. Zur Kryptopolitik hat die Bundesregierung bereits 1999 festgestellt, dass die Fähigkeit deutscher Hersteller zur Entwicklung und Herstellung von sicheren Verschlüsselungsprodukten unverzichtbar ist. IT-Sicherheit spielt eine wachsende Rolle im Rahmen der Wirtschaftssicherheit und kann nur in enger Kooperation mit der Wirtschaft verfolgt werden. Hierzu gilt es sichere Informations- und Kommunikationssysteme (Identitymanagement, Kryptografie, Firewall) in öffentlich-privater Kooperation voranzutreiben.

Schließlich sollte die stärkere Ächtung/Verfolgung von Urheber- und Patentrechtsverletzungen sowie die wirkungsvolle Strafverfolgung z.B. bei Patentrechtsverletzung auch im Ausland sichergestellt werden. Generell stellen Globalisierungsrisiken ein wachsendes Bedrohungspotential dar, dessen Erforschung gemeinsame Anstrengungen erfordert.

Sicherheit als strategischer Erfolgsfaktor im globalen Wettbewerb

Thomas Menk

Sicherheit gehört nach herrschendem betriebswirtschaftlichem Verständnis auch im Zeitalter wirtschaftlicher und politischer Globalisierung nicht zu den Kerninvestitionsfeldern der Wirtschaftsunternehmen. Dieser Sachverhalt leuchtet bei isoliert mikroökonomischer Betrachtung unmittelbar ein, muss aber bei einer ganzheitlichen und damit zeitgemäßen Betrachtung von Wirtschaftsprozessen überraschen, da im Zusammenhang eines wahrscheinlich irreversibel globalisierten Wettbewerbs und der damit verbundenen Notwendigkeit einer globalen Orientierung der deutschen Wirtschaft die Herausforderungen für das Sicherheitsmanagement der Unternehmen dramatisch zunehmen werden. Neben die bekannten und vergleichsweise beherrschbaren Gefährdungen im nationalen Wettbewerb treten zunehmend die spezifischen und deutlich gefährlicheren Sicherheitsrisiken der internationalen Märkte mit ihren heterogenen Wettbewerbskulturen. Dies reicht von politischen Krisen und bewaffneten Konflikten in den Marktregionen, über den Kampf um technologisches und sonstiges strategisch bedeutsames Unternehmenswissen bis hin zu den vielfältigen transnationalen und marktspezifischen kriminellen Bedrohungen.

Geschäftsprozesse sind vor diesem Hintergrund ganz allgemein von einer wachsenden Komplexität der mit ihnen verbundenen Sicherheitsrisiken gekennzeichnet, und diese Aussage gilt umso mehr, da sich die Sicherheitsdoktrinen der Nationalstaaten und zwischenstaatlichen Organisationen der zunehmenden wirtschaftlichen Internationalisierung zu langsam und bisher unzureichend anpassen. Unternehmenssicherheit und private Sicherheitsdienstleister stehen deshalb vor großen, oft noch nicht deutlich erkannten Veränderungen ihrer Aufgaben und Prozesse. In einer globalisierten Wirtschaft, deren Aktionsfeld Staaten und Märkte mit unterschiedlichsten Sicherheitskulturen sind, wird ein flexibles und wirksames Sicherheitsmanagement zum unvermeidlichen Erfolgsfaktor.

Der vorliegende Beitrag will ohne Anspruch auf vollständige Betrachtung und Erörterung aus der Perspektive der Praxis eine Übersicht zu Risiken und Chancen des Sicherheitsmanagements der Wirtschaft unter den Bedingungen der Globalisierung geben. Besonderes Augenmerk liegt dabei auf der unmittelbaren Gefährdung der Unternehmensprozesse durch Sicherheitsrisiken und – argumento e contrario – auf dem unmittelbaren Nutzen eines lageangepassten und effektiven Sicherheitsmanagements in Unternehmen. Den Anfang machen die Risiken.

Sicherheitsrisiken im globalen Wettbewerb und ihre ökonomische Wirkung

Die gegenwärtig vorherrschende Trias von Sicherheitsrisiken für Unternehmen im globalen ökonomischen Netzwerk betrifft politische, informationelle und allgemeine kriminelle Gefährdungen.

Nach dem Zusammenbruch der Blockkonfrontation waren sich die politisch Sphäre, Wirtschaft und weite Teile der Wissenschaft einig, dass die internationalen Beziehungen und die bis dahin existierenden Krisenherde eine positive Entwicklung nehmen würden. Jedenfalls herrschte die Überzeugung dass die Welt einer nachhaltigen Befriedung entgegenstrebt. Die Wirklichkeit hat gezeigt, dass sich diese Hoffnung nicht erfüllt hat. Vielmehr haben politische Auseinandersetzungen und die damit zum Teil verbundenen bewaffneten Konflikte – wenn auch zumeist in der Form des Low Intensity War – in den letzten zwei Dekaden signifikant zugenommen. Es bleibt der Perspektive des Lesers überlassen, ob er diese Entwicklung als natürliche Redynamisierung der internationalen Politik oder als kontinuierliche Destabilisierung der bisherigen Ordnungssysteme auffassen will. Auffällig ist jedenfalls, dass die Sicherheitsmechanismen der Vereinten Nationen und der NATO dem ihnen zugrundeliegenden Anspruch der schnellen und wirksamen Eindämmung internationaler Konflikte nicht gerecht werden, und diese Konflikte nachhaltige Rückwirkungen auf wirtschaftliche Zusammenhänge haben.

Global tätige Unternehmen bewegen sich heute, sobald sie die befriedeten Räume Europas und Nordamerikas verlassen, in einem Spannungsfeld vielfältiger Sicherheitsgefährdungen, die ihre Geschäftsprozesse jederzeit berühren können. Phänomene wie Krieg, Bürgerkrieg, schwache oder zerfallende staatliche Ordnungen sowie politisch soziale Konflikte aller Art sind im globalisierten ökonomischen Netzwerk, vor allem und besonders in den Emerging Markets, eine dauernde, potentielle Herausforderung, auf die sich erfolgreiche Unternehmen einstellen müssen. Besonders muss mit einem jederzeitigen Lagewechsel und schwierigen Bedingungen bei Produktions- und Vertriebsprozessen einschließlich der Freiheit von Transport- und Verkehrswegen gerechnet werden. Das gilt auch für vermeintlich berechenbare Märkte. Ganz allgemein wird die Planbarkeit von Wirtschaftsprozessen, und damit Entwurf und Durchführung von ökonomischen Langzeitstrategien schwieriger.

In diesem Zusammenhang ist auch der nach wie vor virulente internationale Terrorismus von Bedeutung. Zwar gibt es bisher keine oder zumindest öffentlich nicht bekannt gewordene Anhaltspunkte für eine konkrete terroristische Bedrohung von Wirtschaftsunternehmen. Dies heißt aber nicht, dass Terror für die Sicherheit und die Geschäftsprozesse der Unternehmen von nachrangiger Bedeutung ist. Anzahl und Intensität der Anschläge zeigen dass Angriffe auf öffentliche oder private Ziele durch die damit verbundene politische und soziale Verunsicherung relevante Auswirkungen auf die Wirtschaft haben können (z.B. Börseneffekte). Darüber hinaus sind vor allem öffentliche und private Einrichtungen kritischer Infrastruktur einer kontinuierlichen abstrakten Gefährdung auf hohem Niveau ausgesetzt. Das gravierendste Problem in diesem Zusammenhang stellt jedoch die seit Jahren andauernde Gefährdung von Mitarbeitern, Einrichtungen und Prozessen der Unternehmen dar, die in Ländern oder Regionen mit hohem Anschlags- oder Entführungsrisiko operieren. In diesem Fall ist die frühe Identifizierung von Gefährdungslagen und Schutzmaßnahmen unerlässlich und eine unverzichtbare Voraussetzung für eine vertretbare und ökonomisch sinnvolle Präsenz der Unternehmen in den betroffenen Märkten.

Schließlich sind auch sonstige extremistische Gefährdungen (z.B. die linksextremistische Instrumentalisierung der Anti-Globalisierungsbewegung) mit ihren jeweiligen regionalen oder lokalen Effekten ernst zu nehmen.

Informationelle Angriffe auf das Unternehmenswissen

Eine weitere ernste Gefährdung für Unternehmen stellen informationelle Angriffe aller Art dar. Die moderne Welt wird zunehmend zu einer wirtschaftlich vernetzten überstaatlichen Gesellschaft, in der ökonomischer und politischer Erfolg maßgeblich von der Verfügbarkeit wettbewerbsentscheidender Information abhängig sein wird. Der alte Satz „Wissen ist Macht" gewinnt deshalb vor dem Hintergrund der globalen kommunikativen Verbindung politischer und wirtschaftlicher Akteure – man denke nur an die explosive Entwicklung der Informationstechnologie – eine neue brisante Bedeutung.

Der Kampf um Technologie- und Strategiewissen entscheidet über die Durchdringung und Beherrschung von Märkten und damit unmittelbar über den Erfolg oder Misserfolg von Unternehmen. Wirtschafts- und Konkurrenzspionage und sonstige informationelle Angriffe auf Unternehmenswissen – manche sprechen bereits von Information War – werden im globalen Wettbewerb zu einem wirksamen Gestaltungsfaktor. Dabei ist festzuhalten, dass es sich hierbei, anders als bei der legitimen strategischen Marktbeobachtung aus öffentlich zugänglichen Quellen, um die konspirative und damit meist rechtswidrige Gewinnung von Informationen handelt, die aus der Sicht der Verfügungsberechtigten nicht zur öffentlichen Kommunikation bestimmt sind. Dem entspricht auch, dass der Beobachtungsfokus von Nachrichtendiensten – anders als in der Vergangenheit – inzwischen ganz überwiegend auf wirtschaftliche Sachverhalte und weniger auf politische und militärische Informationen ausgerichtet ist. Die durch Wirtschafts- und Konkurrenzspionage verursachten Informationsverluste erfolgen nach wie vor und in den meisten Fällen durch die „traditionelle" Aneignung und Weitergabe von Papierdokumenten, aber auch zunehmend durch den Angriff auf IT-Systeme sowie sogenannte Lauschangriffe. Dabei zeigen Praxis und Untersuchungen, dass bei entsprechenden Handlungen die Beteiligung von „Innentätern", d.h. Angehörigen der geschädigten Unternehmen, sehr hoch ist.

Unter Berücksichtigung eines notwendig weiten Begriffs informationeller Gefährdung zählen hierzu auch Desinformationskampagnen und das noch wenig bekannte Phänomen Cyber War, dass die mögliche Entwicklung und Anwendung von IT-Werkzeugen zur Manipulation oder Zerstörung komplexer Steuerungs- und Dokumentationssysteme betrifft.

Vor dem Hintergrund der hervorragenden Bedeutung des Unternehmenswissens für den wirtschaftlichen Erfolg sind die potentiellen Schäden bei informellen Angriffen von besonders nachteiliger Wirkung. Sie reichen von der Beeinträchtigung des Know-hows bis hin zum Verlust wettbewerbsentscheidender Technologie- bzw. Produktführerschaft. Daneben ist die nachhaltige Beeinträchtigung der Reputation ein häufiges, primäres oder sekundäres Angriffsziel. Es muss klar sein, dass bereits wenige gezielte Angriffe – die Praxis hat dies gezeigt – Wettbewerbsfähigkeit und Unternehmenswert schwerwiegend und nachhaltig beeinträchtigen können.

Interne und externe kriminelle Angriffe

Ein drittes bedeutsames Bedrohungsfeld betrifft schließlich interne und externe kriminelle Angriffe, einschließlich des sogenannten korruptiven Verhaltens. Die dabei auftretende Deliktstypologie weist die gesamte Bandbreite strafrechtlich zurechenbarer Handlungen auf, wobei im Hinblick auf wirtschaftsspezifische Tatgegenstände Eigentums- und sonstige Vermögensdelikte dominieren. Als besondere Form der wettbewerbszerstörenden Kriminalität sind darüber hinaus produkt- und markenschädigende Handlungen (z.B. Produkt- und Markenpiraterie) zu beachten, die vor allem in Emerging Markets auftreten.

Im Zusammenhang der Globalisierung stellen transnational wirkende Strukturen der Organisierten Kriminalität sowie stark variierende Kriminalitäts- und Strafverfolgungskulturen in den außereuropäischen Märkten für staatliche und Untersuchungsorgane der Unternehmen eine besondere Herausforderung dar. Schließlich ist festzuhalten, dass der spezifische Charakter von kriminellen Angriffen auf Unternehmen, d.h. die Verwobenheit der Straftaten mit zum Teil hochkomplexen Unternehmensprozessen, ganz allgemein hohe Anforderung an die Ermittlungskräfte stellt.

Neben schwerwiegenden wirtschaftlichen Schäden drohen, wie bei den informationellen Angriffen, Reputations- und Vertrauensverluste sowie eine nachhaltige Beeinträchtigung der Unternehmenskultur.

Wirtschaftsexterne und wirtschaftsinterne Risiken betrachten

Zusammenfassend ist festzustellen, dass nicht nur Terrorismus und andere vermeintlich wirtschaftsexterne Faktoren wie Krieg, Bürgerkrieg und sonstige politische Krisen die internationalisierte Wirtschaft bedrohen. Es sind vor allem die immanenten Risiken des weltweiten ökonomischen Netzwerkes, die in Zeiten einer volatilen Wirtschaftsentwicklung zur unberechenbaren Gefahr werden. Zu diesen Risiken gehört vor allem ein aggressiver Wettbewerb, dessen Formen und Instrumente zwischen traditionellem Handel und Wirtschaftskrieg oszillieren. Gerade Handlungen wie Wirtschafts- und Konkurrenzspionage sowie Markenpiraterie bestimmen zunehmend das Verhältnis der Wettbewerber und ihrer Herkunftsländer zueinander und werden von manchen bereits als „Wirtschaftskrieg" bezeichnet. Dabei ist zuzugeben, dass der Begriff des „Wirtschaftskrieges" ein schwieriges Thema berührt.

Der Begriff „Wirtschaftskrieg" bezeichnet im deutschen Sprachgebrauch ein Phänomen, das in der Sphäre des Politischen und des Völkerrechts angesiedelt ist. Bisher versteht man darunter einen Konflikt zwischen Staaten oder anderen Völkerrechtssubjekten – der unterhalb der Schwelle des klassischen Krieges – mit wirtschaftlich wirksamen Mitteln ausgetragen wird. Dem gegenüber geht der Sprachgebrauch in anderen westlichen Staaten, z.B. der französische Begriff der „guerre économique“, weit darüber hinaus, weil er auch nichtstaatliche Akteure, vor allem Wirtschaftsunternehmen und unterstützende Dienstleister aller Art, als „Kriegsparteien“ anerkennt und berücksichtigt. Wirtschaftskrieg ist nach diesem Verständnis in erster Linie ein neuer Modus des Wettbewerbs, der sich durch große Härte und einem weitgehenden Fehlen von Regeln auszeichnet und sowohl staatliche als auch private Akteure umfasst.

Es wird sich zeigen, ob sich ein solchermaßen gewandelter Begriff des „Wirtschaftskrieges“ durchsetzen kann. Die damit verbundenen Handlungen und Gefährdungen sind – oft unterschätzt – längst Realität und keineswegs ein Thema nur für Regierungen und Wissenschaftler. Sie gehören zu den oben erwähnten Herausforderungen des globalisierten Wettbewerbs und betreffen die Unternehmen unmittelbar.

Staaten und Wirtschaft sind deshalb aufgefordert den Charakter entsprechender Handlungen zu erkennen und Instrumente zur Eindämmung der „guerre économique“ zu entwickeln, wenn sie der Anarchisierung des Wettbewerbs nicht widerstandslos zusehen wollen. Entscheidend ist aber zunächst, dass sich die Unternehmen selbst vor entsprechenden „Kampfhandlungen“ schützen. Dazu gehört die Sensibilisierung des Managements im Hinblick auf neue schärfere Wettbewerbsformen, aber auch der Einsatz geeigneterer Abwehrmittel.

Traditionelles Sicherheitsmanagement

Trotz der beschriebenen Risiken nehmen viele Unternehmen Investitionen in ihre Sicherheit nur zurückhaltend vor und beschränken sich zumeist auf ein traditionelles, auf Wach- und Schutzfunktionen konzentriertes Sicherheitsmanagement. Nach allgemeiner Erfahrung sind hierfür folgende Meinungen und Beweggründe ausschlaggebend:

- Das Bewusstsein für neuartige gefährliche Bedrohungsszenarien im Zusammenhang eines internationalisierten Wettbewerbs fehlt oder ist lückenhaft.
- Soweit ein entsprechendes Sicherheitsbewusstsein besteht, dominiert die häufig zur Überzeugung gewordene Hoffnung, dass mögliche Gefährdungen und Schadensereignisse das Unternehmen nicht betreffen („Es wird schon gut gehen.“) oder Übertreibungen der Sicherheitsmanager sind.

Folgerichtig werden Investitionen in das Sicherheitsmanagement zumeist als unerwünschte, ökonomische Belastungen empfunden. Das Sicherheitsmanagement trägt nach diesem Verständnis nur in geringem Umfang zur Wertschöpfung und damit zum Unternehmenserfolg bei. Die legitime Frage „Was bringt uns das?“ wird in diesem Fall unvermeidlich und überwiegend negativ beantwortet, weil der Zusammenhang zwischen Sicherheit und Unternehmenserfolg entweder verneint oder nur zum Teil anerkannt wird. Entsprechend häufig ist, wie anfangs erwähnt, die Meinung anzutreffen, Sicherheit könne sich im Sinne des klassischen Werkschutzes auf den Schutz von Mitarbeitern und materiellen Ressourcen (physische Sicherheit) beschränken.

Es ist offensichtlich, dass das traditionelle Sicherheitsmanagement Risikofelder von strategischer Bedeutung (Sicherheit der Geschäftsprozesse im In- und Ausland, Informationsschutz und Kriminalitätsbekämpfung) nicht berücksichtigen kann. Vor allem enthält das überkommene Konzept einer überwiegend statischen Sicherung keine Elemente der frühen Risikoidentifizierung und sieht deshalb Intelligence-orientierte präventive Maßnahmen zur Gefahrenabwehr nicht vor. Es orientiert sich unvermeidlich an einem reaktiven, im Ergebnis kostenintensiven Handlungsmuster, das heißt: Maßnahmen folgen dem Schaden.

Darüber hinaus berücksichtigt das traditionelle Sicherheitsmanagement den Wertschöpfungsprozess der Unternehmen nur unzureichend. Es fehlt häufig an der engen Verzahnung der Sicherheitsprozesse mit dem jeweiligen Kerngeschäft. Wirtschaftlich relevante Sicherheitsziele (z.B. Schutz des Know-hows) können so nicht erreicht werden, da qualifiziertes Personal für die Wahrnehmung differenzierter Sicherheitsfunktionen wie etwa Informationsschutz oder Kriminalitätsbekämpfung häufig fehlt. Die Akzeptanz und Wertschätzung des traditionellen Sicherheitsmanagements ist in Unternehmen folgerichtig entweder gering, oder beruht auf dem kaum wünschenswerten Image des harmlosen Wach- und Schließdienstes. In dieses Bild fügt sich, dass die „Sicherheitslandschaft" in Unternehmen oft fragmentiert ist, d.h. das Sicherheitsorganisationen mit integraler unternehmensweiter Zuständigkeit und Kompetenzen fehlen. Es ist eine unvermeidbare negative Folge, dass in diesem Fall die notwendige Gestaltung und Durchführung ganzheitlicher Sicherheitsprozesse erschwert oder unmöglich wird.

Schließlich gilt, dass trotz der oft schwierigen Vermittelbarkeit von Sicherheitsthemen die Tatsache vielfältiger Gefährdungen gerade im Zusammenhang eines globalisierten wirtschaftlichen Handelns nicht bestritten werden kann. Das Leugnen oder Verharmlosen möglicher Bedrohungsszenarien birgt die Gefahr minimalistischer, ungeeigneter Sicherheitsstrukturen in sich und führt nur vordergründig zur Kostenreduzierungen. Tatsächlich belastet diese Betrachtungsweise das wirtschaftliche Handeln mit nicht identifizierten und damit nicht beherrschbaren Risiken. Die Hoffnung des Nichteintritts von Gefahren und Schäden kann eine verteidigungsfähige Sicherheitsorganisation nicht ersetzen. Auch der häufig anzutreffende Einwand, dass die Herstellung vollkommener Sicherheit im Unternehmen unmöglich sei, mag für sich genommen richtig sein, führt jedoch zu einem Sicherheitsfatalismus, der nicht berücksichtigen will, dass Sicherheitsrisiken je nach Lage und Ressourcen wirksam begrenzt und auf diese Weise schwerwiegende Schadensverläufe deutlich reduziert werden können.

Das traditionelle, auf physische Sicherheit fokussierte Sicherheitsmanagement kann jedenfalls den Herausforderungen des globalen Wettbewerbs nicht begegnen. Seine Grundannahmen und seine Methodik entsprechen weder ordnungspolitisch noch betriebswirtschaftlich den Interessen der Unternehmen.

Integriertes Risiko- und Sicherheitsmanagement

Ein zeitgemäßes, auf die Herausforderungen des globalen Wettbewerb ausgerichtetes Sicherheitsmanagement ist demgegenüber als integriertes Risiko- und Sicherheitsmanagement zu definieren und beruht methodisch auf dem Grundsatz der umfassenden und frühen Aufklärung und Identifizierung aller Sicherheitsrisiken (Early Warning System) sowie ihrer integrierten Bearbeitung durch eine unternehmensweit zuständige Sicherheitsorganisation. Seine Organisation und Personalressourcen sind in Quantität und Qualität entlang der Kette der beschriebenen Hauptrisiken funktions- und aufgabengerecht zu gestalten. Es bedarf hochspezialisierter Fachkräfte, die sowohl präventive wie auch klassische reaktive Sicherheitsprozesse beherrschen. Analysten sind ebenso erforderlich wie Ermittlungskräfte. Dabei liegt der operative Schwerpunkt – schon wegen der im Vergleich zum öffentlichen Sektor begrenzten Sicherheitsressourcen – auf der präventiven Aufklärung und Abwendung drohender Risiken. Die Methode muss der Ressourcensituation Rechnung tragen. Bei der Abwehr bereits eingetretener Gefahren, etwa bei der Bearbeitung akuter Sicherheitskrisen in Hochrisikoländern oder der Aufklärung von unternehmensschädigenden Handlungen gehören reaktive Maßnahmen jedoch weiter und unverzichtbar zum Maßnahmenrepertoire der Unternehmenssicherheit.

Aufgaben, Methodik und ökonomisch wirksame Vorteile

Die Kernaufgaben des integrierten Risiko- und Sicherheitsmanagements stellen sich entsprechend den in Abbildung 7 skizzierten Hauptrisikofeldern dar. Dabei ist zu beachten, dass die operative Realisierung der hier beschriebenen Sicherheitsziele methodisch notwendige Grundlagenprozesse voraussetzt. Hierzu gehören u.a.:

- die kontinuierliche Sammlung und Auswertung von sicherheitsrelevanten Informationen mit Unternehmensbezug,
- die Identifizierung und Klassifizierung von Sicherheitsrisiken und Gefahren unter Berücksichtigung der Unternehmensstrategie, bzw. der Kerngeschäftsziele und -prozesse (Risikoanalyse) und
- die ständige Anpassung von Aufgaben und Maßnahmen an die Sicherheitslage und Geschäftsprozesse.

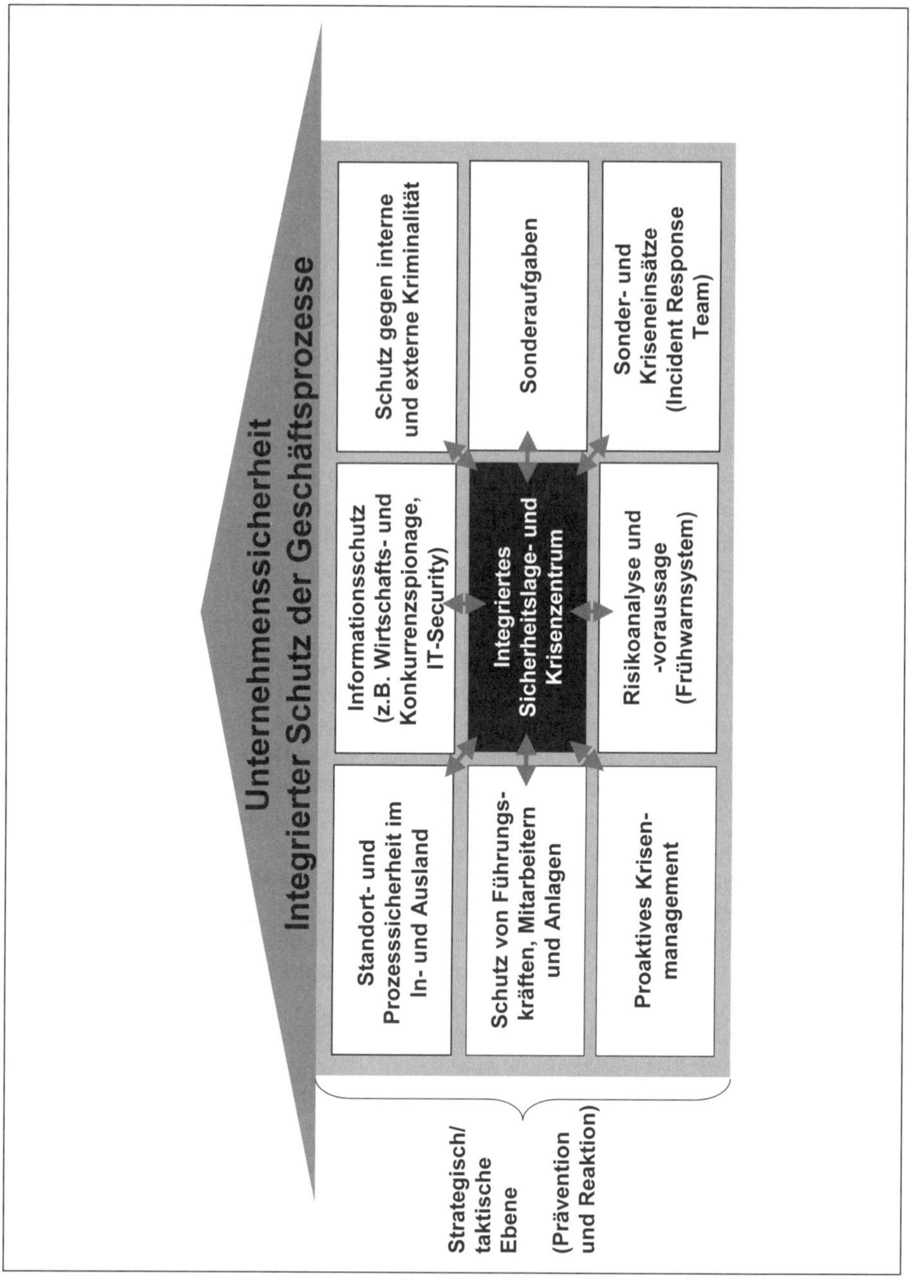

Abbildung 7: Kernaufgaben des integrierten Risiko- und Sicherheitsmanagements

Diesem Verständnis eines präventiv wirksamen integrierten Risikomanagements hat sich offensichtlich auch der Gesetzgeber angeschlossen, als er im Bereich der Risikohaftung des Vorstandes von Aktiengesellschaften die Haftungsregelung des Aktiengesetzes zum Organisationsverschulden durch die Einführung des Gesetzes zur Kontrolle und Transparenz im Unternehmensbereich (KonTraG) verschärft hat. Das Gesetz präzisiert die Organisationspflicht des Vorstandes und fordert von ihm, „geeignete Maßnahmen zu treffen, insbesondere ein Überwachungssystem einzurichten, damit den Fortbestand der Gesellschaft gefährdende Entwicklungen früh erkannt werden". Bestandsgefährdende Risiken – bei teleologischer Auslegung können dazu auch Sicherheitsrisiken gehören – sollen so früh erkannt werden, dass Maßnahmen zur Sicherung des Fortbestandes des Unternehmens rechtzeitig ergriffen werden können.

Darüber hinaus ist festzuhalten, dass ein integriertes Risiko- und Sicherheitsmanagement wirtschaftlichen Nutzen stiftet. Im Hinblick auf Aufgaben und Methodik bedeutet dies u.a.:

- Die Sammlung, Auswertung und Verdichtung aller sicherheitsbezogenen Risikoinformationen (politisch/wirtschaftlich/sozial) zu einem operativ verwertbaren Sicherheitsreporting (z.B. Risk Forecast) sind für Erhalt und Fortentwicklung von Unternehmensressourcen und Geschäftsprozessen sowie für Investitionsentscheidungen ein tägliches Erfordernis.
- Der Schutz des Unternehmenswissens gegen Wirtschafts- und Konkurrenzspionage und sonstigen Informationsabfluss gewährleistet die Abwehr potentieller wirtschaftlicher Verluste, vor allem aber die Sicherung der Wettbewerbsfähigkeit.
- Der Schutz gegen sonstige vermögensschädigende und kriminelle Angriffe einschließlich Korruption bedeutet gleichermaßen die Abwehr von wirtschaftlichen Verlusten und gleichzeitig die aktive Verteidigung der Unternehmenskultur.
- Der Schutz vor reputationsschädigender Desinformation bewahrt Ansehen und Integrität der Unternehmen und damit ihre Marktchancen.
- Die Existenz eines schnellen und effektiven Krisenmanagements zeigt, dass die Geschäftstätigkeit von Unternehmen auch unter schwierigen Bedingungen möglich ist.
- Schließlich ermöglicht das integrierte Risiko- und Sicherheitsmanagement eine flexible und wirksame Vorbereitung des Unternehmens auf bestandsgefährdende Sicherheitsrisiken und vermindert auf diese Weise das Haftungsrisiko der Unternehmensführung.

Organisation und Kompetenzen

Methodik und Aufgaben des beschriebenen Sicherheitsmanagements erfordern die vernetzte Durchführung aller Sicherheitsprozesse, d.h. die ganzheitliche Bearbeitung der überwiegend interdependenten Sicherheitsrisiken. Voraussetzung hierfür ist der

Aufbau einer einheitlichen und zentralisierten Organisation der Unternehmenssicherheit mit integraler Zuständigkeit für alle Sicherheitsthemen sowie die Kompetenz zur Definition und Steuerung der Gesamtheit aller Sicherheitsprozesse im Unternehmen (Sicherheitsarchitektur). Die innere Struktur der Zentralorganisation orientiert sich an den oben beschriebenen Kernaufgaben. Als Kernbefugnisse gehören hierzu in jedem Fall das Weisungs- und Interventionsrecht gegenüber allen dezentralen Sicherheitseinheiten sowie das Recht zur Konzentration aller sicherheitsrelevanten Informationen durch geeignete Berichtsinstrumentarien. Hinzu kommt der notwendige Aufbau einer verlässlichen Krisenorganisation.

Organisations- und Befugnisstruktur des integrierten Risiko- und Sicherheitsmanagements folgen dem Grundsatz: „Sicherheit ist unteilbar". Dabei ist aber zu beachten, dass bei notwendiger zentraler Steuerung der Sicherheitsprozesse die operative Verantwortung – schon wegen dem Erfordernis des unmittelbaren Handelns – am Ort der Bearbeitung verbleibt.

Sicherheit als ökonomischer Erfolgsfaktor und die notwendige Kooperation von Wirtschaft und Staat

Ein modernes, weit über die traditionelle Aufgabe des physischen Schutzes hinausreichendes Sicherheitsmanagement schützt die für den erfolgreichen Wettbewerb notwendige Überzeugungskraft der Unternehmen und ihrer Produkte, denn im Zentrum erfolgreicher Geschäftstätigkeit steht das Vertrauen der Geschäftspartner und Kunden in die Qualität und wirtschaftliche Beständigkeit von Marke und Produkt. Sicherheit ist deshalb ein an Bedeutung gewinnender Wirtschafts- und Erfolgsfaktor für alle Unternehmen, vom Global Player bis hin zu mittleren und kleinen Unternehmen, die als Zulieferer ohnehin häufig das Wirtschafts- und Standortrisiko teilen. Produktion, Vertrieb und Dienstleistungen aller Art finden nicht in einem virtuellen friedlichen Wirtschaftsraum statt, in dem politische, wettbewerbsbedingte und kriminelle Unsicherheit nicht existiert. Im Gegenteil: Nach dem Zusammenbruch der bipolaren Weltordnung unterliegen ökonomische und politische Bedingungen im Weltmaßstab einem beständigen und raschen Wandel mit Auswirkungen auf Wettbewerb und Sicherheitslage bis in die nationalen Volkswirtschaften hinein.

Sicherheit kann deshalb nicht mehr allein als physischer Schutz von Mitarbeitern und materiellen Ressourcen der Unternehmen verstanden werden, sondern als Verteidigung ihres Gesamtgeschäftes gegen Angriffe und Gefährdungen aller Art. Der physische Schutz steht – obwohl nach wie vor erforderlich – deshalb nicht mehr im Vordergrund. Entscheidend ist vielmehr die Sicherheit der Gesamtheit aller Geschäftsprozesse, von der Produktentwicklung bis hin zur Produktvermarktung einschließlich der Sicherung vorteilhafter Wettbewerbsbedingungen. Nach diesem Verständnis ist Sicherheitsmanagement weder geschäftshemmender Selbstzweck noch kontraproduktive Investition. Vielmehr gilt: Sicherheitsmanagement als integraler Produkt- und Geschäftsschutz werden in einer unsicheren Wirtschaftslandschaft zu einem entscheidenden Wettbewerbsfaktor und strategischen Wettbewerbsvorteil. Es kann insoweit nicht überraschen, dass Qualität und Erfolg des Sicherheitsmanagements beim Rating von Unternehmen erstmalig und zunehmend an Bedeutung gewinnen.

Sicherheit wird deshalb im Zusammenhang der ökonomischen und politischen Globalisierung zu einem bedeutsamen Wirtschaftsfaktor und unbestreitbar ein aktiver Beitrag zur Wertschöpfung. Investitionen in die Sicherheit von Unternehmen sind daher ein strategisches Element zur Sicherung der Funktions- und Zukunftsfähigkeit von Unternehmen.

Offenkundig ist aber auch, dass bei der bestehenden komplexen Gefährdungslage die Verfolgung dieses Grundsatzes ohne die Kooperation von Wirtschaft und Staat nicht zu erreichen ist. Sie stellt deshalb eine besondere Herausforderung dar, und die idealtypische hegelianische Unterscheidung zwischen Staat und Gesellschaft ist an dieser Stelle zumindest neu aufzufassen. Es muss klar sein, dass Sicherheit in der Wirtschaft in einer ausdifferenzierten arbeitsteiligen Gesellschaft kein ausschließlich privatnütziges Ziel ist. Sichere und erfolgreiche Unternehmen leisten nicht nur einen Beitrag zur Friedensfunktion einer prosperierenden Volkswirtschaft, sondern tragen durch ihre Sicherheitsprozesse maßgeblich zur Erreichung des Gemeinwohlziels „Sicherheit" bei. Die Zusammenarbeit von Wirtschaft und Staat ist deshalb über das bisher Erreichte hinaus aktiv weiterzuentwickeln. Dabei ist zunächst festzustellen, dass die überwiegend guten bilateralen Beziehungen zwischen Unternehmen und Sicherheitsbehörden auf rechtsstaatlicher Grundlage ein exzellentes Fundament für eine weitere pragmatische und notwendige Vernetzung privater und staatlicher Sicherheitsprozesse bilden. Gerade vor dem Hintergrund der zunehmenden wirtschaftlichen und politischen Internationalisierung wird bisherige Zusammenarbeit aber auf neue Proben gestellt werden.

So sind global tätige Unternehmen außerhalb der befriedeten Räume Europas und Nordamerikas in Zonen politischer und sozialer Unruhe und in Märkten mit schwierigen, weil weitgehend anarchischen Wettbewerbsbedingungen, bei der Lösung von Sicherheitsproblemen weitgehend auf sich gestellt. Dies gilt für große und noch mehr für mittlere und kleinere Unternehmen. Der Nationalstaat kann mit der im Wesentlichen auf sein Territorium begrenzten Rechtsmacht wenig helfen. Europäische Strukturen, die Unterstützung leisten können, sind nicht erkennbar. Bei aller Wertschätzung der in der Vergangenheit für die Wirtschaft geleisteten konsularischen und sonstigen Dienste erfordert das Engagement deutscher Unternehmen in einer unsicheren Welt neue und intensivere Prozesse der Kooperation in Sicherheitsfragen. Dies gilt besonders vor dem Hintergrund der Tatsache, dass die im Ausland gewonnenen Erträge deutscher Unternehmen nicht unerheblich zum Erfolg des Wirtschaftsstandortes Deutschland beitragen. Das Problem ist kein spezifisch deutsches, sondern betrifft die westlichen Industriestaaten ganz allgemein. Es ist deshalb an der Zeit, die überkommenen Sicherheitsdoktrinen und ihre Rechtsgrundlagen zu prüfen und neu zu bewerten, welche staatlichen Sicherheitsinstrumente zum Schutz der Wirtschaft im Ausland unter Wahrung internationaler Rechtsgrundsätze geschaffen werden könnten.

Wichtige Vorarbeiten könnten ohne Verzug geleistet werden. So wäre zunächst die regelmäßige gemeinsame Erörterung der nationalen und internationalen Sicherheitslage und der praktischen Zusammenarbeit auf hoher Expertenebene zu etablieren. Am Ende dieser Entwicklung könnte die Einrichtung eines nationalen Sicherheitsrates stehen unter Einschluss von Staat, Wirtschaft und anderen gesellschaftlich bedeutsamen Gruppen. In einem solchen Gremium könnten Zukunftsfragen der Sicherheit erörtert und Lösungsvorschläge erarbeitet werden, die über Regierung oder parlamentarische Sphäre in Gesetzgebungsverfahren Eingang finden könnten.

In diesem Zusammenhang könnte z.B. bereits heute geprüft werden, inwieweit der bereits etablierte Informationsaustausch – dieser betrifft national wie international relevante Sicherheitsinformationen – im Sinne einer substanzhaften Frühwarnung verbessert werden kann. Dies könnte, gerade im Hinblick auf die Gefährdung kritischer Infrastruktur bis zur Errichtung integrierter gemeinsamer Frühwarnstrukturen gehen.

Ein auf diese Weise verbesserter Informationsaustausch zwischen Wirtschaft und Staat entspricht nationalem Interesse und bei Berücksichtigung datenschutzrechtlicher Belange auch den Anforderungen der Rechtsstaatlichkeit. Der Informationsaustausch zwischen Wirtschaft und Staat kann auf diese Weise zum verlässlichen Verfahren und damit aus der Unverbindlichkeit in eine gegenseitige Verpflichtung überführt werden.

Es ist viel zu tun und keine Zeit zu verlieren.

Wenn die Lichter ausgehen: Der Schutz kritischer Energieinfrastrukturen zwischen Monopol und Wettbewerb

Heiko Borchert und Karina Forster[*]

Die sichere Versorgung mit Energie stellt eine der Schlüsselherausforderungen des 21. Jahrhunderts dar. Das ist nicht überraschend, denn die wirtschaftliche Prosperität der Industrie- und Schwellenländer hängt von der kontinuierlichen Versorgung mit Energierohstoffen hab. Zweierlei wird dabei jedoch oftmals übersehen: Die Sicherheit der Energieversorgung ist nicht nur eine Frage der Marktliberalisierung.[1] Vielmehr erleben wir in jüngster Zeit eine zunehmende Monopolisierung der Energieversorgungskette durch die Energierohstoffproduzenten, die teilweise auch mit einer Verstaatlichung der entsprechenden Unternehmen und deren Infrastrukturen verbunden ist. Darüber hinaus wird leicht vergessen, dass es keine sichere Energieversorgung ohne die Sicherheit der entsprechenden Energieinfrastruktur gibt. Das gilt ganz besonders für die Mitgliedstaaten der Europäischen Union, die 85 % ihrer Gasimporte auf dem Land per Pipeline beziehen.[2]

Die Sicherheit der Infrastrukturelemente der globalen Energieversorgungskette steht bisher nicht im Zentrum der internationalen Diskussion über Energieversorgungssicherheit. Unser Beitrag legt deshalb dar, welche bestehenden Defizite behoben werden müssten, um einen umfassenden Ansatz der Energieinfrastruktursicherheit zu realisieren. Dazu stellen wir einleitend ein grundsätzliches Analysemodell vor, das die wesentlichen Aspekte der Energieinfrastruktursicherheit aufzeigt, miteinander in Bezug setzt und auf zentrale Problemfelder wie das Machtungleichgewicht zwischen Herstellern und Verbrauchern von Energierohstoffen, unzureichende Investitionen, die Verwundbarkeit der Energieinfrastruktur und regulatorische Differenzen eingeht. Danach fassen wir die wichtigsten Aspekte des Europäischen Programms zum Schutz kritischer Infrastruktur (EPSKI) zusammen, das einen wichtigen Schritt zur Förderung der europäischen Zusammenarbeit beim Schutz der kritischen (Energie-)Infrastruktur darstellt. Abschließend diskutieren wir ausgewählte

* Dieser Aufsatz basiert auf der Studie „Energy Infrastructure Security: An Underestimated Foreign Policy Challenge“, die die Autoren im Auftrag des Politischen Sekretariats des Eidg. Departements für auswärtige Angelegenheiten, Bern, erstellt haben. Der Beitrag gibt nur die Meinung der Autoren wieder.

1 Energiesicherheit durch Förderung des Wettbewerbs ist das Leitmotiv der europäischen Energiepolitik. Siehe: Eine europäische Strategie für nachhaltige, wettbewerbsfähige und sichere Energie, KOM(2006) 105, Brüssel, 8. März 2006.

2 Energy Sector Inquiry. DG Competition Report, SEC(2006)1724, Brussels, 10 January 2007, S. 25, <http://ec.europa.eu/comm/competition/sectors/energy/inquiry/index.html> (Zugriff: 2. November 2007).

Handlungsempfehlungen zur Gewährleistung der Energieinfrastruktursicherheit im internationalen Kontext.

Energieinfrastruktursicherheit wird immer wichtiger

Energieinfrastruktursicherheit kann als holistischer Ansatz verstanden werden, der Ziele, Verfahren und Mittel zur Sicherung der Energieversorgungskette von der Exploration der Energierohstoffe über deren Verarbeitung (Raffinerie), Lagerung, Transport und den Vertrieb der entsprechenden Energieprodukte (z.B. Öl, Gas, Kraftstoffe, Strom) umfasst. Diese globale Energieversorgungskette verbindet die Energierohstoffförder- und -transitländer direkt mit den Energierohstoffverbraucherländern und schafft dadurch eine komplexe, weltweit verzweigte Energieinfrastruktur (Abbildung 8).

Europas Abhängigkeit von funktionierenden Energieinfrastrukturen dürfte aus vier Gründen zunehmen:

- Erstens ist davon auszugehen, dass die Energienachfrage weltweit steigt. Das starke Wirtschaftswachstum in Schlüsselschwellenländern wie China, Indien, Russland oder Südafrika wird in den nächsten Dekaden vor allem die Nachfrage nach fossilen Energieträgern weiter erhöhen. Daraus ergibt sich die Notwendigkeit, bestehende Energierohstoffvorkommen effizienter zu nutzen, neue Energierohstoffvorkommen zu erschließen und die Kapazitäten zur Förderung, Verarbeitung und Distribution von Energierohstoffen und -produkten auszubauen. Dabei spielt die Verfügbarkeit einer leistungsfähigen Energieinfrastruktur eine Schlüsselrolle.
- Zweitens führt das Bestreben der Diversifizierung der Energierohstoffimporte dazu, dass sich insbesondere Europa und die USA in neuen Förder- und Transitländern engagieren müssen. Bei dieser Suche stoßen die Verbraucherländer oftmals in geografisch weiter entfernte Regionen vor, wodurch die Energieversorgungskette zusätzlich verlängert wird und die Abhängigkeit von der Sicherheit der einzelnen Elemente dieser Versorgungskette wächst.
- Drittens ist es das erklärte politische Ziel, den EU-Energiemarkt für Gas und Elektrizität mit anderen Regionen wie dem Balkan (Europäische Energiegemeinschaft), Nordafrika, Zentralasien sowie dem Nahen und Mittleren Osten zu verknüpfen. Das setzt funktionsfähige und leistungsstarke Energieinfrastrukturen in allen beteiligten Ländern voraus und verstärkt die Notwendigkeit, über Sicherheitskonzepte und -maßnahmen nachzudenken, um mögliche Ausfälle von Energieinfrastrukturkomponenten zu verhindern bzw. die Auswirkungen der damit verbundenen Folgen zu beschränken. Werden Energieinfrastrukturen regionenübergreifend miteinander vernetzt, müssen zudem auch pan-regionale Sicherheitsansätze entwickelt werden, um bei Zwischenfällen die Abhängigkeiten zwischen der Energieinfrastruktur und anderen kritischen Infrastruktursektoren in allen beteiligten Ländern zu erfassen, geeigne-

te Gegenmaßnahmen einzuleiten sowie um eine Vielzahl unterschiedlicher Akteure zu koordinieren.[3]

- Viertens schafft die Forderung nach verstärkter Nutzung erneuerbarer Energieträger neue infrastrukturrelevante Dilemmata. Der Rückgriff auf erneuerbare Energie reduziert die geostrategische Abhängigkeit von Energierohstoffförder- und -transitländern kaum[4] und ändert wenig an der Tatsache, dass auch die Nutzung erneuerbarer Energien ohne entsprechende Infrastruktur kaum möglich ist. Darüber hinaus ist die gegenwärtige Energieinfrastruktur in vielen Regionen noch nicht auf die Nutzung der erneuerbaren Energie ausgerichtet (Stichwort: schwankende Einspeisung von Windenergie in bestehende Stromnetze). Dies bedeutet, dass die Förderung der erneuerbaren Energie ohne gleichzeitigen Ausbau der vorhandenen Infrastruktur sogar zusätzliche Infrastrukturrisiken verursachen kann.[5]

Vor diesem Hintergrund ist die Gewährleistung der Energieinfrastruktursicherheit als eine der künftigen Kernaufgaben der internationalen Politik und der Wirtschaft zu betrachten. Jüngste politische Erklärungen wie die Abschlussdokumente des G8-Gipfels in St. Petersburg (2006) und des EU-USA-Gipfeltreffens (2006) sowie das Europäische Programm zum Schutz kritischer Infrastruktur (EPSKI) sind erste Anzeichen in die richtige Richtung, reichen allerdings noch nicht aus, weil die Wechselwirkungen zwischen unterschiedlichen Politikfeldern, die globale Dimension der Energieversorgungskette und spezifische Fragen der Sicherung der Energieinfrastruktur noch nicht ausreichend thematisiert werden.

Analysemodell

Die Gewährleistung der Energieinfrastruktursicherheit ist eine komplexe Aufgabe, bei der unterschiedliche Aspekte berücksichtigt werden müssen. Das diesem Beitrag zugrunde liegende Analysemodell (Abbildung 8) basiert auf den drei Elementen der Energieversorgungskette, der Differenzierung zwischen Energierohstoffförder-, -transit- und -verbraucherländern sowie der Betrachtung verschiedener Risikokategorien.

3 So auch: Adrian V. Gheorghe et. al., „Critical Infrastrucutres: the need for international risk governance", *International Journal of Critical Infrastructures,* 3:1/2 (2007), S. 3-19.

4 So wären z.B. der Bau, der Betrieb und der Unterhalt großer Solarenergieparks in Nordafrika zur Energieversorgung Europas genauso von den politischen und wirtschaftlichen Rahmenbedingungen dieser Länder abhängig wie die traditionelle Öl- und Gasinfrastruktur. Eine andere Meinung vertreten dagegen: Dennis Tänzler et. al., *Die sicherheitspolitische Bedeutung erneuerbarer Energien* (Berlin: Adelphi Consult, 2007).

5 Darüber hinaus kommt es zu einem verstärkten Wettbewerb zwischen verschiedenen Nutzungsformen des knappen Gutes Boden als Grundlage für den Anbau von Nahrungsmitteln oder Energierohstoffen, als Lebens-, Siedlungs- und Wirtschaftsraum, als Infrastrukturkorridor und Endlager (CO_2-Speicherung). Die Gefahr, dass knappe Bodenressourcen dabei „überplant" werden, ist mehr als reell.

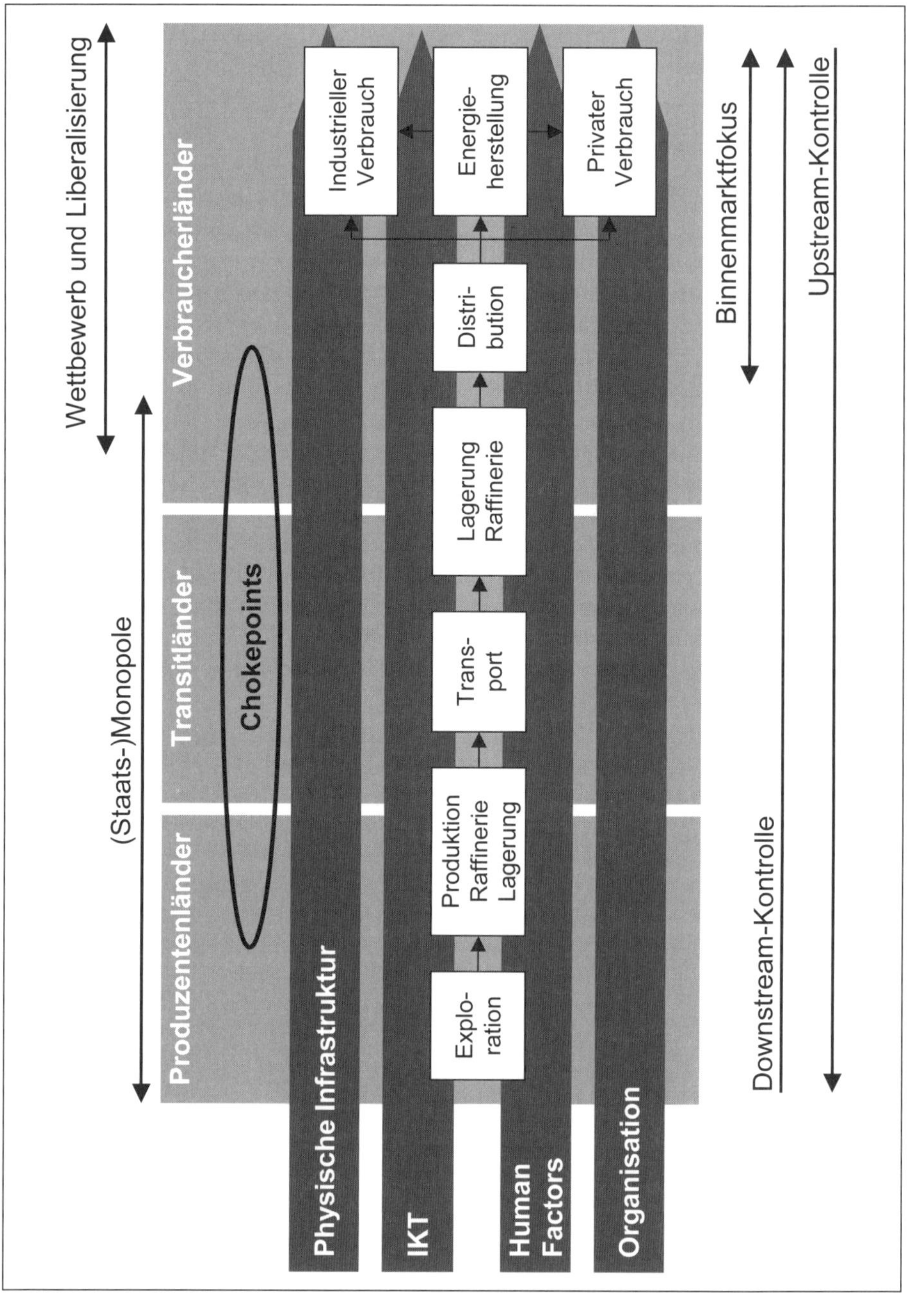

Abbildung 8: Energieinfrastruktursicherheit – Analysemodell

Energieversorgungskette

Die Energieversorgungskette steht im Zentrum der Darstellung und illustriert die verschiedenen Herstellungsschritte von der Entdeckung der Energierohstoffe und deren Förderung bis zum Endverbraucher. Diese Betrachtung verdeutlicht die gegenseitigen Abhängigkeiten entlang der Energieversorgungskette: einzelne Länder und einzelne Unternehmen hängen hinsichtlich der Energieinfrastruktursicherheit nicht nur von ihren eigenen Entscheidungen, sondern auch von denjenigen der Partner in den vor- und nachgelagerten Stufen der Energieversorgungskette ab.[6]

Problematisch ist, dass das Kräfteverhältnis entlang der Energieversorgungskette zunehmend asymmetrisch wird. Schätzungen gehen davon aus, dass rund 85 % bis 90 % der weltweiten Ölreserven unter direkte staatliche Kontrolle fallen. Der staatliche Anteil an den Nettoerträgen eines Ölfeldes mit einer durchschnittlichen Nutzungszeit von bis zu 40 Jahren liegt bei ca. 45 % bis 90 %. Und staatliche Akteure kontrollieren gut 78 % der Weltöl-, bzw. ca. 74 % der Weltgasproduktion; der Rest entfällt auf private Energieunternehmen wie z.B. Exxon Mobil, Royal Dutch Shell, BP oder Total.[7]

Dies bedeutet, dass ein wettbewerbsorientierter Regulierungsansatz zur Gewährleistung der Energiesicherheit, wie er gegenwärtig von der Europäischen Kommission und verschiedenen EU-Mitgliedstaaten verfolgt wird, nur beschränkt wirken kann. Die genannten Zahlen und Abbildung 8 verdeutlichen, dass Wettbewerb und Liberalisierung nur in einem kleinen Segment der globalen Energieversorgungskette funktionieren, und auch dort nur mit Einschränkungen. Alle anderen Segmente dieser Kette werden von staatlichen Akteuren innerhalb von Monopolstrukturen dominiert. Europas streben nach Liberalisierung der Energiemärkte kollidiert daher mit dem Versuch wichtiger Verbraucherländer, die Energieversorgungskette durch Direkteinkauf in die Exploration und Produktion zu dominieren (Upstream-Kontrolle) bzw. der Ambition der Produzentenländer, die Versorgungskette von der Quelle bis zum Verbraucher (Downstream-Kontrolle) zu beherrschen.

Die Machtkonzentration bei den Energieförderländern hat auch direkte Auswirkungen auf den Zustand der Energieinfrastruktur. Im Ölsektor bevorzugen die Energieförderländer eine Unterkapitalisierung, die sich u.a. in unzureichenden Infrastrukturinvestitionen niederschlägt. Im Gassektor, der besonders auf langfristig stabile Rahmenbedingungen angewiesen ist, wirken die politischen Unwägbarkeiten in den

6 Jeffrey Heal et. Al., „Interdependent security in interconnected networks", in Philip E. Auerswald et. Al. (eds.), *Seeds of Disaster, Roots of Response. How Private Action Can Reduce Public Vulnerability* (Cambridge: Cambridge University Press, 2006), S. 258-275, hier S. 258.

7 GAO, International Energy: International Forums Contribute to Energy Cooperation with Constraints (Washington, D.C.: GAO, 2006), S. 20; Xavier Harel, "La pétro-politique rebat les cartes", *La Tribune,* 12. Juni 2006, S. 36; Jill Shankelman, *Oil, Profits, and Peace. Does Business Have a Role in Peacemaking?* (Washington, D.C.: United States Institute of Peace Press, 2006), S. 40.

Energieförderländern für ausländische Investoren abschreckend.[8] Daraus resultieren gravierende Investitionslücken. So schätzt die Internationale Energieagentur den weltweiten Energieinfrastrukturinvestitionsbedarf für die Jahre 2005 bis 2030 auf mehr als 20 Billionen $, wobei mehr als die Hälfte davon auf die Schwellenländer entfällt.[9] In den Verbraucherländern sieht die Situation nicht wesentlich besser aus. Nach Schätzungen der Europäischen Kommission benötigen die EU-Staaten bis 2030 gut 1,8 Billionen €, um ihre Energieinfrastruktur in Einklang mit den Anforderungen des EU-Energiebinnenmarktes und der Entwicklung der Energienachfrage auszubauen. Davon entfallen gut 310 Milliarden € auf die Öl- und Gasinfrastruktur und 1,4 Billionen € auf die Elektrizitätsinfrastruktur.[10]

Energierohstoffförder-, -transit- und -verbraucherländer

Energieinfrastrukturen reichen über die nationalen Grenzen hinweg und sind dabei unterschiedlichen Regulierungsansätzen unterworfen. Divergierende Regulierungsansätze erweisen sich in der Praxis als problematisch. Auf der einen Seite werden die Sicherheitsstandards für die Energieinfrastruktur von einzelnen Ländern oder den projektbeteiligten Partnern definiert. Dem steht auf der anderen Seite eine regionale oder gar globale Abhängigkeit von der funktionierenden Energieinfrastruktur gegenüber, deren Sicherheit bislang nur lokal – oder beschränkt überregional – definiert wird.

Wichtige Energierohstoffförder- und -transitländer verfügen über keine oder keine umfassenden Strategien zum Schutz und zur Sicherung ihrer kritischen Energieinfrastrukturen. Wenn solche Standards bestehen, sind sie teilweise nicht aus umfassenden Konzepten abgeleitet. Angesichts der Abhängigkeiten entlang der Energieversorgungskette bedeutet dies, dass sich der Mangel an Sicherheit in den vorgelagerten Stufen direkt auf die Energieversorgungssicherheit der Verbraucherländer auswirkt.

Die Schnittstellen zwischen den verschiedenen Partnern der Energieversorgungskette stellen ferner auch ein Problem für die Infrastrukturinvestitionen dar. Aufgrund des fehlenden gegenseitigen Marktzugangs bleiben Investitionen in wichtige Interkonnektorenkapazitäten insbesondere für grenzüberschreitende Stromflüsse aus. Sie beliefen sich z.B. in der EU die Einnahmen aus dem Betrieb der Grenzkuppelstellen im Jahr 2005 auf etwa 334 Millionen €, doch zwischen 2002 und 2005 wurden nur 25 Millionen € in diese Kapazitäten investiert.[11]

8 Friedemann Müller, *Energie-Außenpolitik. Anforderungen veränderter Weltmarktkonstellationen an die internationale Politik* (Berlin: SWP, 2006), S. 12, 14.

9 IEA, *World Energy Outlook 2006* (Paris: International Energy Agency, 2006), S. 4.

10 EU Energy Policy Data, SEC(2007)12, Brussels, 10 January 2007, S. 17, <http://ec.europa.eu/energy/energy_policy/doc/02_eu_energy_policy_data_en.pdf> (Zugriff: 2. November 2007).

11 Gudrun Kopp, „Grenzüberschreitende Stromnetze ausbauen“, Presseinformation Nr. 12 der FDP im Deutschen Bundestag, 5. Januar 2007.

Darüber hinaus gibt es geographische „Nadelöhre“ der Energieversorgung, sogenannte Chokepoints, durch die die globalen Energierohstofflieferungen befördert werden müssen. So werden zum Beispiel 88 % aller Ölexporte aus dem Persischen Golf durch die Straße von Hormuz befördert.[12] Ist die Straße von Hormuz blockiert, gibt es zwar alternative Versorgungswege, doch diese sind mit längeren Lieferzeiten und dadurch erhöhten Lieferkosten verbunden.

Aus diesem Sachverhalt ergibt sich die Notwendigkeit nach adäquaten institutionellen Rahmenbedingungen auf der internationalen Ebene, um Sicherheitsstandards für die globale Versorgungsinfrastruktur gemeinsam mit allen relevanten Anspruchsgruppen zu definieren. Diese institutionellen Rahmenbedingungen sind im Moment noch nicht vorhanden.

Risikokategorien

Neben diesen „Umfeldbedingungen“ können zusätzliche Risiken, die die Funktions- und Leistungsfähigkeit der Energieinfrastruktur beeinflussen, zu folgenden vier Risikokategorien zusammengefasst werden:

- *Physische Infrastruktur*
  Damit sind die vielfältigen Risiken menschlichen, technischen und natürlichen Ursprungs gemeint, die die physische Verwundbarkeit z.B. von Verladeterminals, Fördertürmen, Pipelines, Häfen oder Transportmittel beeinflussen. Durch die Härtung dieser Komponenten kann die Sicherheit der physischen Infrastruktur verbessert werden.

- *Informations- und Kommunikationstechnologie (IKT)*
  Die Energieinfrastrukturen hängen in sehr hohem Ausmaß von moderner Informations- und Kommunikationstechnologie ab. Insbesondere die elektronischen Steuerungssysteme (SCADA-Systeme) bieten ein Einfallstor für zahlreiche Sicherheitsrisiken, die aus dem Umstand resultieren, dass die Sicherheit dieser Komponenten bislang nicht mit der Entwicklung der allgemeinen IKT-Sicherheit Schritt gehalten hat.[13] Das macht die Sicherung der Energieinfrastruktur noch komplexer, weil die meisten Risiken, die die IKT-Sicherheit gefährden, auch für den Energiesektor relevant sind.

12 Jean-Paul Rodrigue, „Straits, Passages and Chokepoints. Maritime Geostrategy of Petroleum Distribution”, *Cahier de Géographie du Quèbec,* 48:135 (December 2004), S. 357-374, hier S. 367.

13 Eric A. M. Luiijf, „SCADA: An Inroad to Critical Infrastructure Disaster“, Presentation to the 4th EAPC/PfP Workshop on Critical Infrastructure Protection and Civil Emergency Planning, Zürich, 24.-26. August 2006.

- *Human Factors*
  Human Factors beschreiben die Rolle des Menschen im Kontext der Energieinfrastruktur. Menschliches Verhalten kann die Sicherheit der Energieinfrastruktur beeinträchtigen, sei es durch Unachtsamkeit[14] oder durch Böswilligkeit in Form von Sabotage- oder Terrorakten. Der Faktor Mensch spielt zum einen eine wichtige Rolle in der Aus- und Weiterbildung der Mitarbeitenden von Energieunternehmen, die eine große Verantwortung tragen. In einer vernetzten Umwelt ist deren Fähigkeit zum Umgang mit modernen technischen Systemen (z.B. in Leitstellen) und zur Zusammenarbeit mit anderen staatlichen und nicht-staatlichen Sicherheitsakteuren zu schulen. Zum anderen liefern sozialwissenschaftliche Untersuchungen z.B. zum Verhalten des Menschen in Stresssituationen oder zur Motivation von Tätern wichtige Erkenntnisse für Sicherheitskonzepte. Und mit Blick auf den Zugang zu kritischen Komponenten der Energieinfrastrukturen ist auch dem Aspekt der Personensicherheitsüberprüfung entsprechend Aufmerksamkeit zu schenken.

- *Organisation*
  Schließlich ist es notwendig, auch organisatorische Aspekte in den Aufbau- und Ablaufstrukturen aller an der globalen Energieversorgungskette beteiligten Akteure zu betrachten. Durch die Liberalisierung der Energiemärkte in Europa und die damit verbundene Auslagerung von Leistungen, die bislang in integrierten Unternehmen erbracht wurden, sind zusätzliche Schnittstellen entstanden, die im Rahmen eines umfassenden Sicherheitsansatzes wieder zusammengeführt werden müssen. Die Gewährleistung der Unternehmenssicherheit seitens der Energieunternehmen wird damit direkter Bestandteil der Sicherheit der Energieversorgungskette.

Schutz kritischer Infrastrukturen im EU-Kontext

Kritische Infrastrukturen sind im Verständnis der Europäischen Kommission

> materielle und informationstechnologische Einrichtungen, Netze, Dienste und Anlagegüter, deren Störung oder Vernichtung gravierende Auswirkungen auf die Gesundheit, die Sicherheit oder das wirtschaftliche Wohlergehen der Bürger sowie auf das effiziente Funktionieren der Regierungen in den Mitgliedstaaten hätte.[15]

14 Nachlässigkeit von Mitarbeitern und fehlende Informationen zwischen den Stromnetzbetreibergesellschaften scheinen wesentliche Gründe für den Stromausfall im Herbst 2006 gewesen zu sein, der sich von Norddeutschland über weite Teile Europas bis nach Nordafrika ausgebreitet hatte. Siehe: „Menschliche Fehler Grund für den Stromausfall“, *Neue Zürcher Zeitung,* 16. November 2006, S. 21; *System Disturbance on 4 November 2006. Final Report* (Brussels: UCTE, 2007), S. 5-10.

15 Schutz kritischer Infrastrukturen im Rahmen der Terrorismusbekämpfung, KOM(2004) 702, Brüssel, 20. Oktober 2004, S. 3-4.

Nach Ansicht der Europäischen Kommission umfasst die Liste von Sektoren mit kritischen Infrastrukturen die Bereiche Energie, Atomindustrie, Informations- und Kommunikationstechnologie, Wasser, Lebensmittel, Gesundheit, Finanzen, Verkehr, chemische Industrie, Raumfahrt und Forschung.[16] Einige EU-Staaten zählen darüber hinaus auch das Funktionieren staatlicher Behörden sowie der Einsatz- und Rettungskräfte zur kritischen Infrastruktur. Um den Schutz der kritischen Infrastruktur zu verbessern, hat die Kommission ein gleichnamiges Programm, eine Richtlinie zur Identifizierung der europäisch kritischen Infrastruktur, die Schaffung eines neuen Informationsnetzwerks sowie zusätzliche Finanzierungs- und Forschungsmöglichkeiten vorgeschlagen.[17]

Europäisches Programm für den Schutz kritischer Infrastrukturen (EPSKI)

Nach zweijähriger Vorbereitungszeit präsentierte die Europäische Kommission im Dezember 2006 das EPSKI. Das Programm unterscheidet zwischen europäischer[18] und nationaler kritischer Infrastruktur und schlägt eine Methodologie zur Identifizierung der kritischen Infrastrukturkomponenten vor. Die Tragweite der (Zer-)Störung und die Schwere der damit verbundenen Auswirkungen werden dabei als wesentliche Beurteilungsgrößen vorgeschlagen. Darüber hinaus enthält das Programm einen Aktionsplan für weitere Maßnahmen und geht auf zusätzliche Aspekte wie die Notfallplanung sowie den Dialog mit Drittstaaten zum Schutz der kritischen Infrastrukturen ein.[19]

Richtlinienvorschlag zur Ausweisung kritischer europäischer Infrastrukturen

Das EPSKI hält fest, dass der Schutz der kritischen Infrastruktur eine nationale Aufgabe ist. Daher konzentrieren sich europäische Überlegungen und Maßnahmen auf die europäisch kritische Infrastruktur. Wie diese ermittelt werden soll, wird in einem

16 Vorschlag für eine Richtlinie des Rates über die Ermittlung und Ausweisung kritischer europäischer Infrastrukturen und die Bewertung der Notwendigkeit, ihren Schutz zu verbessern, KOM(2006) 787, Brüssel, 12. Dezember 2006, S. 23.

17 Bereits zuvor wurden im EU-Kontext Richtlinien mit Bezug zur Energieinfrastruktursicherheit verabschiedet. Zu nennen sind insbesondere die Richtlinie 2004/67/EG vom 26. April 2004 über Maßnahmen zur Gewährleistung der sicheren Erdgasversorgung und die Richtlinie 2005/89/EG vom 18. Januar 2006 über Maßnahmen zur Gewährleistung der Sicherheit der Elektrizitätsversorgung und von Infrastrukturinvestitionen. Sicherheitsrelevante Bestimmungen für die Energieinfrastruktur wurden ferner auch von Branchenverbänden wie der Union for the Coordination of Transmission of Electricitcy (UCTE) oder Marcogaz erarbeitet.

18 Zwei oder mehr EU-Mitgliedstaaten müssen von den Auswirkungen des Infrastrukturausfalls betroffen sein, damit diese als europäisch kritisch betrachtet wird. Alternativ können sich die Auswirkungen auch auf einen anderen Mitgliedstaat auswirken, als den, in welchem sich die Infrastruktur befindet.

19 Europäisches Programm für den Schutz kritischer Infrastrukturen, KOM(2006) 786, Brüssel, 12. Dezember 2006.

Richtlinienvorschlag der Kommission dargestellt. Die Mitgliedstaaten und die Kommission erarbeiten gemeinsam die Kriterien zur Ermittlung der kritischen Infrastrukturen. Gestützt darauf ermitteln die Mitgliedstaaten die diesen Kriterien entsprechenden Infrastrukturen und teilen der Kommission mit, welche Infrastrukturen die Kriterien erfüllen. Die Richtlinie sieht darüber hinaus vor, dass die Eigentümer und Betreiber europäisch kritischer Infrastrukturen Sicherheitspläne aufstellen müssen.[20]

Vor diesem Hintergrund hat die Kommission einen Vorschlag zur Präzisierung der Kriterien vorgeschlagenen, mit deren Hilfe die kritischen Infrastrukturen in den Sektoren Energie und Transport identifiziert werden sollen. Dieser Vorschlag ist allerdings vertraulich[21] und nicht öffentlich zugänglich. Gestützt auf öffentlich zugängliche Informationen könnten z.B. folgende Komponenten als europäisch kritische Energieinfrastrukturen identifiziert werden:

- Projekte des vorrangigen Verbundplans, die der Herstellung des europäischen Binnenmarkts für Gas und Strom dienen[22]
- Interkonnektoren zwischen der außereuropäischen und der europäischen Energievorsorgungsinfrastruktur, z.B. in den Niederlanden und in Belgien (Nordsee-Festland) oder in Polen und in der Slowakischen Republik (Europa-Russland)
- Innereuropäische Verbindungselemente zwischen den Versorgungs- und den Verteilungsinfrastrukturen, z.B. zwischen Österreich und der Slowakischen Republik
- Ölraffinerien, die Produkte auf Basis fossiler Rohstoffe herstellen, die für die weiterverarbeitenden Industrien in Europa wichtig sind und nur schwer durch andere Raffinerien ersetzt werden könnten
- Schifffahrtskapazität für den Transport von flüssigem Gas (LNG) nach Europa[23]
- Konzentration von LNG-Terminals in Spanien und Italien sowie die damit zusammenhängenden innereuropäischen Abhängigkeiten[24]

20 Vorschlag für eine Richtlinie des Rates über die Ermittlung und Ausweisung kritischer europäischer Infrastrukturen und die Bewertung der Notwendigkeit, ihren Schutz zu verbessern, Artikel 2 bis 5.

21 <http://ec.europa.eu/dgs/energy_transport/security/infrastructure/index_en.htm> (Zugriff: 19. Oktober 2007).

22 Vorrangiger Verbundplan, KOM(2006) 846, Brüssel, 10. Januar 2007.

23 Schon heute befinden sich 25 % der Schifftransportkapazitäten, die Europa mit LNG beliefern, unter Kontrolle von Bonny Gas Transport, eine 100prozentige Tochter des nigerianischen Staatsunternehmens LNG Ltd. Siehe: Energy Sector Inquriy, S. 268.

24 Die EU-Staaten verfügen gegenwärtig über 12 LNG-Terminals. 12 weitere befinden sich im Bau und 39 sind geplant. Von diesen 63 LNG-Terminals werden gut 50 % in Italien (16) und Spanien (14) stehen. Siehe: Energy Sector Inquiry, S. 269.

Warn- und Informationsnetz für kritische Infrastrukturen (WINKI)

Zur Ergänzung bestehender Warn- und Informationsnetze im Bereich des Krisenmanagements schlägt die Kommission ferner den Aufbau eines eigenen neuen Netzes für kritische Infrastrukturen vor (WINKI). Dieses soll als Plattform „für den sicheren Austausch bewährter Praktiken" zum Schutz der kritischen Infrastruktur bieten.[25] In einigen EU-Mitgliedstaaten wird der Mehrwert von WINKI gegenüber den bestehenden Warn- und Informationsnetzen kritisch beurteilt.

Finanzierungsmöglichkeiten

Im Rahmen des Programms „Prävention, Abwehrbereitschaft und Folgenbewältigung im Zusammenhang mit Terrorakten und anderen sicherheitsbezogenen Risiken" hat die Europäische Kommission bereits 2005 gut 3,7 Millionen € vor allem für vorbeugende Maßnahmen bereit gestellt. 2007 hat die Kommission weitere 3 Millionen € zur Finanzierung von Maßnahmen zum Schutz kritischer Infrastrukturen zur Verfügung gestellt. Damit werden u.a. Projekte für verbesserte Schutzmaßnahmen, zur Ausarbeitung von Notfallplänen, zur Identifizierung von Schwachpunkten kritischer Infrastrukturen und zur Entwicklung gemeinsamer Sicherheitsstandards gefördert.

7. Rahmenforschungsprogramm

Der Schutz der kritischen Infrastrukturen ist ein Schwerpunkt der Sicherheitsforschung innerhalb des 7. EU-Rahmenforschungsprogramms. Andere Themenfelder des Rahmenforschungsprogramms wie IKT (z.B. intelligente Infrastrukturen), Energie (z.B. intelligente Energienetze), Transport (z.B. Unterstützung von Galileo) oder Weltraum (z.B. Entwicklung satellitengestützter Überwachungs- und Frühwarnsysteme) sind ebenfalls relevant für den Schutz der kritischen Energieinfrastrukturen.[26]

Handlungsempfehlungen

Die vorangehenden Überlegungen haben verdeutlicht, dass ein wesentlicher Erfolgsschlüssel zur Förderung der Sicherheit der globalen Energieinfrastruktur darin liegt, konsequent in den Dimensionen der globalen Energieversorgungskette zu denken

25 Mitteilung der Kommission über ein Europäisches Programm für den Schutz kritischer Infrastrukturen, S. 5.

26 Beschluss Nr. 1982/2006/EG des Europäischen Parlaments und des Rates vom 18. Dezember 2006 über das Siebente Rahmenprogramm der Europäischen Gemeinschaft für Forschung, technologische Entwicklung und Demonstration (2007-2013), Amtsblatt Nr. 412 vom 30. Dezember 2006, S. 1-43.

und zu handeln. Das erfordert die Schaffung neuer institutioneller Rahmenbedingungen im internationalen Umfeld, um alle relevanten Anspruchsgruppen zusammenzubringen.

Im regulativen Kontext stehen die Zeichen bislang vor allem auf Marktliberalisierung. Dieser Ansatz greift unseres Erachtens zu kurz. Mehr Aufmerksamkeit sollte der Frage geschenkt werden, ob die vorhandenen Sicherheitsstandards den aktuellen Sicherheitsherausforderungen genügen. Ausgaben für Sicherheitsinvestitionen sollten darüber hinaus stärker berücksichtigt werden, wenn über Anreize zur Investitionsförderung im Energiesektor nachgedacht wird.

Darüber hinaus ist es unerlässlich, die Energieinfrastruktursicherheit auch verstärkt als eine sicherheits- und verteidigungspolitische Aufgabe zu betrachten. Neben der Frage, welche Beiträge z.B. die Streitkräfte zur Gewährleistung der Energieinfrastruktursicherheit leisten könnten ist ebenso zu untersuchen, wie Anreize für die lokalen Gemeinschaften in den Energierohstoffförder- und -transitländern geschaffen werden können, damit diese von der Infrastruktur profitieren und ein Interesse an deren Sicherung entwickeln. Vor allem in Europa ist es schließlich unerlässlich, die Idee eines gemeinsamen europäischen Marktes für Energie und Gas durch entsprechende grenzüberschreitende Sicherheitsvorkehrungen zu ergänzen.

Adäquate internationale Rahmenbedingungen schaffen

Energieinfrastruktursicherheit wird in unterschiedlichen internationalen Gremien diskutiert. Da diese Gremien jedoch in der Regel politikfeldspezifisch ausgerichtet sind, fehlt bislang ein Ort, an dem im umfassenden Sinne alle relevante Aspekte in einer Gesamtschau thematisiert werden könnten. Diese Lücke könnte durch das Internationale Energieforum (IEF) geschlossen werden, an dem sich neben mehr als 60 Staaten auch internationale Organisationen wie die UNO, die WTO, die EU und die OPEC beteiligen. In einem speziellen Forum sind darüber hinaus auch führende Energieunternehmen vertreten.

Im IEF kommen die wichtigsten Energierohstoffförder-, -transit- und -verbraucherländer zusammen. Damit sich diese über gemeinsame Schritte zur Verbesserung der Energieinfrastruktursicherheit unterhalten, sind vertrauens- und sicherheitsbildende Maßnahmen erforderlich. Ähnlich wie früher die Konferenz für Sicherheit und Zusammenarbeit in Europa (KSZE) könnte das IEF einen solchen Rahmen bilden, der den Austausch zu relevanten Fragen erlaubt. Arbeitsthemen könnten sein:

- Kriterien für die Definition der kritischen Energieinfrastrukturen und Maßnahmen zu deren Sicherung
- Verantwortlichkeiten und Zuständigkeiten öffentlicher Stellen und privater Eigentümer bzw. Betreiber beim Schutz der Energieinfrastrukturen
- Erfahrungsaustausch zu methodischen Aspekten der Bewertung von Energieinfrastrukturrisiken

- Gemeinsame Durchführung von Risikobewertungen für ausgewählte Energieinfrastrukturprojekte
- Diskussion gemeinsamer Maßnahmen zur Sicherung grenzüberschreitender Energieinfrastrukturen

Dieser globale Ansatz im Rahmen des IEF sollte auf der europäischen Ebene durch komplementäre Schritte ergänzt werden. Die EU-Staaten könnten beispielsweise einen Koordinator für Energieinfrastruktursicherheit ernennen.[27] Aufgabe des neuen Koordinators wäre es beispielsweise

- das Bewusstsein für die Thematik zu fördern,
- den Dialog zwischen staatlichen Behörden und privaten Infrastruktureigentümern und -betreibern zu fördern,
- als Ansprechpartner für alle relevanten Akteure zu fungieren,
- den Austausch von Erfahrungen (Best Practice) zu initiieren und zu unterstützen,
- die Entwicklung von Sicherheitsstandards und -maßnahmen sektor- und länderübergreifend zu koordinieren[28] und
- sicherzustellen, dass die Frage der Energieinfrastruktursicherheit in den unterschiedlichen Politikfeldern der EU berücksichtigt wird.

In einem ersten Schritt könnte der neue Koordinator seine Tätigkeit auf die Energieinfrastrukturprojekte des vorrangigen Verbundplanes konzentrieren. Zur Unterstützung seiner Arbeit könnte er mit der Plattform für Energieinfrastruktursicherheit ein Arbeitsgremium schaffen, das neben Infrastruktureigentümern und -betreibern sowie amtlichen Vertretern auch Experten der Einsatz- und Rettungskräfte, industrieller Lösungsanbieter und der Wissenschaft zusammenführt. Die Arbeit der neuen Plattform sollte durch den Koordinator mit anderen internationalen Gremien, insbesondere mit dem IEF, abgestimmt werden.

Bestehende Sicherheitsstandards überprüfen und weiterentwickeln

Gemeinsame Sicherheitsstandards, die alle Stufen der globalen Energieversorgungskette abdecken, fehlen bislang. Das ist vor allem für den grenzüberschreitenden Transport von Energierohstoffen ein Problem.

In einem ersten Schritt könnte es daher sinnvoll sein, die bestehenden Sicherheitsstandards einzelner Länder und privatwirtschaftlicher Akteure zu erfassen und auf mögliche Überlappungen bzw. Lücken zu untersuchen. In diesem Zusammen-

27 Diese Idee basiert auf der Entscheidung, vier Koordinatoren für wichtige europäische Energieinfrastrukturprojekte zu ernennen. Siehe: Vorrangiger Verbundplan, S. 12-13.

28 Hierbei könnte die von der Europäischen Kommission ebenfalls vorgeschlagene Energiebeobachtungsstelle (European Energy Supply Observatory) unterstützend mitwirken. Siehe: Eine Energiepolitik für Europa, KOM(2007)1, Brüssel, 10. Januar 2007, S. 24.

hang spielen die europäischen Projekte des vorrangigen Versorgungsplans eine besondere Rolle, weil diese für die Schaffung des europäischen Marktes für Elektrizität und Gas besonders relevant sind. Die Sicherheitsstandards dieser Projekte sollten im Lichte der aktuellen Sicherheitsherausforderungen und der künftigen Markt- und Umweltschutzanforderungen besonders untersucht werden. Dabei könnte der vorgeschlagene europäische Koordinator für Energieinfrastruktursicherheit eine vermittelnde Rolle spielen.

In einem zweiten Schritt sollten die Sicherheitsstandards insbesondere zwischen dem Energie- und dem Transportsektor sowie der Informations- und Kommunikationstechnologie beleuchtet werden. Nach der Analyse der kritischen Abhängigkeiten zwischen diesen Sektoren müssten der internationale, regionale, nationale und subnationale Handlungsbedarf identifiziert und Aufgaben bzw. Verantwortlichkeiten zwischen staatlichen und privaten Akteuren festgelegt werden.

Als dritter Schritt sollte schließlich die Entwicklung von IKT-Sicherheitsmaßnahmen im Energiesektor, insbesondere für die elektronischen Steuerungssysteme (SCADA), an die Hand genommen werden. Angesichts eines erst ansatzweise ausgeprägten Risikobewusstseins empfehlen sich Maßnahmen zur Identifizierung und Dokumentierung von Best Practices sowie zur Erarbeitung entsprechender Standards und Anforderungen an die IKT-Architektur im Energiesektor. Mit Konferenzen und Publikationen z.B. von Sicherheitshandbüchern könnte der vorgeschlagene europäische Koordinator wichtige Impulse setzen.

Sicherheitsstandards und Rahmenbedingungen für Investitionen besser aufeinander abstimmen

Sicherheit ist nie kostenlos, sondern erfordert Investitionen. Es ist daher zu überlegen, durch welche Anreize Sicherheitsinvestitionen in Energieinfrastrukturen gefördert werden könnten und welche Monitoringinstrumente dazu erforderlich sind.

Anreize zur Investitionsförderung sollten marktkonform sein und auf die jeweilige Risikosituation abgestimmt werden. Marktkonforme Anreize wären z.B. Steuervergünstigungen für Sicherheitsinvestitionen allgemein sowie in Abstimmung auf den Lebenszyklus von Energieinfrastrukturprojekten (um auch in die Sicherheit alternder Energieinfrastruktur zu investieren) oder steuerliche Vergünstigungen für Forschung und Entwicklung zugunsten infrastrukturrelevanter Technologien sowie für den Unterhalt von Reservekapazitäten. Die Höhe der Vergünstigungen sollte abhängig gemacht werden von den tatsächlichen Investitionen der Infrastruktureigentümer und -betreiber sowie von der Gefährdungssituation der Energieinfrastruktur, wie sie sich aus Sicherheitsbeurteilungen ergibt. Damit kann die Zweckbindung der

Anreize verstärkt und verhindert werden, dass Mittel, die aus Vergünstigungen resultieren, für andere als Sicherheitszwecke verwendet werden.[29]

Ein solches Vorgehen würde voraussetzen, dass Investitionen in die Sicherheit der Energieinfrastruktur von unabhängiger Stelle verfolgt und beurteilt werden. Das könnte von den nationalen Energiemarktaufsichtsbehörden oder von der Europäischen Kommission für die europäischen Projekte des vorrangigen Verbundplans gemacht werden. Mögliche Untersuchungskriterien (Benchmarks) könnten sein: Neuinvestitionen, Ausgaben für Betrieb und Unterhalt, Personalrekrutierung und -ausbildung,[30] generelle Sicherheitsinvestitionen, Investitionen in Reservekapazitäten, Investitionen in die IKT-Sicherheit und Investitionen zur Lebensverlängerung alternder Infrastruktur.

Da Sicherheitsinvestitionen entlang der gesamten Energieversorgungskette optimiert werden sollten, ist aus europäischer Sicht zu überlegen, wie dieser Aspekt in bestehende und in Aufbau befindliche Energiedialoge mit wichtigen Energierohstoffförder- und -transitländer integriert wird. Laufende Initiativen wie die EU-Afrika-Infrastruktur-Partnerschaft oder Beiträge der Entwicklungshilfe, der Infrastrukturförderung sowie der Forschungskooperation könnten stärker auf Aspekte der Energieinfrastruktursicherheit ausgerichtet werden.

Mögliche Rolle der Streitkräfte analysieren

Zwischen dem ambitionierten Ziel einer europäischen Energie-Außenpolitik und der Europäischen Sicherheits- und Verteidigungspolitik (ESVP) gibt es bislang erst sehr schwache Bezüge. Im Unterschied dazu hat die NATO seit dem Gipfeltreffen von Riga im Winter 2006 eine Grundlage, um sich mit der möglichen Rolle der Allianz im Rahmen der Energiesicherheit zu befassen.[31] Gestützt darauf hat die NATO den Dialog mit Öl- und Gasunternehmen sowie mit Energierohstoffförderländern aufgenommen, um zu erörtern, wie die Allianz zur Energieinfrastruktursicherheit beitragen könnte.[32] Der Schutz kritischer Infrastrukturen wurde zudem als künftige Auf-

29 Siehe zu diesem Problem insbesondere: John D. Donahue and Richard J. Zeckhauser, „Sharing the Watch: Public-Private Collaboration for Infrastructure Security", in Auerswald, *Seeds of Disaster, Roots of Response,* S. 429-456, hier S. 452.

30 Personalausgaben und Reservekapazitäten werden im internationalen Vergleich der Elektrizitätsmärkte relativ schnell abgebaut, wenn diese liberalisiert werden. Siehe: Stephen Thomas and David Hall, *Restructuring and outsourcing of electricity distribution in EU* (London: Public Services International Research Unit, 2003), S. 28.

31 Schlusserklärung des Riga-Gipfels der NATO, Riga, 29. November 2006, Para 45, <http://www.nato.int/docu/pr/2006/p06-150e.htm>. Schon das 1999 verabschiedete Strategische Konzept der NATO verwies auf die unterbrechungsfreie Versorgung mit vitalen Rohstoffen als Allianzinteresse. Siehe: The Alliance's Strategic Concept, Washington, D.C.., 23.-24. April 1999, Para. 24 <http://www.nato.int/docu/pr/1999/p99-065e.htm> (Zugriff: 4. April 2008).

32 Tom Bergin, "NATO eyes naval patrols to security oil facilities," *The Scotsman,* 14. Mai 2007, <http://news.scotsman.com/latest.cfm?id=748442007> (Zugriff: 19. Oktober 2007).

gabe der NATO-Streitkräfte in den ebenfalls 2006 verabschiedeten politischen Richtlinien des Bündnisses verankert.[33] Beim Gipfeltreffen in Budapest im April 2008 wurden konkrete Arbeitsfelder für das Engagement der Allianz im Bereich der Energiesicherheit festgelegt.[34]

Verschiedene militärische Fähigkeiten, die dem internationalen Krisenmanagement und der nationalen Sicherheitsvorsorge dienen, sind auch für die Gewährleistung der Energieinfrastruktursicherheit von Bedeutung. Zu denken ist beispielsweise an die Sammlung und Auswertung nachrichtendienstlicher Informationen zur Beurteilung des Gefahrenpotentials oder die Überwachung der Infrastrukturen z.B. durch unbemannte Plattformen, Sensorapplikationen, Radarsysteme oder satellitengestützte Aufklärungsmittel. Streitkräfte können physischen Schutz der Energieinfrastrukturen gewährleisten oder zur Stabilisierung jener Räume beitragen, durch die wichtige Energieinfrastrukturen verlaufen. Passive und aktive Fähigkeiten im Bereich der elektronischen Kriegsführung könnten zur Unterstützung der IKT-Sicherheit im Energiesektor eingesetzt werden. Streitkräfte können ferner auch im Bereich der Katastrophenbewältigung eingesetzt werden, wenn bei einem Infrastrukturzwischenfall massenvernichtende Wirkmittel eingesetzt werden. Und schließlich ist die im Rahmen der Streitkräftetransformation aufgebaute Expertise im Bereich Modellbildung und Simulation besonderes geeignet, Analysen zur Verwundbarkeit von Infrastruktursektoren zu unterstützen, die miteinander verknüpft sind.

Das Problem ist, dass sich politische Entscheidungsträger nur mit großer Zurückhaltung an die Verknüpfung der Energie- mit der Verteidigungspolitik wagen, weil sie eine Militarisierung der Energiepolitik befürchten. Dieses Problem gilt es zu überwinden.

Hierzu sollte, erstens, die EU über mögliche Beiträge der ESVP zur Energie(infrastruktur-)sicherheit nachdenken. Die Vision, die die Europäische Verteidigungsagentur 2006 als Beitrag zur langfristigen Streitkräfteplanung veröffentlicht hat, enthält hierzu nur sehr allgemeine Hinweise.[35] Das ist ein Problem, denn solange Aufträge mit Bezug zur Energieinfrastruktursicherheit für die Streitkräfte fehlen, könne diese im Rahmen der Fähigkeitsplanung und -entwicklung nicht berücksichtigt werden. Die EU sollte daher mögliche ESVP-Beiträge identifizieren und die Szenarien zur Definition des Europäischen Streitkräfteziels 2010 erweitern.

Zweitens könnten EU und NATO die Zusammenarbeit bei der Energieinfrastruktursicherheit durch gemeinsame Wissenschafts- und Technologieprojekte mit wich-

33 Comprehensive Political Guidance, endorsed by NATO Heads of State and Government on 29 November 2006, Para. 16(c), <http://www.nato.int/docu/basictxt/b061129e.htm> (Zugriff: 19. Oktober 2007).

34 Dazu zählen: Informationsgewinnung und -weitergabe, Stabilitätsprojektion, Förderung der internationalen und regionalen Zusammenarbeit, Unterstützung im Krisenmanagement sowie zum Schutz der kritischen Energieinfrastruktur. Siehe: Bucharest Summit Declaration, 3. April 2008, Para. 48, <http://www.nato.int/docu/pr/2008/p08-049e.html> (Zugriff: 4. April 2008).

35 European Defence Agency, An Initial Long-Term Vision for European Defence Capability and Capacity Needs, 3 October 2006, Para. 11, <http://www.eda.europa.eu/webutils/downloadfile.aspx?fileid=105> (Zugriff: 19. Oktober 2007).

tigen Energierohstoffförder- und -transitländern vorantreiben. Als Kooperationsfelder bieten sich dabei Themen wie IKT-Sicherheit, Lagebewusstsein und Lageverständnis, Führung (C2), Human Factors, Technologien zur Gefahrendetektion und -abwehr, Werkstofftechnologie oder Modellbildung und Simulation an.

Schließlich könnten EU und NATO auch die verstärke militärische Zusammenarbeit mit Schlüsselpartnern im Nahen und Mittleren Osten, Nordafrika, Kaukasus und in Zentralasien in Erwägung ziehen. Über ihre internationalen Kooperationsprogramme könnten beide Organisationen zusammen mit diesen Ländern zur Stärkung der lokalen Fähigkeiten und Kapazitäten zum Schutz der kritischen Energieinfrastruktur beitragen. Angesichts der strategischen Interessen Chinas und Russlands in den genannten Regionen, könnten diese Länder im Sinne der Vertrauensbildung ebenfalls einbezogen werden.

Lokale Gemeinschaften stärker einbeziehen

Schutz als „passive" Komponente der Sicherung der kritischen Infrastruktur wird insbesondere von den privaten Energieunternehmen, die in energierohstoffreichen Ländern tätig sind, zunehmend durch die „aktive" Komponente der stärkeren Einbindung lokaler Gemeinschaften ergänzt. Die dahinterstehende Logik ist einleuchtend: Profitieren lokale Gemeinschaften von Infrastrukturprojekten, dann entwickeln sie ein Interesse an deren Funktionsfähigkeit. Das wiederum fördert ihre Bereitschaft, sich für deren Sicherheit einzusetzen. Spezifische Sicherheitsaufgaben wie z.B. die Bewachung von Infrastrukturen können wiederum, wenn sie durch lokale Kräfte ausgeführt werden, zu bescheidenem Wohlstand beitragen.

Diese Überlegungen führen zum einen dazu, dass Infrastrukturprojekte verstärkt als Träger für Gemeinschaftsleistungen interpretiert werden. So kann z.B. die Trasse, die für eine Gaspipeline gelegt wird, auch dazu genutzt werden, die Kommunikationsinfrastruktur zu verlegen. Durch diese Kollokation von Infrastrukturen können spezifische Anreize für lokale Gemeinschaften geschaffen werden.[36] Zum anderen geht z.B. das Energieunternehmen British Petroleum (BP) bei einigen seiner Energieinfrastrukturprojekte aktiv auf lokale Gemeinschaften zu, um diese einzubinden.

In Indonesien hat das Unternehmen einen integrierten, gemeinschaftsorientierten Sicherheitsansatz entwickelt, der wegweisend werden könnte. Der Ansatz basiert auf der Idee, die Verantwortung für die Sicherheit zu teilen. Lokale Gemeinschaften, Regierungsstellen, die staatlichen Sicherheitskräfte und das Unternehmen selbst spielen dabei jeweils eine spezifische Rolle. Integration bedeutet darüber hinaus, dass gemeinsame Sicherheitsteams, bestehend aus den zivilen Einsatzkräften, den

36 Allerdings können dadurch auch spezifische Risiken entstehen, die bei solchen Kollokationsprojekten genau untersucht werden müssen.

Sicherheitskräften des Unternehmens und sogar den Streitkräften gebildet werden, die unter Führung des regionalen Polizeikommandeurs stehen.[37]

Dieser Ansatz könnte zu lokalen Sicherheitsgemeinschaften weiter entwickelt werden. Vertreter der lokalen Bevölkerung und der Sicherheitskräfte, Unternehmensangehörige und Vertreter privater Sicherheitsunternehmen könnten solche Sicherheitsgemeinschaften bilden und als „Augen und Ohren" in die lokalen Gemeinschaften hineinwirken. Die Frühwarnung, die Prävention und die Zusammenarbeit im Krisenfall könnten dadurch verbessert werden.[38]

Noch ist es zu früh, um die Wirkungsweise dieses Ansatzes in Indonesien bzw. eines vergleichbaren BP-Projekts in Kolumbien[39] abschließend beurteilen zu können. Aufgrund des richtungsweisenden Charakters sollte jedoch überlegt werden, wie integrierte, gemeinschaftsorientierte Sicherheitsansätze privater Energieunternehmen mit staatlichen Programmen zur Entwicklungsförderung und zur Reform der Sicherheitssektoren koordiniert werden könnten.

Grenzüberschreitendes Krisenmanagement stärken

Mit der grenzüberschreitenden Zusammenarbeit zum Schutz der kritischen Infrastrukturen ist es in Europa nicht zum Besten bestellt: Es fehlen das gegenseitige Verständnis der jeweiligen Krisenmanagementsysteme und Informationen zu den vorhandenen Fähigkeiten. Ebenso mangelt es an grenzüberschreitendem Training sowie an den Verbindungen zwischen den behördlichen Leistellen und vergleichbaren Einrichtungen privater Infrastruktureigentümer und -betreiber.[40]

Gemeinsames Handeln in einer Krisensituation setzt gemeinsames Lagebewusstsein und Lageverständnis voraus. Dieses kann durch gemeinsame Lagebilder gefördert werden. Ein Ansatz hierzu könnte ein öffentlich-privates Lagebild für den Energiesektor sein. Darin würden Leistellen der zivilen Einsatzkräfte, der privaten Energieunternehmen, der Streitkräfte, sofern sie mit entsprechenden Aufgaben im Inland betraut sind, und der Nachrichtendienste miteinander verknüpft. Als erster

37 Field Guidelines for Joint Security Measures within the Work Area of the Tangguh LNG Project. Letter of Joint Decree between Chief of the Regional Police of Papua and Executive VP Tangguh LNG, 16 April 2004, <http://www.bp.com/liveassets/bp_internet/globalbp/STAGING/global_assets/downloads/T/Tangguh_Field_Guidelines_BP_Papaun_Police.pdf> (Zugriff: 19. Oktober 2007).

38 Tony Ling and Gare A. Smith, *Human Rights and Security Monitoring Assessment and Peer Review of the Tangguh LNB Project* (Boston/Washington, D.C.: Foley Hoag, 2005), S. 24, <http://www.bp.com/liveassets/bp_internet/indonesia/STAGING/home_assets/downloads/t/tangguh_human_rights_security_assmnt_2005_Aug_05th.pdf> (Zugriff: 19. Oktober 2007).

39 Jenny Pearce, „Oil and armed conflict in Casanare, Colombia: complex contexts and conting-nent moments," in Mary Kaldor, Terry Lynn Karl, and Yahia Said (*eds.), Oil Wars* (London: Pluto Press, 2006), S. 225-273, hier S. 252-296.

40 Eric A. M. Luiijf, „The VITA Project: Results and Recommendations," Paper prepared for the 4th EAPC/PfP Workshop on Critical Infrastructure Protection and Civil Emergency Planning, Zürich, 24-26 August 2006, pp. 5-7.

Schritt wäre es sinnvoll, solche Energielagebilder für jene grenzüberschreitenden Infrastrukturprojekte zu erstellen, die die größten Energieflüsse bewältigen und daher eine Schlüsselrolle für den europäischen Gas- und Elektrizitätsmarkt spielen. In einem zweiten Schritt könnten die Energielagebilder auf den Einbezug der relevanten Akteure in den vorgelagerten Stufen der Energieversorgungskette ausgedehnt werden.

Darüber hinaus gibt es einen Bedarf an grenzüberschreitenden Abkommen zum Austausch von Hilfe und Unterstützung zwischen privaten und staatlichen Akteuren in verschiedenen Sektoren. Diese Zusammenarbeit muss allerdings im Vorfeld geübt werden. Die Europäische Kommission könnte hierzu gemeinsam mit der Euro-Atlantic Disaster Response Coordination Cell (EADRCC) der NATO einen entsprechenden Übungsplan zusammenstellen. Wichtige Energiepartnerländer Europas sollten in diesen Plan eingebunden werden.

Während es Mechanismen für die Kompensation staatlicher Hilfen im Bereich des Krisenmanagements und des Bevölkerungsschutzes gibt, scheinen ähnliche Verfahren zu fehlen, wenn es um Unterstützungsleistungen von Unternehmen geht. Das ist angesichts der europäischen Absicht, den grenzüberschreitenden Wettbewerb und die Marktöffnung zu fördern, ein Problem. Es scheint daher auch eine Notwendigkeit zu geben, die klassischen Geschäftsmodelle in diesem Punkt durch die stärkere Berücksichtigung öffentlicher Aufgaben zu erweitern[41] und dazu erforderlichenfalls auch regulative Rahmenbedingungen anpassen.

Ausblick: Vernetzter Ansatz für die Energieinfrastruktursicherheit

Um die kritischen Energieinfrastrukturen zu schützen und zu sichern ist ein umfassender Ansatz erforderlich, der alle verfügbaren staatlichen und nichtstaatlichen Instrumente, Fähigkeiten und Kapazitäten miteinander verbindet. Ein solcher Ansatz erfordert eine neue Dimension der ressortübergreifenden und der öffentlich-privaten Zusammenarbeit, die insbesondere die folgenden Themenbereiche abdecken sollte:

- Außenpolitisch geht es insbesondere um die Schaffung geeigneter institutioneller Rahmenbedingungen zur Etablierung eines energieinfrastrukturbezogenen Sicherheitsdialogs mit wichtigen Förder-, Transit- und Verbraucherländern sowie mit den Lösungsanbietern der Privatwirtschaft.
- Außenwirtschaftspolitisch müssen zwischen den staatlichen und den privatwirtschaftlich geführten Energieunternehmen gleiche Wettbewerbsregeln (Level Playing Field) gewährleistet werden, damit ausreichende wirtschaftliche Anreize, Transparenz und Rechtssicherheit für Energieinfrastrukturinvestitionen bestehen.
- Finanzpolitisch geht es um die Förderung der Transparenz bezüglich der Herkunft der Mittel, die aus dem Abbau von Energierohstoffen resultieren, und

41 Luiijf, „The VITA Project, S. 7.

deren Verwendung im nationalen (z.B. zum Ausbau der Infrastruktur) und im internationalen Kontext (z.B. Investitionspolitik staatlicher Energieunternehmen und Staatsfonds im Ausland) sowie um die Frage, ob sicherheitsrelevante Investitionen in die Sicherheit der Energieinfrastruktur durch finanzpolitische Rahmenbedingungen gefördert werden können.

- Umweltpolitische Anliegen müssen berücksichtigt werden, da gewisse Umweltvorschriften zusätzliche Kosten verursachen, die bei beschränkten Mitteln die Bereitschaft zu sicherheitsrelevanten Investition reduzieren können.
- Entwicklungspolitisch geht es darum, in den Energierohstoffförder- und -transitländern die Grundlagen dafür zu schaffen, dass die vorhandenen (Energie-) Rohstoffreserven gesellschaftlich, wirtschaftlich, politisch und ökologisch nachhaltig genutzt werden. Lokale Kapazitäten sollten gestärkt werden, damit die Anforderungen internationaler Transparenzinitiativen (z.B. Extractive Industries Transparency Initiative, EITI) überhaupt bewältigt werden können (Stichwort: Verwaltungsmodernisierung). Ebenso sollte die stärkere Einbindung lokaler Gemeinschaften in Infrastrukturprojekte gefördert werden.
- Forschungs- und technologiepolitisch sollten Ansätze zur Vernetzung verschiedener Energieinfrastrukturkomponenten zum Zweck der Überwachung ebenso verstärkt gefördert werden wie Entwicklungsprojekte in den Bereichen Materialtechnologie (physischer Schutz), IKT-Sicherheit, Gefahrendetektion und -abwehr sowie Human Factors.
- Schließlich sollte in sicherheits- und verteidigungspolitischer Hinsicht geklärt werden, welche möglichen Beiträge die Sicherheits- und Streitkräfte zum Schutz der Energieinfrastruktur bzw. wichtiger Versorgungskorridore sowie zur Stärkung des grenzüberschreitenden Krisenmanagements bei infrastrukturbedingten Zwischenfällen leisten können. Ebenso sollte geprüft werden, wie die Fähigkeiten und die Kapazitäten der Sicherheits- und Streitkräfte in den Energierohstoffförder- und -transitländern zur Sicherung der Energieinfrastruktur auf- und ausgebaut werden können.

Kein Anschluss unter dieser Nummer: Der Schutz kritischer Informations- und Kommunikationstechnologie

Stefan Brem und Ruedi Rytz[*]

Einleitung

Softwarefehler in Verkehrsleitsystemen, Ausfälle von Mobiltelefonnetzen und Betriebsunterbrechungen bei Geldausgabeautomaten sind Ereignisse, die uns schon heute die Schattenseiten der Informations- und Kommunikationstechnologie (IKT) vor Augen führen. Technische Pannen, aber auch gezielte Angriffe auf die Informations- und Kommunikationsinfrastruktur, wie etwa das unbefugte Eindringen in oder das vorsätzliche Schädigen von Systemen, können dazu führen, dass beispielsweise die Strom-, Geld- oder Wasserversorgung massiv gestört werden. In Zukunft werden Führen, Verwalten, Transportieren oder Steuern und somit das reibungslose Funktionieren von Staat und Wirtschaft noch stärker vom „digitalen Nervensystem" abhängen.

Trotzdem stellt man fest, dass die Bedeutung der Informations- und Kommunikationsinfrastruktur für unsere Gesellschaft erst in Ansätzen in das Bewusstsein der Menschen eingedrungen ist. Malware, wie Viren und Würmer, oder das „Hacken" in fremden Datennetzen werden von der Bevölkerung immer noch weniger als Bedrohung, denn als spannendes Entertainment und dankbarer Stoff für Kinofilme wahrgenommen.

Für den Einzelnen sind Störungen in der Informationsinfrastruktur allenfalls lästig, erscheinen aber kaum als Bedrohung an Leib und Leben. Firmen, bei denen Information der zentrale Produktionsfaktor darstellt, schützen sich selbst zwar intensiv, neigen aber dazu, den informationstechnischen Schutz ihres Umfelds als *not our business* zu betrachten.

Ein Land, welches die „gemeinsame Wohlfahrt" seiner Bürger zum Ziel hat, wie es in der Schweiz in Artikel 2 der Bundesverfassung festgehalten ist, muss diese Gefährdungen erkennen und – in Zusammenarbeit mit der Wirtschaft – Antworten auf diese neuen Bedrohungsformen finden. Nicht die öffentliche Meinung drängt den Staat zum Handeln, sondern die ihm von der Verfassung zugewiesene Führungsrolle: *Gouverner, c'est prévoir.*

* Der Beitrag gibt nicht notwendigerweise die Meinung des Bundesamtes für Bevölkerungsschutz, des Bundesamtes für wirtschaftliche Landesversorgung oder der Schweizer Regierung wieder, sondern entspricht derjenigen der Autoren. Diese danken Peter Wüthrich, Chef Fachbereich Koordination Telematik/Projekt POLYCOM im Bundesamt für Bevölkerungsschutz, für seine Anregungen und kritischen Kommentare.

Bedrohungen

Die Bedrohungen, denen die Betreiber von kritischen Informations- und Kommunikationsinfrastrukturen gegenüberstehen, lassen sich grob in drei Kategorien einteilen: (a) Bedrohungen durch natürliche Ereignisse, (b) Bedrohungen durch menschliches oder technisches Versagen, (c) Bedrohungen durch Terrorismus und kriminelle Handlungen. Dabei sind insbesondere die Übergänge zwischen menschlichem Versagen und kriminellen Handlungen fließend, wie das Beispiel der sozialen Manipulation (Social Engineering) zeigt, bei dem ein Krimineller die Gutgläubigkeit eines IKT-Benutzers missbraucht, um an vertrauliche Daten zu kommen und damit die Informations- und Kommunikationsinfrastrukturen zu manipulieren. Zur Illustration des Bedrohungsspektrums im IKT-Sektor werden in der Folge einige konkrete Vorfälle aus der jüngsten Vergangenheit aufgeführt:

- *Naturereignisse*
  Ein Erdbeben vor Taiwan beschädigte am 26. Dezember 2006 unter anderem auch Unterseekabel, über die Telefon-, Daten- und Internetverbindungen abgewickelt werden.[1] In der Folge mussten weit über 100 Millionen Betroffene erhebliche Beeinträchtigungen im Internetverkehr hinnehmen. Während mehrerer Tage waren insbesondere Internetverbindungen zu ausländischen Webseiten für Benutzer in China, Taiwan, Singapur und Südkorea massiv eingeschränkt. Durch die Unterbrechung waren auch wichtige Finanzdienste und Unternehmen betroffen. Beispielsweise konnte die Reuters Group PLC Kunden in Südkorea und Hongkong nicht mehr mit den aktuellsten Finanzdaten versorgen, was zu Informationsverzögerungen und somit zu kurzfristigen Marktverzerrungen geführt hatte. Die negativen Auswirkungen wären um einiges größer gewesen, wenn sich das Erdbeben in einer „normalen" Handelswoche und nicht über die Weihnachtsfeiertage ereignet hätte.

- *Technisches Versagen*
  Am 27. Juli 2001 kam es bei der Swisscom, dem ehemaligen Schweizer Staatsbetrieb mit einem Marktanteil in der Mobiltelefonie von nahezu 60 %, zu einer massiven Störung mit stundenlangem Ausfall des Mobiltelefonnetzes. Aufgrund eines Softwarefehlers war der Zentralrechner in Lausanne ausgefallen. Wie in solchen Fällen vorgesehen, übernahm der redundante Rechner in einer anderen Lokalität (Hot Site) vorerst für eine Stunde die Last. Bedingt durch einen weiteren Softwarefehler in diesem System kam es zu einer Kettenreaktion und damit zu einem beinahe schweizweiten Erliegen des Mobiltelefonnetzes. Ein Swisscom-Problem? Nein, denn wenig später waren auch die beiden Konkurrenten betroffen. Das Netz des Anbieters Sunrise (Marktanteil 18 %) fiel ebenfalls aus und auch bei Orange (Marktanteil 18 %) beklagte

1 „Asia communications hit by quake", *BBC News,* 27. Dezember 2006 <http://news.bbc.co.uk/2/hi/asia-pacific/6211451.stm> (Zugriff: 24. April 2008).

man Schwierigkeiten. Die Mobiltelefone von Nutzern mit ausländischer Vertragsbindung, die sich zu diesem Zeitpunkt in der Schweiz aufhielten, suchten im Zehn-Sekunden-Rhythmus automatisch das am besten empfangbare Netz. Nach dem Wegfall des Swisscom-Netzes hatten diese auf die Ausweichnetze geschaltet, was im Fall von Sunrise zum Kollaps der Zentrale führte. Die Probleme blieben nicht auf die Mobiltelefonie beschränkt. Kunden des größten Schweizer Car-Sharing-Unternehmens Mobility fanden zwar ihre vorbestellten Autos wie gewohnt auf dem Parkplatz vor. Allein die Zentralverriegelung ließ sich nicht öffnen, weil die Reservationsdaten fehlten, die dem Bordcomputer der Fahrzeuge per SMS übermittelt werden.[2]

- *Technisches Versagen/Kriminelle Handlung*
  Am 25. Januar 2003 drang der Slammer-Computerwurm in das Local Area Network (LAN) des Davis-Besse Kernkraftwerks in Ohio, USA, ein. Vermutlich erfolgte die Infektion über eine T1-Leitung, welche die Computer-Netzwerke des Kernkraftwerks und eines Vertragspartners verband. Die Verbindung war durch keine Firewall gesichert. Ein bereits vorhandener „Flick" (Patch) war ebenfalls nicht eingespielt worden, obwohl man dazu mehr als sechs Monate Zeit gehabt hätte. Dieser hätte die MS-SQL-Verwundbarkeit behoben, die der besagte Wurm zu seiner Ausbreitung nutzte. In der Folge hatte der Wurm soviel Netzwerkverkehr verursacht, dass die Kapazität der Leitung an seine Grenzen stieß, worauf das Dienstpersonal im Kontrollraum vor schwarzen Monitoren saß. Das Sicherheitsüberwachungssystem über Kühlsystem, Reaktortemperatur und radioaktive Strahlungswerte versagte seinen Dienst. Glücklicherweise war dieser Zwischenfall ohne Folgen für die Betriebssicherheit des KKW, denn es war wegen Reparaturen bereits abgeschaltet. Das Problem konnte aber dennoch erst nach gut fünf Stunden behoben werden und hätte sich bei einem Vollbetrieb weit gravierender ausgewirkt, wobei mindestens eine schnelle Notabschaltung notwendig gewesen wäre.[3]

- *Kriminelle Handlung*
  In den Monaten März und April 2000 drang ein 49jähriger Mann mehrmals in die durch Computer gesteuerte Wasserversorgung von Maroochy Shire in Queensland, Australien, ein. Von seinem Laptop aus konnte er sich als „Pumpstation 4" anmelden und in der Folge sämtliche Alarmmeldungen unterdrücken. Er erlangte die uneingeschränkte Befehlsgewalt über 300 Kontrollknoten des Trink- und Abwassersystems. So gelang es ihm, Millionen Liter Abwasser in Parks, Flüsse, ja sogar in die Anlage eines Erstklasshotels ausfließen zu lassen. Die Meeresfauna wurde schwer geschädigt, das Fluss-

2 Informatikstrategieorgan Bund (ISB), Verletzliche Informationsgesellschaft: Herausforderung Informationsgesellschaft (Bern: ISB, 2002), S. 8-9.

3 Stephan D. Wolthusen, "Information Warfare: Threats to Critical Infrastructures," mimeo, S. 2 <http://www.wolthusen.com/publications/Amaldi2003.pdf> (Zugriff: 13. März 2008).

wasser färbte sich schwarz und der Gestank war über lange Zeit unerträglich.[4] Beim 46. Versuch konnte der Mann von der Polizei gefasst werden. Offenbar hatte er seinen Arbeitsplatz beim Lieferanten des Kontrollsystems aufgegeben und versuchte, sich einen Berater-Vertrag bei der Wasserversorgung der Region zu verschaffen, indem er versprach, die Probleme zu lösen, die er selbst verursacht hatte.

- *Kriminelle Handlung*
  Am 2. Oktober 2004 erlebte die Tochterfirma der Royal Bank of Scotland (RBS) Worldpay welche für die Abwicklung von Kreditkartentransaktionen zuständig ist, eine großangelegte Distributed Denial of Service (DDoS) Attacke. Für solche Angriffe setzen die Täter Bot-Netze ein, d.h. zuvor „gehackte" Computer (häufig ungeschützte Heim-PCs), welche zu einem „Netzwerk" zusammengeschlossen von einem zentralen Rechner aus gesteuert werden können. Bot-Netze umfassen nicht selten Hunderttausende bis zu einer Million Computer, welche von den Angreifern dazu benutzt werden, die Zielsysteme mit so vielen Anfragen zu überfluten, bis diese schließlich unter der Last zusammenbrechen und für den legitimen Datenverkehr nicht mehr erreichbar sind. Vom Angriff auf Worldpay waren 30.000 Geschäfte in 70 Ländern betroffen.[5] Kunden dieser Geschäfte konnten ihre Kreditkarten nicht mehr zur Bezahlung nutzen und mussten die Waren in den Geschäften stehen lassen. Die Umsatzeinbußen betrugen 50 % bis 80 % über zwei bis drei Tage. Häufig lassen die Angreifer erst nach Bezahlung eines „Schutzgelds" vom Opfer ab.[6]

Die ausgewählten Beispiele zeigen deutlich: Abgesehen vom Cyber-Terrorismus sind alle anderen erwarteten Bedrohungsszenarien bisher eingetroffen. Die Schäden, die dabei zu verzeichnen waren, beschränkten sich nicht nur auf den IKT-Sektor. Vielmehr breiteten sich die negativen Auswirkungen auch über große Distanzen aus und verursachten dadurch materielle und finanzielle Schäden an verschiedenen Orten. Diese Konsequenzen sollen in der Folge kurz näher beleuchtet werden.

Zu allen Kategorien von Bedrohungen (Naturgefahren, menschliches oder technisches Versagen, kriminelle Handlungen), denen die Betreiber kritischer Informations- und Kommunikationsinfrastrukturen prinzipiell ausgesetzt sein können, existieren konkrete Vorfälle. Eine Ausnahme stellt dabei der häufig genannte Cyber-Terrorismus dar, der sich aber bis anhin noch nicht in Form von offensichtlicher

4 Daniel Thomas, „Are our critical systems safe from cyber attack?" *Computing*, 21 April 2005, <http://www.computing.co.uk/computing/analysis/2142496/critical-systems-safe-cyber> (Zugriff: 18. März 2008).

5 „Worldpay struck by online attack", *BBC News,* 4. Oktober 2004, <http://news.bbc.co.uk/2/hi/business/3713174.stm> (Zugriff: 24. April 2008).

6 „E-commerce targeted by blackmailers", BBC News, 26. November, 2003, <http://news.bbc.co.uk/2/hi/technology/3238230.stm> (Zugriff: 23. April 2008).

Schädigung oder Zerstörung von kritischen Informationsinfrastrukturen gezeigt hat.[7] Schlagwörter wie elektronischer Jihad[8] oder Digital Pearl Harbor[9] werden zwar vor allem in der Folge von 9/11 immer wieder aufgegriffen, terroristische Gruppen haben sich aber bis anhin darauf beschränkt, moderne Mittel der IKT, das Internet mit eingeschlossen, zwecks Propaganda (inklusive Rekrutierung neuer Anhänger, Kämpfer und Attentäter), gegenseitiger Information und Beschaffung von finanziellen Mitteln einzusetzen. Ob es sich bei Cyber-Angriffen von Terroristen erst um eine mittel- oder längerfristig zu erwartende Bedrohung handelt, herrscht auch unter Experten kein Konsens.[10] Angesichts offensichtlicher Verbindungen zwischen organisierter Kriminalität und Terrorismus beispielsweise im Waffenschmuggel ist es möglicherweise tatsächlich nur eine Frage der Zeit, bis sich Terroristen des Internets oder anderer Technologien bedienen, um Schäden finanzieller Art und in der Cyberwelt anzurichten, die sich jedoch durch die Vernetzung der Infrastrukturen über Kaskadeneffekte auch auf die physische Welt auswirken.[11] Es ist deshalb durchaus angezeigt, dass sich die entsprechenden staatlichen Instanzen zusammen mit Betreibern von kritischen (Informations-)Infrastrukturen auf entsprechende Eventualitäten einrichten und solche Szenarien auch beüben.[12] Die Auswahl der Beispiele ist aber für die Bedeutung der einzelnen Bedrohungen dennoch repräsentativ. Kriminelle Handlungen und technische Pannen stellen heute mit Abstand die größte Gefahr dar, wobei wir davon ausgehen müssen, dass der erstgenannte Bereich in Zukunft weiter an Bedeutung gewinnen wird – gerade auch weil er finanziell (Erpressungsmöglichkeiten, Verkauf von vertraulichen Daten, etc.) sehr lukrativ ist. Naturereignisse

7 Myriam Dunn Cavelty, „Cyber-Terror: Looming Threat or Phantom Menace? The Framing of the US Cyber-Threat Debate," *Journal of Information Technology & Politics*, 4:1 (Spring 2007), S. 19-36.

8 „Electronic Jihad 2.0 für den Heim-Terroristen," *Heise Online*, 2. November 2007, <http://www.heise.de/security/Electronic-Jihad-2-0-fuer-den-Heim-Terroristen--/news/meldung/98401/from/rss09> (Zugriff: 23. April 2008).

9 John Schwartz, „Preparing for a digital Pearl Harbor," *International Herald Tribune,* 24. Juni 2007, <http://www.iht.com/articles/2007/06/24/business/cyber.php> (Zugriff: 23. April 2008).

10 Gabriel Weimann, *Cyberterrorism: How Real Is the Threat?* (Washington, D.C.: United States Institute of Peace, 2004), <http://www.usip.org/pubs/specialreports/sr119.pdf> (Zugriff: 23. April 2008).

11 Louise I. Shelly, "Organized Crime, Terrorism and Cybercrime", in Alan Bryden, Philipp Fluri (eds.), *Security Sector Reform: Institutions, Society and Good Governance* (Baden-Baden: Nomos, 2003), S. 303-312.

12 Diese Notwendigkeit wird – teilweise im fiktionalen Erzählstil, aber auch basierend auf tatsächlichen Ereignissen und eigenen Erfahrungen als ehemaliger Nachrichtenoffizier des US Marine Corps – vom Journalisten Dan Verton illustriert. Siehe: Dan Verton, *Black Ice: The Invisible Threat of Cyber-Terrorism* (New York: McGraw-Hill, 2003). Das US Department of Homeland Security hat als verantwortliches staatliches Organ 2006 und 2008 zwei groß angelegte Übungen unter dem Titel Cyber Storm und Cyber Storm II durchgeführt. Siehe dazu: *Cyber Storm, Exercise Report* (Washington, D.C.: Department of Homeland Security, 2006), <http://www.dhs.gov/xlibrary/assets/prep_cyberstormreport_sep06.pdf> (Zugriff: 23. April 2008) und *Cyber Storm: Securing Cyber Space* (Washington, D.C.: Department of Homeland Security, 2008), <http://www.dhs.gov/xprepresp/training/gc_1204738275985.shtm> (Zugriff: 23. April 2008).

kommen vor, beeinträchtigen oder schädigen die Informations- und Kommunikationsinfrastrukturen jedoch erwartungsgemäß zufällig und nicht zwingend dort, wo die Verletzlichkeit und der daraus resultierende Schaden am größten sind.

Durch den hohen Grad der Vernetzung bleiben die negativen Auswirkungen selten auf die Informations- und Kommunikationsinfrastruktur beschränkt, sondern breiten sich – teilweise innerhalb kürzester Zeit, d.h. sekundenschnell – auf weitere kritische Infrastruktursektoren aus, welche IKT-gestützt, -überwacht[13] oder anderweitig von diesen abhängig sind. Die Auswirkungen können auch an Orten auftreten, wo wir das nicht erwarten, respektive die wir in der Regel nur schwer vorhersehen können. So hat der Programmierer des Slammer-Wurms zwar die Beeinträchtigung des Internets auf kriminelle Art und Weise in Kauf genommen, konnte jedoch kaum erwarten, dass durch sein Handeln ein Sicherheitsüberwachungssystem eines Kernkraftwerks ausfallen würde. Ebenso wenig wäre a priori zu erwarten gewesen, dass eine Computerpanne eines Telekommunikationsanbieters landesweit die Dienstleistungen eines Car-Sharing-Unternehmens wegen fehlender Übermittlungsmöglichkeiten der Reservationsdaten verunmöglicht.

Durch die globale, physische Vernetzung der Informations- und Kommunikationstechnoligen können sich die Auswirkungen von an sich lokal begrenzten Ereignissen, wie das eines Erdbebens im Dezember 2006 vor Taiwan, großflächig ausbreiten und sich auch in weiter entfernten Distanzen bemerkbar machen. So wurde z.B. durch dieses Erdbeben der Zahlungsverkehr der Bankkunden auch im 1.000 km entfernten Südkorea massiv beeinträchtigt. Gerade das Internet weist viele redundante Leitungen und Netzwerke auf. Dadurch konnte zumindest bis anhin ein globaler Zusammenbruch des Datenfluss selbst bei massivsten Störungen physischer Art oder mittels Cyber-Angriffen verhindert werden. Gewisse Störungen, z.T. auch durch menschlich-technisches Versagen, können dennoch länger anhalten und sich landesweit auswirken. So wurde beispielsweise am 2. März 2003 durch einen mangelhaften Software-Update-Vorgang im japanischen Luftkontrollzentrum der gesamte Flugverkehr für zwei Tage lahm gelegt. Mehr also 200 Flüge mussten deswegen annulliert werden.[14]

Die Anzahl Betroffener und die damit einhergehenden wirtschaftlichen Schäden können mitunter sehr groß sein – denken wir an die DDoS-Attacke auf Worldpay. Dort waren neben dem eigentlichen Opfer des Angriffs, der RBS-Tochterfirma, Tausende von Geschäften in über 70 Staaten betroffen und erlitten große finanzielle Einbußen. Manchmal können die Folgen eines Infrastrukturausfalls auch zufällig verstärkt werden: In einer automatisierten Anlage für Speicherträger einer Schweizer

13 Zur IKT-gestützten Überwachung oder auch SCADA-Technologie (Supervisory Control And Data Acquisition) siehe auch Eric A. M. Luiijf, „SCADA: An Inroad to Critical Infrastructure Disaster," Presentation to the 4th EAPC/PfP Workshop on Critical Infrastructure Protection and Civil Emergency Planning, Zürich, 24.-26. August 2006 und Marcelo Masera, „SCADA Systems in the Electricity Sector," ebd.

14 Bernhard M. Hämmerli, „Understanding C(I)IP Tasks and Vulnerabilities" Presentation to the 3rd EAPC/PfP Workshop on Critical Infrastructure Protection and Civil Emergency Planning, Zurich, 22.-24. September 2005.

Firma für den elektronischen Finanztransfer fiel ein Speicherband vom Greiferarm. Dieses wiederum blockierte alle elektronischen Zahlungen in der Schweiz für mehrere Stunden, da keine automatische Speicherung mehr möglich war. Da sich dieser Vorfall am 23. Dezember 2000 ereignete, an dem – durch das Weihnachtsgeschäft, Lohnauszahlungen und Jahresabschlüsse angekurbelt – normalerweise gegen 300 Milliarden Schweizer Franken elektronisch umgesetzt werden, hatten etliche Einkaufshäuser und andere Dienstleister erhebliche Umsatzeinbußen zu verzeichnen und waren auch alle Geldausgabeautomaten für einige Stunden außer Betrieb.[15]

Die Rolle des Staates als Sicherheitsproduzent bei kritischen Informationsinfrastrukturen

Es ist offensichtlich, dass der Staat im letztgenannten Beispiel nur beschränkt Handlungsmöglichkeiten besitzt – zumindest in der Prävention solcher Ereignisse im Einzelfall. Der Staat ist aber als Anbieter des Kollektivguts Sicherheit gefordert und muss Bedrohungen strategischen Ausmaßes erkennen und auch entsprechend vorausschauend handeln. Ziel muss es sein, ein aus verschiedenen, aufeinander abgestimmten Maßnahmen bestehendes „System" aufzubauen, so dass Netz- und Systemunterbrechungen selten, von kurzer Dauer, lokal begrenzt und von geringem Schadensausmaß sind. Wie dies beispielsweise in der Schweiz institutionalisiert ist, wird später ausgeführt. Der Staat kann aber die entsprechenden Rahmenbedingungen – mit unterschiedlicher Regulierungsdichte – schaffen, für die Implementierung sind meist der Privatsektor und insbesondere die Benutzer von IKT und Betreiber von kritischen Infrastrukturen verantwortlich.

Dem Staat stehen dabei auf einem Kontinuum prinzipiell fünf Handlungsmöglichkeiten zur Verfügung:

1. Er zieht sich vollständig zurück und überlässt alle Aufgaben zur Sicherung der Informations- und Kommunikationsinfrastrukturen dem Markt.
2. Er setzt wirtschaftspolitische und finanzielle Instrumente ein, um die Privatwirtschaft steuerlich zu entlasten und ihr Anreize zur Bereitstellung eigener Lösungen zu geben.
3. Er geht mit der Privatwirtschaft eine Partnerschaft ein, um die Aufgabe gemeinsam zu lösen.
4. Er greift direkt mit gesetzlichen Maßnahmen ein und nimmt so die Privatwirtschaft in die Pflicht.
5. Er ist selbst Anbieter und Betreiber von IKT und deren Sicherheitslösungen.

15 Ebd. Das heißt aber nicht, dass der tatsächliche Schaden bei 300 Milliarden Schweizer Franken lag. Diese Summe bezieht sich nur auf den durchschnittlichen gesamten elektronischen Geldfluss. Die meisten Zahlungen konnten abgewickelt werden, wenn auch z.T. mit sehr großen Zeitverzögerungen.

Aus folgenden Gründen werden die erste und fünfte Handlungsoption nicht mehr weiter verfolgt: Obwohl früher der Staat in vielen Bereichen, die heute als kritische Infrastruktursektoren (z.B. Verkehrswesen, Gesundheitswesen, IKT) bezeichnet werden, Hauptanbieter oder gar Monopolist gewesen ist, hat er sich in der Folge der Privatisierungs- und Liberalisierungswellen seit den 1980er Jahren – und verstärkt durch die Globalisierungsdynamik – vermehrt auf einen Kernbereich staatlicher Aufgaben konzentriert und viele Dienstleistungen ausgelagert. Das Selbst-Anbieten und -Betreiben ist aber im Zeitgeist des schlanken und liberalen Staates kaum mehr zeitgemäß. Verstärkt wird diese Tendenz durch die Marktdynamik und rasante technologische Innovation, die *rein* staatliches Handeln aus Gründen der Ineffizienz und unflexible Lösungen durch starke Hierarchisierung beeinträchtigen. Solche Lösungen könnten sich in einer globalisierten Welt am Markt heute nicht mehr oder nur noch schwer durchsetzen.

Auf der anderen Seite stellt aber eine reine Laissez-faire-Politik auch keine gangbare Alternative dar. Dagegen sprechen theoretische Überlegungen wie Marktversagen, unvollständige Information und Moral Hazard sowie die praktische Tatsache, dass der Staat auf verlässliche IKT angewiesen ist. Die theoretischen Überlegungen können wie folgt begründet werden:

- *Marktversagen*
  Während einzelne Personen oder Firmen noch einen starken Anreiz haben, für sich selbst vorzusorgen und entsprechende Sicherheitsvorkehrungen zu treffen, dürfte es aus egoistischen und marktwirtschaftlichen Überlegungen zu einer Unterversorgung an vorbereitenden Maßnahmen und Krisenvorsorge für die Gesellschaft als Ganzes kommen. In der Logik des Gefangenendilemmas sinken die Anreize noch weiter, wenn man befürchten muss, dass sich die anderen Firmen und Mitglieder der Gesellschaft nicht selber schützen, und man so gefährdet ist, falls diese durch Ausfälle betroffen sind. Sei es durch den Ausfall von Dienstleistungen oder durch tatsächliche Schädigung.

- *Unvollständige Information*
  Es ist enorm kostspielig und schwierig, das notwendige Ausmaß an Krisenvorsorge zu bestimmen und den tatsächlichen Bereitschaftsgrad eines größeren Systems – einer Gesellschaft, des Staates, eines multinationalen Konzerns – zu messen.[16] Dies würde eine ständige und umfassende Sammlung, Analyse und Verbreitung von Informationen zu aktuellen und zukünftigen Risiken voraussetzen. Weder einzelne Personen noch Firmen haben die Ressourcen

16 Es ist zwar möglich, sich durch entsprechende Einsatzpläne und -mittel, organisatorische Maßnahmen, Ausbildung und Übungen auf gewisse, zumeist planbare Ereignisse einzustellen, da die Einsatzpläne wiederum auf Erfahrungen und gewissen Annahmen basieren und auch die Übungen den tatsächlichen Ereignisablauf nicht vorwegnehmen können, verbleibt bei Extrem- und Großereignissen immer noch ein großer Unsicherheitsfaktor. Und gerade bei diesen Überlegungen spielt der Staat wieder eine Rolle und belässt es nicht bei einer Laissez-faire-Politik.

oder das Wissen, um ein vollständiges Risikobild zu erfassen oder gar für alle Eventualitäten vorzusorgen – weder auf individueller und schon gar nicht auf gesamtgesellschaftlicher Stufe.[17] Ohne entsprechendes Wissen über allfällige Risiken und den aktiven oder passiven Umgang mit diesen kommt es ohne staatliche Intervention oder minimalen Standards zu ungenügenden Vorbereitungsmaßnahmen und Krisenbewältigungsmöglichkeiten.

- *Moral Hazard*
  Sofern Firmen und Einzelpersonen davon ausgehen können, dass ihnen die Regierung helfen wird, wenn sie in ernsthaften Schwierigkeiten geraten, erhöht sich ihre Risikobereitschaft, respektive reduzieren sich die Anreize, sich auf Notsituationen einzustellen und vorzubereiten. Dieses „moralische Risiko“ kann beispielsweise im Finanzwesen beobachtet werden, in dem gewisse Banken zu groß oder bedeutend für die ganze Volkswirtschaft oder das Gesamtsystem sind, so dass entweder der Staat oder internationale Finanzinstitutionen einspringen (müssen), um ein Kollabieren zu verhindern.

Und auch die praktischen Erfahrungen – insbesondere in der Sicherheitspolitik – verdeutlichen, dass die Abhängigkeit des Staates von funktionierenden IKT-Strukturen zu regulativer Vorsicht mahnen. Zwei Beispiele aus der Schweiz sollen dies illustrieren:

- *Entflechtung Swisscom – VBS*
  Bis anhin hat die Schweizer Armee gewisse für den Betrieb notwendigen Informations- und Kommunikationsinfrastrukturen der Swisscom (vormals PTT) genutzt. Dies betrifft v.a. Kabelkanalisationen oder Gebäudekomplexe. Durch die fortschreitende Privatisierung und mögliche Internationalisierung des Telekommarktes in der Schweiz besteht die Gefahr einer erheblichen Abhängigkeit von Netzbetriebszentren im Ausland. Die Botschaft des Bundesrats zur Bundesbeteiligung an der Swisscom hielt beispielsweise 2006 fest, dass „[i]m Extremfall ... Netze aus dem Ausland «per Knopfdruck» außer Betrieb gesetzt werden [könnten].“[18]
  Um diesem Risiko entgegenzuwirken, verpflichtete der Bundesrat die Anbieterinnen, die mit der Erbringung von Fernmeldedienstleistungen in außerordentlichen Lagen betraut sind, dafür zu sorgen, dass die notwendige Infrastruktur (minimale Netzbetreibungszentralen und minimale Netzmanagementwerkzeuge) im Inland jederzeit und unabhängig durch Personal in der

17 Diese Aussage impliziert aber nicht die Allwissenheit oder gar Allmächtigkeit des Staates. Auch diesem sind durch verschiedene, u.a. organisatorische und politische, Gründe Grenzen gesetzt.

18 Bundesrat, *Botschaft zur Bundesbeteiligung am Unternehmen Swisscom AG*, Nr. 06.025, Bern, 5. April 2006, S. 3791.

Schweiz betrieben werden kann.[19] Nachteilige Auswirkungen einer allfälligen umfassenden Privatisierung von Swisscom mit ausländischer Mehrheitsbeteiligung für die schweizerischen Sicherheitsinteressen wurden bereits in einem Bericht zu den „Sicherheitsinteressen der Schweiz an Rundfunk- und Telekommunikationsinfrastrukturen in außerordentlichen Lagen" erkannt.[20] Ein Grund – neben anderen – für die Ablehnung der vollständigen Privatisierung der Swisscom durch das Parlament im Frühjahr 2006 war der Zweifel, ob die sicherheitspolitischen Bedürfnisse des Bundes nach einer Privatisierung gewährleistet werden können.[21] Momentan laufen entsprechende Arbeiten, um verschiedene Varianten zu prüfen. Sollte eine vollständige Entflechtung für notwendig befunden werden, wäre es erforderlich, die Eigentumsansprüche der Schweizer Armee rechtlich abzusichern, den Zugang oder den Zugriff der Schweizer Armee auf die Netze, Netzkomponenten und das Netzmanagement sicherzustellen und den physischen Schutz gegenüber Zugriffen durch Dritte zu gewährleisten. Zudem müssten die Voraussetzungen für den autonomen und von Swisscom unabhängigen Betrieb der armeeeigenen und einsatzkritischen Netzteile durch die Armee und den Bevölkerungsschutz (z.B. sicherheitspolitisch relevante Anwendungen wie Alarmierung und Information der Bevölkerung) geschaffen werden.
Die Kosten einer vollständigen Entflechtung wurden 2006 für einmalige Investitionen in der Größenordnung von 150 bis 250 Millionen Schweizer Franken und von jährlich wiederkehrenden Kosten für Betrieb, Unterhalt und Erneuerung im Umfang von 10 bis 15 Millionen Schweizer Franken geschätzt.[22] Anfang 2008, nach einer gründlichen Analyse aller sicherheitspolitisch relevanten Anwendungen des Bundes, wurden diese Kosten stark nach oben korrigiert. Die Fakten werden in einem Bericht an den Bundesrat zur Bundesbeteiligung am Unternehmen Swisscom zusammengefasst.

- *Koordination von Einsatzkräften in Notfällen*
  Bereits während des zweiten Weltkrieges benutzten Behörden und Organisationen für Rettung und Sicherheit des Bundes, der Kantone und der Gemeinden

19 Bundesrat, *Verordnung über Fernmeldedienste (FDV)*, Nr. 784.101.1, Bern, 9. März 2007, Art. 90-93, hier insb. Art. 90, Abs. 2.

20 Bundesrat, *Sicherheitsinteressen der Schweiz an Rundfunk- und Telekommunikations-Infrastrukturen in außerordentlichen Lagen*, Bericht des Bundesrates an die Sicherheitspolitischen Kommissionen der Eidgenössischen Räte, Bern, 30. November 2001, S. 16-17.

21 Eidgenössisches Departement für Verteidigung, Bevölkerungsschutz und Sport, *Bericht des Bundesrates an die Bundesversammlung zur Überprüfung der Zielsetzungen der Armee*, Medienmitteilung vom 13. Februar 2008, <http://www.news.admin.ch/message/index.html?lang=de&msg-id=17270> (Zugriff: 23. April 2008) und Bundesrat, *Überprüfung der Zielsetzungen der Armee Bericht des Bundesrates an die Bundesversammlung gemäss Artikel 149b des Militärgesetzes, Bericht des Bundesrates an das Parlament,* Bern, undatiert [2008], S. 33-34, <http://www.news-service.admin.ch/NSBSubscriber/message/attachments/11067.pdf> (Zugriff: 23. April 2008).

22 *Botschaft zur Bundesbeteiligung am Unternehmen Swisscom AG*, S. 3792.

(BORS) Funkverbindungen für die Kommunikation. Ohne große Koordination wurden verschiedenste Funknetze für die unterschiedlichsten Bedürfnisse aufgebaut. Als Konsequenz konnten z.B. kommunale und kantonale Polizeikorps nicht direkt miteinander kommunizieren, da ihnen Frequenzen in unterschiedlichen Frequenzbändern zugewiesen worden waren. Seit ca. 20 Jahren werden bei der Polizei die Funkgespräche teilweise chiffriert. Mehrere Versuche, einen gemeinsamen Funkstandard zu etablieren, sind auf Grund mangelnder Akzeptanz bei den einzelnen Funknetzbetreibern misslungen.[23] Eine *einzige* Marktlösung, die sich durchgesetzt hätte, gab es nicht. Somit waren die Einsatzkräfte mit verschiedenen Funk- und Kommunikationssystemen ausgestattet, die teilweise sogar über öffentliche Netze geleitet wurden, welche in Notfällen oftmals überlastet waren.
Dies stellte den Hintergrund dar, ein gesamtschweizerisches Sicherheits- und Rettungsfunknetz aufzubauen. Konkrete Vorarbeiten begannen Mitte der 1990er Jahre und mündeten in einen Bundesratsbeschluss vom 21. Februar 2001, der eine Ko-Finanzierung zwischen Bund und Kantonen festlegte und das Eidgenössische Departement für Verteidigung, Bevölkerungsschutz und Sport beauftragte, die nationale Komponente sowie den Armeeteil von POLYCOM zu realisieren. Die Federführung in der Koordination des gesamten Vorhabens nimmt das Bundesamt für Bevölkerungsschutz (BABS) wahr. Das BABS ist nebst der Planung auch für die Ausbildung verantwortlich. Unter dem Dach von POLYCOM werden das Grenzwachtkorps, die Armee, der Zivilschutz, das Bundesamt für Polizei, die kantonale und städtischen Polizeidienste, die Feuerwehren, das sanitätsdienstliche Rettungswesen (Ambulanzen und Rettungsflugdienste), die Straßenunterhaltsdienste sowie weitere Dienste, sofern sie aufgrund des Katastrophendispositives der Kantone berechtigt sind, zusammengefasst.
Das Netz wird über mehrere Jahre, bis ca. 2012, schrittweise durch die Realisierung von kantonalen Teilnetzen und denjenigen des Grenzwachtkorps aufgebaut. Die Kantone erstellen die Teilnetze unter Berücksichtigung der Vorgaben des Bundes eigenständig nach ihren Bedürfnissen. Bis im April 2008 war der Netzaufbau des Grenzwachtkorps entlang der Grenze zu ca. 60 % abgeschlossen, 10 Kantone und das Fürstentum Liechtenstein verfügen über operative Teilnetze. Die restlichen Kantone sind in der Realisierungsphase oder konnten zumindest die Planungsphase lancieren.

Diese beiden Beispiele zeigen deutlich, dass eine völlige Laissez-faire-Politik in diesem Bereich nicht möglich ist, um die Kernaufgabe des Staates, nämlich die Gewährleistung von Sicherheit abzusichern. Da der Staat, wie ausgeführt, im Bereich der IKT-Infrastrukturen nicht länger als selbständiger Anbieter und Betreiber auftre-

23 Bundesamt für Bevölkerungsschutz, „POLYCOM – Das Sicherheitsnetz Funk der Schweiz," *Factsheet*, 15. Juni 2006, S. 1-2.

ten kann bzw. will, bieten sich die drei anderen aufgeführten Optionen als Mittelweg an:

- *Gesetzliche Maßnahmen*
  Im Wissen, dass der Privatsektor zu wenig in die Notfallvorsorge und Sicherheit der Informations- und Kommunikationsinfrastruktur investiert, könnte der Staat zu regulativen Maßnahmen greifen, um die Betreiber und Nutzer von IKT zu minimalen Sicherheitsstandards verpflichten. Auch Mindestspeicherdauer von sensiblen Informationen (Sprach- und Videoaufzeichnungen) fallen unter diesen Maßnahmenkatalog. Gerade weil es sich bei IKT um ein sehr dynamisches Gebiet mit großen Technologiesprüngen handelt, greifen gesetzliche Maßnahmen oftmals nicht, da sie relativ rasch veralten und sich die Komplexität nur mangelhaft regulativ erfassen lässt. Regulative Maßnahmen haben auch die Tendenz, dass sich der Privatsektor auf die Einhaltung der Minimalstandards beschränkt und so die Innovationskraft reduziert.[24] Gerade kleinere Anbieter von Sicherheitsprodukten wären dadurch benachteiligt, da sie sich keine Rechtsabteilungen leisten können, um potenzielle juristische Klagen vorwegzunehmen oder abzuwehren. Auch fördert hoheitliche Regulierung ohne Einbezug der direkt Betroffenen eher die Kultur des Misstrauens zwischen Wirtschaft und Staat. Gerade in einem sensiblen Bereich, in dem ein gutes Verständnis der Wirtschaft wichtig wäre, um informiert zu sein und damit auch vernünftig regulieren zu können. Gerade dies soll unterstreichen, dass Regulierungen durchaus sinnvoll sind, dass aber ihre Anwendung sorgfältig überlegt werden muss.

- *Wirtschaftspolitische und finanzielle Instrumente*
  Der Staat kann finanzielle Anreize schaffen, indem er beispielsweise Investitionen des Privatsektors marktkonform unterstützt (z.B. Steuervergünstigungen, Forschungsförderung).[25] Der Vorteil besteht darin, dass dem Privatsektor eine Entscheidungsfreiheit über die Höhe der Sicherheitsinvestitionen belassen wird und für ihn die Regierungskontrolle eher gering ausfällt. Hier liegt aber auch eines der Probleme: Durch diese fehlende staatliche Kontrolle kann nicht gewährleistet werden, dass sich der Privatsektor tatsächlich in der gewünschten Art und Weise verhält. Zudem besteht die Möglichkeit, dass die gesamtgesellschaftlichen Kosten in Bezug auf den Sicherheitsgewinn negativ korrelieren. Wenn nämlich die finanziellen Anreize zu hoch angesetzt sind, wird über das notwendige Ausmaß in Sicherheitslösungen investiert, ohne ei-

24 Jan Joel Andersson und Andreas Malm, „Distribution of Responsibilities and Money in dealing with Societal Security, Public Safety and Emergency Management," Working Paper prepared for presentation at the 6th international expert workshop under the auspices of the Comprehensive Risk Network (CRN), Organized by the Swedish Emergency Management Agency (SEMA), 22-24 April 2004, S. 11.

25 Siehe hierzu auch die Ausführungen von Heiko Borchert und Karina Forster in diesem Band.

nen entsprechenden Mehrwert zu generieren. Fällt der Anreiz jedoch zu gering aus, wird der Privatsektor kaum darauf reagieren und es resultiert eine Unterversorgung an Sicherheit.[26] Zudem lassen sich bezüglich Informationsasymmetrie ähnliche Probleme wie bei gesetzlichen Maßnahmen feststellen. Im schlechtesten Fall gibt also die Regierung Geld aus, ohne wirkliche Kontrolle über deren Verwendung und Wirkung. Im schlechtesten Fall können ökonomische Instrumente ebenfalls zu (a)moralischem Risikoverhalten führen, indem durch Versicherungslösungen und Bankrottregulierungen die Risikoakzeptanz erhöht wird, in der Annahme, dass ein Risikotransfer an den Markt stattgefunden hat, respektive nicht die volle Schadenssumme selber getragen werden muss. Ohne entsprechende Kontrollmöglichkeiten und als alleiniges Instrument scheinen deshalb ökonomische Anreizsysteme nicht geeignet zu sein.

- *Öffentlich-private Zusammenarbeit*
  Angesichts der zuvor beschriebenen Schwierigkeiten bei der Anwendung gesetzgeberischer und wirtschaftlicher Instrumente zur Gewährleistung der notwendigen Sicherheit und Funktionsweise von IKT bietet sich die öffentlich-private Zusammenarbeit oder Public-Private Partnership (PPP) als Konsenslösung an, die sowohl die Bedürfnisse des Staates, der Wirtschaft, aber auch der Gesellschaft abzudecken vermag. Diese Zusammenarbeitsform, um (Sicherheits-)Aufgaben gemeinsam anzugehen, hat eine lange Tradition.[27] Andersson und Malm definieren eine PPP als „voluntary cooperation between public and private actors on a common project“.[28] Tatsächlich vereinigt sich aber unter diesem Konzept eine ganze Reihe verschiedenster Vorstellungen, aber auch Erwartungen. So sind denn auch die Fragen der Transparenz und Haftbarkeit nicht immer ganz einfach zu klären,[29] was insbesondere bei tatsächlichen Großereignissen zu Problemen führen könnte.
  Das Konzept erfreut sich aber einer wachsenden Beliebtheit, unter anderem aus folgenden Gründen: Für den Staat bieten öffentlich-private Partnerschaften die Möglichkeit, den Privatsektor für die Erbringung öffentlicher Leistungen zu gewinnen und gleichzeitig Richtlinien und Standards zu vereinbaren, ohne auf eventuell kontraproduktive gesetzgeberische Maßnahmen zurückzugreifen. Zum anderen ermöglicht es dem Privatsektor, staatliche Sicherheits-

26 Andersson/Malm, „Distribution of Responsibilities and Money in dealing with Societal Security, Public Safety and Emergency Management”, S. 11-12.

27 Perry Davis (ed.), *Public Private Partnerships – Improving Urban Life* (New York: Academy of Political Sciences, 1986).

28 Andersson/Malm, „Distribution of Responsibilities and Money in dealing with Societal Security, Public Safety and Emergency Management”, S. 12.

29 Dan Assaf, „Conceptualizing the use of public-private partnerships as a governing mechanism in critical information infrastructure protection,“ Konferenzpapier anlässlich der Konferenz „Non-State Actors as Standard Setters: The Erosion of the Public-Private Divide”, Basel, 8.-9. Februar 2007, S. 5-8.

vorgaben zu erfüllen, ohne strikten und kostspieligen Regulierungen unterworfen zu sein. Es findet auch eine Tauschbeziehung statt, in welcher der Staat dem Privatsektor Dienstleistungen (z.B. in Form von Informationen über strategischen Bedrohungen gegenüber den Informations- und Kommunikationsinfrastrukturen von KI-Betreibern) anbietet, die dieser nicht auf dem Markt beschaffen kann. Im Gegenzug erhält der Staat spezifische Informationen über die Firmen (Sicherheitslösungen, aber auch -bedürfnisse), die sein weiteres Handeln positiv beeinflussen. Daraus kann eine wirtschaftsfreundliche, vernünftige und informierte Regulierung resultieren, die auch in der Wirtschaft akzeptiert wird und erst noch den Sicherheitsstandard hebt, da sich beide Seiten als Gewinner sehen und auch die Wirtschaft über den Minimalstandard in Sicherheit investiert.

MELANI und SONIA als Anwendungsbeispiele öffentlich-privater Zusammenarbeit in der Schweiz

Das Modell öffentlich-privater Zusammenarbeit ist auch in der Schweiz keine neue Idee, ganz im Gegenteil – diese hat sogar eine lange Tradition. Verankert durch das Milizsystem im Verteidigungswesen und in vielen Teilen der Politik (auf der Bundesebene auch im Parlament), stellt es eine wichtige Stütze der schweizerischen Gesellschaft dar. Es wird auch für die konkrete Krisenbewältigung beispielsweise in der Wirtschaftlichen Landesversorgung praktiziert.[30] Zentral ist die Beschränkung auf die Subsidiarität, d.h. angeboten werden soll, was nur der Staat bieten kann und auf dem freien Markt nicht (mehr) erhältlich ist. Dies können u.a. nachrichtendienstliche Informationen, rechtliche und polizeiliche Unterstützung, insbesondere Strafverfolgung, oder nationale Notfallteams zur Evaluation und Behebung größerer IKT-Störungen (Computer Emergency Response Teams, CERTs) sein. Diese Dienstleistungen soll der Staat der Wirtschaft auf geeignete Art und Weise zur Verfügung stellen, koordinieren und zusammenfassen. Wo die Marktkräfte und Innovation spielen und entsprechend Sicherheit produzieren, ist kein staatlicher Eingriff notwendig.

Diesem pragmatischen Ansatz folgend, stützt sich das Schweizer CIIP-Modell auf vier Säulen:

- *Prävention*
  Durch entsprechende technische, organisatorische und Ausbildungsmaßnahmen wird versucht, größere Vorfälle möglichst zu vermeiden. Eine wichtige Voraussetzung für die Prävention stellt die sektorspezifische Risikoanalyse dar, welche von den jeweiligen KI-Betreibern zusammen mit dem Bundesamt für wirtschaftliche Landesversorgung durchgeführt werden. Eine zentrale Rol-

30 *Strategie der Wirtschaftlichen Landesversorgung* (Bern: Eidgenössisches Volkswirtschaftsdepartement, 2003), S. 16-17.

le auf Bundesebene spielt die seit dem 1. Oktober 2004 operative Melde- und Analysestelle Informationssicherung MELANI.[31] Sie hat die Aufgabe, die Bevölkerung, kleinere und mittlere Unternehmen (KMU) und die KI-Betreiber vor dem Einsatz unsicherer und angriffsanfälliger IK-Technologien zu warnen und auf Sicherheitslücken aufmerksam zu machen. MELANI steht unter der Leitung des Informatikstrategieorgans Bund (ISB)[32] und umfasst zudem eine Sektion aus dem Dienst für Analyse und Prävention (DAP) des Bundesamtes für Polizei sowie das GovCERT.ch, welches ebenfalls Teil des ISB ist. Während sich die Leitung vor allem auf die Prävention und strategische Elemente fokussiert, betreibt der DAP die nachrichtendienstliche Meldestelle. Das GovCERT.ch schließlich stellt den technischen Support zur Verfügung. MELANI arbeitet eng mit den Betreibern kritischer Infrastrukturen aus der Wirtschaft sowie mit öffentlichen und privaten Stellen zusammen. Sie ist auch vertreten in der vom Bundesamt für Bevölkerungsschutz geleiteten Arbeitsgruppe, die im Auftrag des Schweizer Bundesrats die Arbeiten an einer nationalen Strategie zum Schutz Kritischer Infrastrukturen koordiniert.

- *Früherkennung*
  Der Übergang zwischen Prävention und Frühwarnung ist mitunter fließend und häufig nur eine Frage der Zeit, die noch verbleibt, um Maßnahmen einzuleiten. Dazu sammelt MELANI zum einen Informationen (aus öffentlichen und nachrichtendienstlichen Quellen) über tatsächlich eingetretene Vorfälle, analysiert und bereitet diese u.a. auch in Form von halbjährlichen öffentlich zugänglichen Lageberichten auf.[33] Ergeben sich aus den Analysen konkrete Hinweise auf bevorstehende Attacken (z.B. Industriespionage mittels individualisierten Trojanischen Pferden oder Angriffe auf E-Banking-Anwendungen), so werden die potentiell Betroffenen gewarnt und nach Möglichkeit mit konkreten Hinweisen versorgt, wie sich die Angriffe abwehren lassen. Nicht selten erarbeitet MELANI die Maßnahmen in Zusammenarbeit mit Firmen, die bereits Opfer entsprechender Attacken geworden sind. Voraussetzung für den raschen Informationsfluss sowie für den Austausch von vertraulichen Informationen sind Prozesse und „Spielregeln“, welche u.a. in einer Vertraulichkeitsvereinbarung (Non-Disclosure Agreement, NDA) zwischen MELANI und den Betreibern kritischer Infrastrukturen festgehalten und für beide Parteien verbindlich sind. Bis heute[34] haben ca. 80 Firmen, welche für die Schweiz kritische Informationsinfrastrukturen betreiben, ein NDA mit MELANI unterzeichnet.

31 <http://www.melani.admin.ch/org/index.html?lang=de> (Zugriff: 23. April 2008).
32 <http://www.isb.admin.ch/> (Zugriff: 23. April 2008).
33 <http://www.melani.admin.ch/dokumentation> (Zugriff: 23. April 2008).
34 Stand April 2008.

- *Krisenmanagement*
  Für den Fall von länger andauernden Störungen in der Informations- und Kommunikationsinfrastruktur, welche sich auf das Funktionieren der kritischen Infrastrukturen auswirken, ist die Einberufung des Sonderstabs Informationssicherung (Sonderstab Information Assurance, SONIA) vorgesehen. SONIA setzt sich aus Vertretern der Bundesverwaltung sowie erfahrenen Repräsentanten aus den kritischen Infrastrukturen zusammen. In einer Krisensituation stellt SONIA sicher, dass die Auswirkungen der Störungen möglichst begrenzt und die Funktionstüchtigkeit der betroffenen kritischen Infrastruktur rasch wieder hergestellt werden können. Die operative Aufgabe selbst kann nur durch den betroffenen Sektor (mit Unterstützung von MELANI) wahrgenommen werden. Zentral ist allerdings angesichts der großen gegenseitigen Abhängigkeit, dass die Entscheidungsvorbereitung in Absprache mit den übrigen Sektoren erfolgt. Dazu berät SONIA den Bundesrat und die Wirtschaft in Krisenzeiten und funktioniert als Bindeglied zwischen Wirtschaft und Verwaltung. SONIA unterstützt die Entscheidungsträger (Bundesrat, Wirtschaftsführungen) in ihren Aufgaben, tritt aber nie an deren Stelle. Die Vertreter der Wirtschaft werden aus der Kaderorganisation des Bereichs IKT-Infrastrukturen der Wirtschaftlichen Landesversorgung rekrutiert.[35]

- *Technische Problembehebung*
  Bei erheblichen Störungen der kritischen Informationsinfrastruktur müssen die technischen Ursachen so rasch als möglich eruiert, analysiert und behoben werden. Auch diese Aufgabe wird partnerschaftlich gelöst, wobei MELANI die operative Führung inne hat und von Partnern von öffentlicher und privater Seite unterstützt wird.

Das Vier-Säulen-Modell hat sich weitgehend bewährt und stellt auch ein Vorbild für eine generische Grundlage zur Erarbeitung von nationalen CIIP-Maßnahmen dar.[36] Der Ausbau eines umfassenden Krisenmanagement- und Schutzsystems für kritische Informations- und Kommunikationsinfrastrukturen kann nur in enger Partnerschaft zwischen dem öffentlichen und privaten Sektor realisiert werden. Das schweizerische Milizsystem, in dem der Informationsaustausch und die Zusammenarbeit zwischen Politik, Verwaltung und Wirtschaft seit langem gepflegt werden, stellt diesbezüglich sicherlich einen Vorteil dar.[37]

35 <http://www.isb.admin.ch/themen/sicherheit/00152/00176/index.html?lang=de> (Zugriff: 23. April 2008).

36 Manuel Suter, „A Generic National Framework For Critical Information Infrastructure Protection (CIIP),“ *Meeting Background Paper*, International Telecommunication Union (ITU), August 2007.

37 Isabelle Abele-Wigert, „Schutz kritischer Informationsinfrastrukturen – Aufgabe des Staates oder der Wirtschaft?“, *Die Volkswirtschaft – Das Magazin für Wirtschaftspolitik*, 11-2005, S. 33-35, insb. S. 35.

Um die Partnerschaft allerdings auch längerfristig zu sichern, muss die Zusammenarbeit für alle Beteiligten einen Mehrwert bieten, wie folgende Beispiele verdeutlichen:

- Die vom Bundesamt für wirtschaftliche Landesversorgung gemeinsam mit der Telekommunikationsbranche erarbeitete Risikoanalyse führte zu freiwilligen Maßnahmen (wie Branchenvereinbarungen) sowie zu Absprachen zwischen den Sektoren Telekommunikation und Energie. Der Staat konnte auf eine Regulierung verzichten, die Branche ihre Ausfallsicherheit erhöhen und die daran beteiligten Firmen damit ihre ureigensten Geschäftsinteressen sichern.
- Die gute Zusammenarbeit zwischen MELANI und den Banken trug mehrmals zur raschen Eindämmung von Angriffen auf das E-Banking bei. Auf Intervention des Bundesamts für Polizei konnten Server, von denen aus Schadsoftware auf die PCs von Bankkunden heruntergeladen wurden, vom Internet getrennt werden. Die rasche Information der Bevölkerung zur Vorgehensweise der Täterschaft sowohl über MELANIs Web-Seite als auch über die Medien hat zahlreiche Angriffe vereitelt.
- Verschiedene Versuche der Wirtschaftsspionage konnten durch rechtzeitiges Unterrichten der Firmen über die Art und Weise des Vorgehens der Täterschaft verhindert werden. Auch dies geschah zum unmittelbaren Vorteil der potentiellen Opfer, zum mittelbaren Nutzen der Volkswirtschaft und damit letztlich (beispielsweise durch die Steuereinnahmen) auch des Staats. So gesehen kann sich die Investition in „Sicherheit" für den Staat letztlich auch finanziell ausbezahlen.

Schlussfolgerungen

Bedrohungen auf die kritischen Informations- und Kommunikationsinfrastrukturen sind heute vielfältig und scheinen durch die zunehmende Komplexität der Systeme, Verflechtung zwischen verschiedenen kritischen Infrastrukturen, das sich wandelnde allgemeine Bedrohungsspektrum und transnationale Prozesse, weiter zuzunehmen. Bis anhin ist es in allen drei Hauptbedrohungskategorien (Naturgefahren, menschliches oder technisches Versagen, kriminelle Handlungen) zu tatsächlichen Ereignissen gekommen – bis auf Angriffe mit offensichtlichem terroristischen Hintergrund. Inwiefern es bloß eine Frage der Zeit ist, bis sich auch Terroristen der IKT bedienen, um Cyber-Attacken durchzuführen, kann nicht abschließend beurteilt werden. Es ist aber angezeigt, sich auch auf solche Angriffe einzustellen. Prinzipiell dürften sich diese aber nicht von kriminellen Handlungen unterscheiden – erfolgt jedoch nicht primär aus finanziellen (in Form von Gelderpressung), sondern politischen Überlegungen (Provokation von Verunsicherung).

Unabhängig vom Bedrohungsszenario ist es notwendig, dass es zu einer engen öffentlich-privaten Zusammenarbeit mit regelmäßigen Treffen und Informationsaustausch kommt, um für Krisensituation das notwendige Vertrauen zu schaffen und die entsprechenden „Köpfe zu kennen". Öffentlich-private Partnerschaften scheinen denn auch anderen Formen staatlicher Aktivitäten überlegen zu sein. Es ist aber darauf zu achten, dass das bloße PPP-Etikett nicht zwingend ein Garant für ein funktionierendes Abwehr- und Bewältigungsdispositiv für IKT-Bedrohung bzw. -Vorfälle darstellt. Auch hier ist es wichtig, dass Verantwortlichkeiten und gegenseitige Erwartungen in der „normalen" Lage geklärt und geregelt sind. Es kann auch durch gewisse gesetzgeberische Maßnahmen und finanzielle Anreize ergänzt, nicht aber ersetzt werden. Schließlich dürfte es aber auch einen „Schutzbereich" staatlicher Sicherheitsinteressen geben, in denen der private Sektor nur beschränkt oder in ausgewählten Fällen als Anbieter auftreten kann. Dies gilt insbesondere im Umgang mit geheimen Informationen und Verschlüsselungstechnologien sowie bei ausländischen Beteiligungen.

In der Schweiz stellen MELANI, SONIA und die wirtschaftliche Landesversorgung zweckmäßige PPP-Systeme dar, welche auch als Modelle für andere Staaten und kritische Infrastruktursektoren dienen könnten. Diese ersetzt aber eine umfassende nationale Strategie zum Schutz Kritischer Infrastrukturen nicht, die in der Schweiz zurzeit erarbeitet wird, und die auch international abgestimmt ist.

Außer Betrieb: Sicherheit der kritischen Transportinfrastruktur an den Beispielen Hafen und Flughafen

Johannes Prinz

Der Transport von Personen und Gütern und die dafür erforderlichen Infrastrukturen sind vitale Elemente menschlichen Zusammenlebens. Sie bilden das Fundament moderner arbeitsteiliger Gemeinschaften. Diese zentrale Bedeutung von Transport und Transportinfrastrukturen vermitteln auch die Grundrechte der Europäischen Gemeinschaft, in denen Warenverkehrsfreiheit[1] und Personenverkehrsfreiheit[2] neben der Freiheit des immateriellen Dienstleistungs- und Kapitalverkehr Eckpfeiler des Gemeinschaftsvertrages bilden. Dementsprechend sensibel reagieren sowohl die Gesellschaft als Ganzes aber auch Individuen dieser Gesellschaft auf Störungen der Transportinfrastruktur. Die Sicherung von Einrichtungen, die den Transfer von Personen und Gütern ermöglichen, zählen damit zu den wichtigsten Maßnahmen einer umfassenden Sicherheitspolitik.

Die überragende Bedeutung des Transports zeigt sich auch in einer hohen Sensibilität der Öffentlichkeit gegenüber Krisen in diesem Bereich. Im Zuge der weltweiten Ausbreitung der SARS-Erreger ist der internationale Personenverkehr in der Luftfahrt gegenüber den Vergleichszeiträumen im Jahr davor um 9,5 % gesunken.[3] Ereignissen wie die Anschläge auf New York und Washington, D.C. im September 2001 oder der SARS-Ausbruch im Jahr 2003 generieren nachhaltige Einbußen, deren Überwindung oftmals mehrere Jahre in Anspruch nimmt. Interessant dabei ist, dass unterschiedliche Transporttechnologien im Bezug auf Risiko und Gefährdung unterschiedlich wahrgenommen werden. Dem Luftfahrtbereich wird in der öffentlichen Wahrnehmung ein höheres Risiko zugesprochen als etwa der Bahn oder der Schifffahrt.

Transportsysteme allgemein

Es sind im Wesentlichen zwei Topologien in denen Personen und Güter transportiert werden. Zum einen ermöglichen etwa Straßensysteme die freie und individuelle Bewegung von Gütern und Personen auf einer nahezu Peer-to-Peer-Basis. Jedes bewegte Gut kann direkt vom Ursprung zu Ziel kommen, ohne dabei in speziellen Infrastrukturelementen eine Akkumulierung zu erfahren. Demgegenüber basieren

1 Art. 23-31 Vertrag zur Gründung der Europäischen Gemeinschaft.

2 Art. 39-48 Vertrag zur Gründung der Europäischen Gemeinschaft.

3 Bert Essenberg, *Civil Aviation: The Worst Crisis Ever?,* Sectoral Working Paper No. 203 (Geneva: International Labor Office, 2003). <http://www.ilo.org/public/english/dialogue/sector/papers/transport/wp203.pdf> (Zugriff: 26. Februar 2008).

Bahn, Luftfahrt und Schifffahrt auf Strukturen mit einer Vielzahl von expliziten Knotenpunkten, die eine Anhäufung von Personen und Gütern generieren. Während in einer Peer-to-Peer-Topologie Einschränkungen in der Verfügbarkeit einer Teilkomponente in der Regel aufgrund der geringen Menge an Gütern und Personen in einem eingeschränkten Zeitraum nur lokale Störungen verursachen und dadurch auch die Wahrscheinlichkeit auf signifikante Auswirkungen auf das Gesamtsystem relativ gering sind bzw. innerhalb kurzer Zeit kompensiert werden können, haben Einschränkungen an Knotenpunkten einer Hub-basierten Topologie unmittelbare Konsequenzen auf das Gesamtsystem.[4]

Aus sicherheitstechnischer Sicht weisen Strukturen mit Knotenpunkten ein höheres Risiko für einen bedeutenden Schaden auf, als Strukturen die ohne Akkumulationspunkte auskommen. Bahn, Luftfahrt und Schifffahrt sind heute auf diese Topologie angewiesen. Störungen an deren Knotenpunkte (Flughäfen, Seehäfen oder Bahnhöfen) haben einen enormen Hebel bei der Schadenspotenzierung.

Es sind dabei nicht nur die großen Mengen an Personen und Gütern, die unmittelbar zu Schaden kommen können, sondern auch die Folgewirkungen, die eine wichtige Rolle spielen. Der von der Federal Aviation Authority (FAA) am 11. September 2001 verhängte Ground Stop in unmittelbarer Folge der Ereignisse in New York und Washington DC, bei dem alle zivilen Luftbewegungen über dem US-Gebiet eingestellt wurden, bedeutete einen immensen volkswirtschaftlichen Schaden, indem dadurch ein signifikanter Teil des Personen- und Güterverkehrs in den USA vollständig zum Erliegen kam.[5] Aber auch der Gesamtschaden im öffentlichen Personennahverkehr, den die Anschläge in London und Madrid verursachten, resultierte zum überwiegenden Teil aus den Konsequenzen und Folgewirkungen der Unterbrechung der Verkehrsströme, die durch die Attentate ausgelöst wurden. Der unmittelbare Schaden direkt an der Störungsstelle ist oft gering verglichen mit der Weitläufigkeit der Auswirkungen.

Überall, wo zentrale Knotenpunkte eine bedeutende Rolle spielen, stellen sie auch ein entsprechendes Sicherheitsproblem dar. Im Folgenden sollen zwei Bereiche beispielhaft untersucht werden. Zum einen der Seehafen und zum anderen der Flughafen.

4 Eine analoge Situation findet sich im Bereich der Kommunikationsinfrastrukturen, wo mit der Technologie TCP/IP auf der Datentransportebene Peer-to-Peer-Verbindungen grundsätzlich ermöglicht werden, um damit die Gesamtverfügbarkeit bzw. Systemverletzlichkeit zu reduzieren.

5 Robert Looney, „Economic Costs to the United States Stemming From the 9/11 Attacks“, *Strategic Insights*, 1:6 (August 2002), <http://www.ccc.nps.navy.mil/si/aug02/homeland.asp> (Zugriff: 26. Februar 2008).

Begriffsbestimmung Sicherheit

Transportinfrastrukturen stellen eine Klasse von Sicherheitsproblemen dar, in der den englischen Bezeichnungen folgend endogene Risiken (Safety) und exogene Risiken (Security) zu differenzieren und zu betrachten sind.[6]

Endogene Risiken entstehen in erster Linie dadurch, dass Transportinfrastrukturen auf technischem Gerät bzw. Prozessen beruhen, die aufgrund vielfältiger Einflüsse beginnend von Designfehlern über Implementierungsfehlern bis hin zu Langzeiteffekten wie Materialermüdung seine Funktion ungünstig verändern bzw. ganz einstellen kann. Die daraus resultierenden Konsequenzen können Auswirkung auf die Unversehrtheit der Menschen und Güter haben, die das Transportsystem nutzen und sich im unmittelbaren Wirkungsbereich des Transportsystems befinden.

Zur Risikominimierung im Bereich endogener Risiken hat sich schon beginnend mit den technischen Entwicklungen und den daraus resultierenden, potenziellen Gefährdungen der industriellen Revolution vor über 200 Jahren Safety als wesentlicher Aspekt für das Design sowohl für die Zulassung von technischem Gerät aber auch für Gestaltung von Arbeits- und Organisationsprozessen entwickelt. Die Maßnahmen zur Reduktion dieses Risikos liegen im System selbst und werden durch Vorgaben an Design und Implementierung realisiert.

Demgegenüber stehen Risiken, die aus exogenen Störungen resultieren, die sowohl von Menschen induziert oder aber auch durch Veränderung in der Umwelt herbeigeführt werden. Diese Risiken werden im Englischen unter dem Begriff Security zusammengefasst. Wenn man von Sicherheit im Zusammenhang mit kritischer Infrastruktur spricht, ist es in der Regel die Analyse und Minimierung von Störungen, die durch externe Quellen entstehen können, gemeint. Die Maßnahmen zur Reduktion dieser Risikoklasse zielen sowohl darauf ab, potenzielle Störer nicht in Interaktion mit dem System kommen zu lassen, d.h. die Objekte aus dem potenziellen Wirkungsbereich von Störern herauszuhalten, indem man durch Hindernisse unterschiedlichster Art versucht, die Störer weiter als ihr möglicher Wirkungsbereich von den zu schützenden Objekten in allen Dimensionen[7] fern zu halten, als auch zusätzliche Objekthärtungen vorzunehmen, die der intendierten Wirkung wiederstehen.

Interessant dabei ist, dass die isolierte Optimierung von Safety und Security auch zu gegenseitigen Behinderungen und Einschränkungen führen kann. Gelegentlich werden durch Maßnahmen, die die Safety erhöhen, Security-Probleme generiert und umgekehrt. Ein Beispiel aus dem Flugbetrieb ist ein Verfahren zur Erhöhung der

6 Safety und Security stellen keine absolut klar abgrenzbaren Teile einer übergeordneten Sicherheitsvorstellung dar, sondern sind in Teilbereichen überlappend. In der Literatur findet sich mittlerweile häufig das Modell, welches Safety als integralen Bestandteil einer umfassenden Security darstellt.

7 Mittlerweile spielt nicht mehr nur die räumlich Entfernung eine Rolle, Wirkungen im IKT Bereich sind keine geografischen Grenzen gesetzt.

Qualität der Luftlageinformation. Das Verfahren ADS-B[8] kehrt das heute gültige Surveillance Paradigma insofern um, als die Daten zur Luftlage im Flugzeug generiert und dem Lageinformationssystem zur Verfügung gestellt werden und nicht am Boden durch die Auswertung von Radarinformation. Flugzeuge senden periodisch die selbst ermittelten Positionsdaten. Diese Umkehr von einem initial rein passiven Verfahren ohne Involvierung des Flugzeuges auf ein aktives hat mehrere Implikationen:[9]

- Die Luftlage wird genauer, da die Navigationsinstrumente im Flieger sehr exakt arbeiten und man mit diesen exakten Daten arbeiten kann.
- Die Luftlage wird transparenter, da nun auch alle anderen Flugzeuge die gleiche Lageinformation unmittelbar im Cockpit haben

Diese beiden Punkte sind die wesentlichen Safety-Argumente, die neben den günstigen Kosten für den Einsatz dieser Technologie sprechen. Das Gefahrenpotenzial aus dem System heraus wird dadurch nicht nur geringer, sondern es steigt auch die Systemkapazität, da nun prinzipiell auch „näher" geflogen werden könnte.

Demgegenüber gibt es zwei wesentliche Gefahrenmomente:

- Das System ist zwingend kooperativ („dependent"); jeder Teilnehmer muss sicherstellen, dass er Daten sendet und dass es die richtigen Daten sind. Flugzeuge, die diese Einrichtung außer Betrieb nehmen, sind mit Hilfe der ADS-B Technologie lagemäßig nicht mehr erfassbar.
- Potenzielle Angreifer können den kontinuierlichen Datenstrom, der von Flugzeugen ausgeht, nutzen und zur Steuerung von Kampfmittel verwenden.

Diese Überlegungen verdeutlichen, dass die aus der Security-Perspektive eingeforderten Maßnahmen die Systemkomplexität zusätzlich steigern können. Steigende Komplexitäten werden aber aus der Sicht der Safety als risikosteigernd beurteilt. Wichtig erscheint daher, dass bei der Optimierung von Safety und Security letztlich die eigentliche Zielsetzung nicht aus den Augen verloren und die Wechselwirkungen zwischen beiden Anforderungsdimensionen entsprechend berücksichtigt werden.

8 ADS-B steht für Automatic Dependent Surveillance – Broadcast. Dieses Prinzip wird in der Flugführung noch diskutiert, ist aber im maritimen Bereich als AIS-System weltweit standardisiert im Einsatz.

9 Die Luftlage mittels Radartechnologie erfolgt in zwei Ebenen: Das sogenannte Sekundärradar basiert darauf, dass ein Fluggerät, das von einem Radarstrahl getroffen wird, aktiv einen Code zurück schickt. Diese Aufgabe hat der Transponder. Am 11.September 2001 hat die Manipulation dieser Transponder während der Flüge dazu geführt, dass die angreifenden Flugzeuge für die amerikanische Flugaufsicht verschwunden waren beziehungsweise unter anderer Identität wieder aufgetaucht sind. Zur Minimierung des Risikos, dass die Kooperation von Seiten des Flugzeuges nicht immer gegeben ist, gibt es das sogenannte Primärradar, das rein passiv auf Basis der empfangenen Reflexionen ein Luftbild ermittelt. Aufgrund physikalischer Grenzen kann dieses Verfahren keine vergleichbar exakten Informationen über Ort, Geschwindigkeit oder Richtung liefern, wie es ADS-B kann.

Sicherheitsrisiken im Bereich von Häfen und Flughäfen

Sowohl für Flughäfen und Schifffahrtshäfen gilt, dass Sicherheit in zumindest drei unterschiedlichen Bereichen betrachtet werden muss: dem Schutz der Infrastruktur und der Flüge sowie der Schiffspassage sowie der Schutz vor der Verbreitung von Krankheiten.

Zuerst ist die Infrastruktur selbst mit ihren Einrichtungen das Objekt potenzieller Störungen. Untersuchungen zur Risikominimierung fokussieren auf Probleme und Fragestellungen, wie sie generell im Objektschutz zur Anwendung kommen. Charakteristisch für diesen speziellen Typus von Infrastruktur sind:

- *Räumliche Ausdehnungen*
  Flughäfen und Schifffahrtshäfen fallen besonders durch ihre flächenmäßige Verteilung auf. Kritische Infrastrukturelemente erstrecken sich nicht selten über viele Quadratkilometer. Während Flughäfen noch vergleichsweise klar flächenmäßig begrenzt sind und dadurch auch eingegrenzt werden können, stellt bei Schifffahrtshäfen der wasserseitige Zugangsbereich mit den eingebundenen Küstenstreifen eine eigene Qualität dar.

- *Zutrittsberechtigungen*
  Die Zahl unterschiedlicher Organisationen und Personen, die aufgrund ihrer Rolle und Funktion Zutrittsberechtigungen haben bzw. haben müssen, ist groß. Sowohl Flughäfen als auch Schifffahrtshäfen haben sich in den letzten Jahrzehnten auch zu Geschäftszentren entwickelt, sodass nicht mehr nur Personal, das unmittelbar mit der Abwicklung des Flug- oder Schiffsverkehrs erforderlich ist, sondern eine Vielzahl anderer Personen Zutritt zu Infrastrukturelementen hat.

Der zweite Aspekt von Sicherheit ist der Schutz der Flüge und der Schiffspassage selbst. Während eines Fluges oder einer Schiffspassage treten praktisch keine „neuen" Sicherheitsrisiken auf. Mit Ausnahme von „nachgeführten" Bedrohungen in Form von anderen Flugobjekten oder Schiffen, wird das gesamte Bedrohungspotenzial, das einen Flug oder eine Schiffspassage trifft, vom Flug- bzw. Schifffahrtshafen weg „mitgenommen". Gefahrenstoffe und gefährliches Gerät müssen an Bord gebracht werden, um Wirkung entfalten zu können und das passiert ausnahmslos am Flug- bzw. Schifffahrtshafen. In der Auseinandersetzung mit diesem Thema ist man mit zwei Bereichen konfrontiert:

- *Personen*
  Neben den expliziten Gefahrenstoffen stellt der Mensch mit seinem destruktiven Potenzial ein nur begrenzt handhabbares Risiko dar. Die Gefahr geht ja in der Regel nicht von Geräten selbst aus, sondern von der Intention der Benutzer. Die Frage nach der Identifikation von Personen mit destruktiven Intentionen ist eines der Schlüsselprobleme im Bereich Flugsicherheit aber auch der Schifffahrt.

- *Gefahrenstoffe*
  Die Identifikation und Eliminierung von Gefahrenstoffen ist die für jedermann offensichtliche Form der Sicherheitsmaßnahmen. Die Herausforderung in diesem Bereich ist die Vollständigkeit der Kontrollen in möglichst kurzer Zeit.

Den dritten sicherheitsrelevanten Aspekt, der besonders bei Flug- und Schifffahrtshäfen zum Tragen kommt, da diese Infrastrukturen die zentralen Knoten des globalen Austausches und Verkehrs sind, bildet der Schutz vor der Verbreitung von Krankheiten. Aus ökologischer Sicht kann man diesen Gedanken auch auf die Verbreitung von Organismen aller Art verallgemeinern, denn nicht nur Krankheiten stellen für (Nutz-)Tiere und Menschen eine Bedrohung dar. Flug- und Schifffahrtsverkehr tragen vielmehr ganz allgemein dazu bei, dass invasive Tier- und Pflanzenarten über den Globus verbreitet werden. Im Zentrum der Betrachtung stehen aber heute nach wie vor Krankheiten, die durch Reisende verbreitet werden und dadurch pandemische Ausmaße annehmen können.

Maßnahmen im Bereich der Verbreitung biologischer Substanzen sind heute in der Regel reaktiv bzw. auf Stichproben angewiesen. Das größte Problem scheint dabei die Tatsache zu sein, dass die Verbreitung ganz selten bewusst oder vorsätzlich passiert. Die betroffenen Personen sind sich in der Regel des Vorgangs nicht bewusst. Maßnahmen sind daher nur dann zielgerichtet, wenn eine Bedrohung bereits akut geworden ist, wie etwa im Fall des SARS-Erregers oder der Maul- und Klauenseuche. Dann können Desinfektions-, Verbots- bzw. Karantänemaßnahmen getroffen werden. Ansonsten wird auf die Gefährdung im öffentlichen Raum hingewiesen und versucht, das Bewusstsein der Reisenden vor verschiedene Risiken zu schärfen. In wenigen exponierten Ländern, wie etwa Australien, wo das Bewusstsein für das Risiko, das mit der Einfuhr biologischer Stoffe verbunden ist, sehr hoch ist, wird bei der Einreise versucht, Klarheit über das reale Risiko zu gewinnen.[10]

Da zur Reduktion des Risikos, Gefahrenstoffe an Bord zu nehmen, Personen, Gepäck und allgemeine Fracht untersucht werden, ergeben sich neben dem Reagieren auf unmittelbare Bedrohungen auch die Chance, Warenströme zu detektieren, die den Interessen der internationalen Gemeinschaft aber auch nationalen Interessen entgegenstehen (z.B. Drogen, Waffen).

Organisation und Kommunikation

Charakteristisch für Flughäfen und Schifffahrtshäfen ist die Vielzahl unterschiedlicher Akteure, die unmittelbar auf dem Gelände der Infrastruktur agieren. Neben Personen, die direkt den Infrastrukturbetreiberorganisationen zuzuordnen sind, sind die-

10 Ein Beispiel ist der berühmte Blick auf die Sohlen der Turnschuhe bei der Einreise in Australien, um sicherzustellen, dass keine fremde Erde in Australien importiert wird. Auch die Frage nach Aufenthalten in landwirtschaftlichen Einrichtungen etwa bei der Einreise in die USA zielen darauf ab, Risikosituationen möglichst rasch zu erfassen.

jenigen Personen zu beachten, die für Organisationen arbeiten, an die der Betreiber Teilaufgaben ausgelagert hat. Sie gehören nur mittelbar zur Betreiberorganisation. Hinzu kommen noch Organisationen, die aufgrund von Regularien bestimmte, in der Regel sicherheitsrelevante Funktionen wahrnehmen. Am Beispiel Flughafen können folgende Klassen von Organisationen identifiziert werden, die analog auch für den Bereich Schifffahrtshafen gelten:

- Flughafenbetreiber: Die Flughafenorganisation, die die Verantwortung für die Gesamtinfrastruktur hat
- Primäre Nutzer: Fluglinien sind für den Betrieb ihre Fluggeräte verantwortlich und unterhalten auch eigene Infrastrukturelemente am Flughafen
- Ausgelagerte Funktionen des Flughafenbetreiber bzw. primären Nutzers: Ground Handling, Reinigungsfirmen, Betankungsfirmen
- Hoheitliche Organisationen: Lokale Exekutive, Zoll, Flugsicherung (Küstenwache)
- Sekundäre Nutzer: Organisationen und Unternehmungen, die eigene Geschäfte am Flughafen unterhalten
- Zubringer: Taxi, Bahn, Mietwagen, Bus
- Passagiere

Um diese Vielzahl von Personen sicher zu bedienen, sind sehr klare Sicherheitsbereiche zu definieren und zu bearbeiten. Diese Sicherheitsbereiche müssen sich an den drei zuvor diskutierten Aufgabenstellungen orientieren. An dieser Stelle müssen Sicherheitsorganisation und operative Prozessorganisation harmonisiert werden. Die Vielzahl der handelnden Personengruppen erhöht die Komplexität des Problems, da jede Gruppe sowohl intern eigene Arbeitsabläufe entwickelt als auch zwischen den Gruppen Interaktionen vorgesehen sind, die derart gestaltet werden müssen, dass sie den Sicherheitsanforderungen aller und den Effizienzansprüchen der einzelnen Organisation genügen.

Unabhängig von den durch Sicherheitsvorgaben eingeschränkten Interaktionen, ist der Informationsaustausch zwischen den Organisationen selbst im operationellen Bereich an sich nur suboptimal gegeben. Im Bereich Flughafen wird in Europa mit der Initiative CDM (Collaborative Decision Making) versucht, technische und organisatorische Rahmenbedingungen zu entwickeln, die zwischen Flugzeugbetreiber, Flugsicherung, Ground Handling und Flughafenbetreiber einen besseren Informationsaustausch sicherstellen sollen.[11] Dieser Austausch von Informationen ist dabei oft weniger durch Kommunikationsmöglichkeiten begrenzt. Typischerweise ist es technisch kein Problem die Datennetze der einzelnen Organisationen zu verbinden. Es stellen sich aber zwei Herausforderungen:

11 *Airport CDM Application Guide* (Brussels: Eurocontrol, 2003), <http://www.eurocontrol.int/airports/gallery/content/public/pdf/cdm_guide.pdf> (Zugriff: 28. Februar 2008).

- *Semantische Standardisierung*
  Der Austausch von Daten bzw. die Möglichkeit Daten auszutauschen verliert an Bedeutung, wenn die zugrunde liegende Information nicht verstanden wird, da die Organisation, von der die Daten stammen, eigene begriffliche Zuordnungen trifft. Die Notwendigkeit nicht nur auf kommunikationstechnischer Ebene, sondern auch begrifflicher Ebene Interoperabilität herzustellen, ist eine vergleichsweise junge Erkenntnis.

- *Zugriff auf Daten*
  Hierbei ist zwischen Zugriffs- und Nutzungsrecht zu unterscheiden. Das Zugriffsrecht wird von jener Organisation verwaltet, die Informationen anbieten kann. Nicht jede Organisation erlaubt Zugriff auf alle Daten. Zum einen möchte man gerade in einem kompetitiven Umfeld sicherstellen, dass Mitwettbewerber aufgrund der verfügbaren Informationen keine Wettbewerbsvorteile erzielen können. Diese Frage stellt sich auch speziell in der Zusammenarbeit von Sicherheitsorganisationen. Der Zugriff auf Bürgerdaten, wenn auch zum Zwecke der Sicherheit, ist ein hochgradig sensibler Bereich. Das Nutzungsrecht ist eine Frage für den Empfänger von Information. Oft zwingen rechtliche Rahmenbedingungen Organisationen zu bestimmten Themen eigene Informationsquellen zu unterhalten, weil sie den angebotenen extern verfügbaren Daten nicht trauen dürfen.

Die angeführten Herausforderungen existieren für den Sicherheitsbereich noch deutlicher, als die zugrunde liegende Information in ihrer Qualität und Beschaffenheit schon heikler ist. Sicherheitsinformationen sind immer irgendwo Informationen über persönliche Belange und damit auch Thema für den Datenschutz. Aber auch für den Informationsaustausch im Sicherheitsbereich gilt, dass die Standardisierung und Harmonisierung der Datenkommunikation soweit fortgeschritten ist, dass die Verbindung der Informationsflüsse einzelner Organisationen kein Problem darstellt.

Auch der Zusammenschluss taktischer einsatzführender Kommunikation ist durch Technologien wie TETRA weitestgehend technisch gelöst, wodurch Einsatzkräfte unterschiedlicher Organisationen auf die gleiche Führungsdaten am Funk zugreifen können. Aber auch hier gilt, dass das Interoperabilitätsproblem zunehmend in der fehlenden Bedeutungsklarheit der transportierten Daten liegt. Durch Fokussieren auf das technische Problem des Datenaustausches wurde diesem Phänomen des begrifflichen Abgleichs kaum Bedeutung beigemessen. In dem Maße, in dem sich die Probleme auf der Transportebene lösen, werden die Herausforderungen auf der inhaltlichen Ebene transparent.

Die wesentlichen Aspekte sind heute zum einen die Standardisierung auf semantischer Ebene, das Festlegen einheitlicher Ontologien für bestimmte Einsatzfälle, um so nicht nur vor einem Berg von Daten zu sitzen, sondern auch qualitativ relevante Information zugänglich zu haben. Parallel zum Prozess Information verfügbar zu machen, zum anderen muss der rechtlich-regulative Rahmen entwickelt werden, der definiert unter welchen Spielregeln Informationen weitergegeben und benutzt werden.

Informationsaustausch für Lagedarstellungen

Am deutlichsten treten die beschriebenen Kommunikationsherausforderungen am Beispiel der integrierten Lage zutage. Jede Organisation innerhalb großer Infrastrukturen wie Flug- und Schifffahrtshäfen hat aufgrund eigener Beobachtungen auch ein eigenes Bild der Lage. Diese Beobachtungen können sich aufgrund spezifischer Sensorik ergeben, die der Organisation zu Verfügung steht, sie kann sich aber auch aus einer unmittelbaren Erfahrung bilden; ein Mitarbeiter etwa, der im Kontakt mit einem Reisenden Auffälligkeiten wahrnimmt.

Die Verbindung dieser unterschiedlichen Teilaspekte einer Gesamtlage unterliegt den zuvor beschriebenen Herausforderungen. Auf der kommunikationstechnischen Ebene ist das Zusammenführen der Basisdaten kein fundamentales Problem mehr. Viel mehr Probleme bereitet die Interpretation der verfügbaren Daten bzw. deren korrekte Zuordnung. Oftmals ist man auch mit Situationen konfrontiert, in der sich eine Gesamtlage aus mit unterschiedlichen Geschwindigkeiten laufenden Teilprozessen in verschiedenen Organisationen zusammensetzt.

Als Beispiel kann hier ein Passagier mit Gepäck dienen. Beide, der Passagier und das Gepäck, werden sicherheitstechnisch auf unterschiedlichen Wegen mit unterschiedlichem Tempo überprüft. Erst das Zusammenführen beider Informationen generiert das Sicherheitsprofil des Passagiers, das zum Zeitpunkt des Boardings erforderlich ist. Um dies sicherzustellen, bedarf es allen Prozessen übergeordnete Modelle der Information, damit eine eindeutige semantische korrekte Verwendung möglich ist.

Eine gemeinsame Ontologie (Wissensrepräsentation) oder aber auch lokale Ontologien mit dem Potenzial der Übersetzung erscheinen gerade im Bereich der Kooperation unterschiedlichster Organisationen von zentraler Bedeutung zu sein. Enterprise Application Integration (EAI)-Technologie wurde gegen Ende des 20. Jahrhunderts beginnend innerhalb einzelner Organisation/Unternehmen eingesetzt, um zu einer konsistenteren Daten- und Informationsbasis zu kommen.[12] Hier wurde klar erkannt, dass man Information auf semantischer Ebene modellieren muss, bevor man sich die Integration zum Ziel nehmen kann. Auch die Dynamiken rund um den Begriff Semantic Web[13] adressieren das Problem, dass das reine Datum nicht hinreichend ist, sondern es in begriffliche Zusatzinformation eingebettet sein muss, um Operationen auf Informationsebene wie Suchen oder Vergleichen zu ermöglichen.

In Multiorganisationsumwelten ist diese Modellierung der Informationsbestände eine wesentliche Voraussetzung, um Informationen unterschiedlicher Quellen effektiv gemeinsam und integriert zu nutzen. Für die Lagedarstellungen bedeutet das, dass es eine Ontologie geben muss, in der die unterschiedlichen durch sensorische

12 Julie Gable, „Enterprise Application Integration“, *Information Management Journal,* 36:2 (March/April 2002), S. 21-25.

13 Im Internet verfügbare Informationen sollen von Computer nicht nur gelesen, sondern auch interpretiert werden können. <http://de.wikipedia.org/wiki/Semantisches_Web> (Zugriff: 26. Februar 2008).

Wahrnehmungen entstandenen Basisdaten auf Informationsebene abgebildet werden kann. Dieser Schritt ist noch kaum beschritten worden. Die Ursachen liegen oft in folgenden Bereichen:

- Monolithische Systeme großer Hersteller integrieren in sich. Meist haben diese Hersteller sowohl unterschiedlichste Sensoriksysteme wie auch die entsprechende integrierte Lagedarstellung in einem Produkt. Damit erfolgt die Konsolidierung der Information produktintern, was aber zu Schwierigkeiten bei der Integration von alternativen und ergänzenden Produkten führen kann, da möglicherweise keine entsprechend leistungsfähigen Schnittstellen und Andockpunkte existieren.
- Das Bewusstsein und auch das Know-how für dieses Problem sind noch nicht breit genug verfügbar. Noch immer überwiegt die Vorstellung, dass es sich beim Informationsaustausch um ein Problem des Austausches von Daten aufgrund mangelnder Interoperabilität des Kommunikationssystems handelt. Die Vorstellung, dass auch auf begrifflicher Ebene eine gemeinsame Sicht entstehen muss, um Informationsaustausch zu ermöglichen, entwickelt sich erst.

Technologieverfügbarkeit

Die Sicherheit von Infrastrukturelementen wie Flughäfen und Seehäfen funktioniert entsprechend einer allgemeinen Regelschleife. Eine Lagedarstellung liefert eine Repräsentation der aktuellen Situation basierend auf den verfügbaren und integrierbaren Sensordaten. Der Vergleich mit einer Sollsituation identifiziert Abweichungen, die als Folge eines Entscheidungsprozesses zu einer taktischen Maßnahme führen, die eine Veränderung in der aktuellen Situation erzielen soll. Es können aus dieser Betrachtung der wesentlichen Elemente die erforderlichen Technologien bestimmt werden.

- *Lagedarstellung*
  Sie führt die Daten aus unterschiedlichen Sensoren und anderen Datenquellen zusammen. Die Technologie der Sensoren entwickelt sich laufend weiter. Für konkrete Probleme kann man auch spezialisierte Sensortypen identifizieren. Auch Datenquellen stehen in immer umfangreicherer Form zur Verfügung. Die Verbindung erfolgt individuell angepasst an die tatsächlich existenten Datenquellen, da eine semantische Kodierung der Daten heute erst im Entstehen ist.

- *Entscheidungsunterstützung*
  Sie unterstützt durch automatisierte Vergleiche zwischen Soll und Ist zur Identifikation von Abweichungen und Vorschlägen für die erforderlichen Entscheidungen. Hinter diesen entscheidungsunterstützenden Systemen verbergen sich hoch spezialisierte Lösungen, die sich im Bereich Expertensystem bzw. auch schon Artificial Intelligence bewegen. Zentral für diesen Bereich

sind das Wissen und das Verständnis der Abläufe der Infrastruktur (Flughafen, Schifffahrtshafen).

- *Taktischer Eingriff*
  Vorgeschlagene bzw. getroffene Entscheidungen müssen umgesetzt werden. Dazu stehen unterschiedlichste Instrumente zur Verfügung, die in der Umwelt Wirkung entfalten können, angefangen von einfachen nachführbaren Kameras, die nachgestellt werden können, bis hin zum komplexen Einsatz von Spezialkräften.

Für alle drei Bereiche ist Technologie am Markt verfügbar. Jedoch zeigt sich, dass im zivilen Umfeld nicht immer jene Mittel zur Verfügung stehen, die erforderlich wären, einzelne Themen herauszugreifen und weiterzuentwickeln. Mit zunehmender Spezialisierung der Problemstellung steigt auch der Aufwand der Realisierung, was von zivilen meist kommerziell agierenden Unternehmungen nicht in Business Cases untergebracht werden kann.

Dual-Use ist das Konzept nachdem vordergründig aus dem militärischen Bereich in Richtung zivil aber auch in die umgekehrte Richtung jeweils existente Technologien zur Anwendung gebracht werden sollen, um so Entwicklungskosten zu sparen. Konkret sollen über diesen Mechanismus Systeme und Lösungen aus dem militärischen Bereich in zivilen Sicherheitsinfrastrukturen und umgekehrt zum Einsatz gebracht werden.

Eine Herausforderung für Dual-Use sind sehr divergierende Anforderungen an Qualität und Verfügbarkeit von Produkten. Militärische Produkte dürfen im Einsatz versagen, etwa in Folge von Kampfhandlungen. Zivile Nutzungen gehen dagegen von einer maximal hohen Verfügbarkeit speziell im Einsatz aus. Aufgrund dieser sehr unterschiedlichen Herangehensweise agieren zivile Organisationen bei der Beschaffung oft mit großer Zurückhaltung.

Obwohl die Anforderungen im zivilen Bereich, speziell an die Verfügbarkeit, deutlich höher sind, werden nur in seltenen Fällen zivile Technologien erfolgreich im militärischen Bereich genutzt. Ein interessantes Gegenbeispiel bilden die Flugsicherungssysteme der Firma Frequentis. Ausgehend von taktischen Kommunikationssystemen für die zivile Flugsicherung, deren Design für Verfügbarkeiten im Einsatz einen maximalen Ausfall pro Jahr von wenigen Sekunden fordert, wurden taktische Führungsstände für die Einsatzflugführung und die Bewegung militärischer Flugzeuge in zivilen Lufträumen entwickelt und eingeführt.

Standardisierung und Reglementierung

Große Hersteller haben über mittlerweile Jahrzehnte gewachsene Lösungen. Diese Produkte weisen in der Regel eine kaum überschaubare Anzahl von Schnittstellen auf, an denen Daten anderer Systeme eingespeist werden. Die Schnittstellenspezifikationen orientieren sich an Standards, die aber nur in seltenen Fällen über Kommunikationsparameter hinausgehen und dann einfach Transaktionsbeschreibungen ausweisen, sowie an lokalen Kundenspezifikationen.

Es sind aber gerade diese Schnittstellen, die im Bereich des integrierten leistungsfähigen Informationsaustausches einen wichtigen Beitrag leisten und daher stärkerer Beachtung bedürfen. Zum einen würde es zu einem deutlich höheren Grad an Integration kommen. Zum anderen würden neue Anbieter einen Markt beleben, der sich auch durch wenig flexible Strukturen auszeichnet.[14] Allerdings muss man diese Schnittstellen als leistungsfähige Informationsschnittstellen wahrnehmen und nicht als Datenaustauschprotokoll.

Standardisierung ist dabei als Schlüsselinstrument identifiziert, um diese Marktmechanismen überhaupt erst freizusetzen. Mit dem Begriff Standardisierung wird eine Reihe von Vorteilen verbunden. Wesentlich ist die dadurch entstehende Möglichkeit der Systems of Systems, also das Schaffen neuer Lösungen alleine oder weitestgehend durch die Integration von in sich abgeschlossenen Teilsystemen. Derartig aufgebaute Großsysteme ermöglichen es auch, Klein- und Mittelbetrieben mit Teilsystemen Anteil an umfassenden Lösungen zu haben, die sie als Einzelne nicht erreichen können. Standardisierung generiert auch die erforderliche Flexibilität, um auch regionalen Anforderungen ohne großen Aufwand bedienen zu können.

Standardisierung an der richtigen Stelle motiviert auch den Wettbewerb und damit das Potenzial neue leistungsfähigere Ansätze zu finden. Dabei sind es die Schnittstellen und deren semantische Struktur die im Fokus der Standardisierung stehen sollten. Wichtig ist dabei aber ein zugrunde liegendes systemisches Modell von Problemräumen in sogenannte Building-Blocks und deren potenzielle technische Realisierung.

Generell problematisch ist die Standardisierung von Lösungen. Dies zieht häufig ein Herstellermonopol nach sich mit den damit verbundenen Konsequenzen wie etwa Abhängigkeiten, geringe Transparenz und Nachvollziehbarkeit innerer Strukturen sowie stagnierende Interoperabilität. Ebenfalls als kritisch wird aber auch von Seiten der Industrie eine Standardisierung beschrieben, die zu stark reglementiert.

Eine Standardisierung auf Informationsebene wäre auch eine exzellente Basis für den grenzüberschreitenden Austausch. Die Herausforderungen hinsichtlich Informationszugriff sowie Informationsnutzung, die bereits dargelegt wurden, werden in der Zusammenarbeit über europäische Grenzen hinweg noch komplizierter. Neben formal rechtlichen Hindernissen sind es oft dann auch kulturelle Unterschiede, die zu unterschiedlichen Bewertungen von Quantität und Qualität von Information führen.

Diese Probleme können zum Teil dadurch entschärft werden, indem gleichzeitig Personal ausgetauscht wird. Damit stehen sich auf Sender- und Empfängerseite wieder gleiche Kulturen und Begriffswelten gegenüber. In der Container Security Initiative (CSI), die 2002 von der US Zoll- und Grenzschutzbehörde ins Leben gerufen

14 Technologien in der Sicherheitsbranche vollbringen den Spagat, dass sie auf der einen Seite hoch innovativ und auf der anderen über viele Jahre/Generation erfolgreich erprobt und im Einsatz sind. Gerade der letzte Punkt dämpft die Bereitschaft der Bedarfsträger, neue Wege zu gehen und zementiert die Position jener, die schon im Geschäft sind.

wurde, gehen die USA davon aus, dass zur erfolgreichen Etablierung dieses Programms als internationaler Standard US-Vertreter an die einzelnen interessierten Häfen entsendet werden. Im CSI Fact Sheet heißt es dazu, dass dadurch Informationsteilung (Information Sharing) ermöglicht wird und damit die Qualität des Ergebnisses steigt.[15] Die Form der Standardisierung, wie sie von den USA bei CSI verfolgt wird, hat den Charakter von Best Practice, d.h. ein vorgegebener Maßnahmenkatalog ist von Interessierten Seehafenbetreibern einzuhalten.

Generell sind sowohl die Betreiber von Flughäfen als auch Schifffahrtshäfen mit der Frage konfrontiert, inwieweit sie in Ergänzung der nationalen Vorschriften auch noch internationalen Standards folgen oder nicht. Neben realen sicherheitstechnischen Vorteilen, die jede Harmonisierung in die Zusammenarbeit und damit Leistungsfähigkeit bringt, wird mit bestimmten Branchenstandards aber auch Politik gemacht. Eine Nichtteilnahme an bestimmten Initiativen kann unabhängig von einer überprüfbaren Leistungsfähigkeit einer Organisation dieser ein durchaus negatives Image verleihen.[16] Gerade im Zusammenhang mit Sicherheit ist die öffentliche Wahrnehmung für Betreiber von Flughäfen und Seehäfen ein wesentlicher Faktor des Erfolges; Zertifikate und Initiativen in diesem Bereich heben nicht nur die Qualität, sondern schaffen auch ein gesteigertes Sicherheitsgefühl bei allen beteiligten Partnern. Erweitert wird die Bedeutung solcher Initiativen zusätzlich, wenn sie von nationalen Behörden ausgehen und damit auch ein Stück internationale Politik gemacht werden kann.

Sowohl Flughäfen als auch Schifffahrtshäfen operieren innerhalb dichter regulativer Rahmenbedingungen nationaler Behörden. Zum Teil suboptimal abgestimmte Vorgaben unterschiedlicher Behörden haben einen wichtigen Einfluss auf die Gestaltung von Sicherheitsmaßnahmen. Auch an dieser Stelle kommt dem Informationsaustausch und nicht nur dem Datenaustausch eine zentrale Rolle zu.

Grenzen der Technik

Die Sicherungsmaßnahmen an Flughäfen und Schifffahrtshäfen haben in den letzten Jahren und Jahrzehnten quantitativ und qualitativ zugenommen. Nicht nur, dass das Screening von Personen, Gepäck und Fracht immer differenzierter und genauer geworden ist, hat sich auch das Volumen der Kontrollen signifikant erhöht. Im Jahr 2007 war erstmals mehr als eine Milliarde Menschen in der Luft und wurde dabei auch Sicherheitschecks unterzogen.[17]

15 http://www.customs.treas.gov/linkhandler/cgov/border_security/international_activities/csi/csi_fact_sheet.ctt/csi_fact_sheet.doc (Zugriff: 26. Februar 2008).

16 Viele dieser Initiativen laufen auf Zertifizierungen (z.B. ISO9000) hinaus, die für Unternehmen kaum mehr weg zu denken sind.

17 Global Aviation Security Action Group, „Industry Positions on Security Issues", Issue 10, 1 May 2005 <http://www.iata.org/NR/ContentConnector/CS2000/Siteinterface/sites/ps/file/GASAG_Flyer_Issue_10.pdf> (Zugriff: 26. Februar 2008).

Die zunehmende Automatisierung und Verwendung technischer Hilfsmittel ist dabei ein wesentlicher Leistungsfaktor. Die technologische Entwicklung schreitet in den wesentlichen Bereichen wie etwa der berührungslosen Detektion von verdächtigen Materialen und Stoffen immer weiter voran. Dennoch bleibt Security ein personalintensives Unterfangen, da einige Problembereiche schwer erfassbar sind. Und obwohl man einzelne Bereiche identifizieren kann, wo der Mensch durch Automatismen ersetzt werden kann, so ist es letztlich die Fähigkeit der Bewertung einer unbekannten Situation, die der Mensch noch immer am effizientesten leisten kann:

- Kritische Situationsbilder korrelieren selten mit typischen Mustern. Gepäckstücke sind unterschiedlich gestaltet und der Inhalt ist darin frei verteilt. Es fällt Menschen schon sehr schwer, rasch Konturen von über- und ineinander liegenden Kofferinhalten rasch zu differenzieren und zu bewerten. Der Schlüssel zu deutlich mehr Automatisierung läge in der Vereinheitlichung der zu untersuchenden Objekte. So individuell wie die Passagiere selbst sind auch die Inhalte und Lage deren Gepäcksstücke. Die US Transportation Security Administration (TSA) versucht durch Hinweise auf effiziente Packweisen die Passagiere zu mehr Einheitlichkeit zu bewegen.
- Die Motivationslage der Menschen ist ein weiterer Faktor. Die eigentliche Gefahr liegt nicht im Gerät, sondern im Kopf dessen, der das Gerät benutzt. Weder für den Menschen noch für Maschinen ist diese Information zugänglich. Einzig die Bewertung von Handlungen in der Vergangenheit steht zur Entscheidung über das sicherheitstechnische Profil einer Person zur Verfügung. In der Sammlung dieser Daten und deren Vorbereitung zur Entscheidung kann moderne Informationstechnologie einen enormen Beitrag leisten, die finale Entscheidung muss aber immer noch ein Mensch treffen.

Der Schritt, eine sicherheitsrelevante Entscheidung an eine Maschine auszulagern, ist wie alle diese Schritte auch einer der Verantwortung. An vielen Stellen in unserer Gesellschaft haben sich in den letzten Jahrzehnten technische Möglichkeiten ergeben, Entscheidungen durch automatisierte Prozesse treffen zu lassen. Menschen können für ihre Handlungen und Entscheidungen entsprechend juristischen Regelwerken zur Verantwortung gezogen werden. Die Frage nach den Konsequenzen von Fehlbeurteilungen durch automatisierte Prozesse wird speziell im Sicherheitsumfeld in der nächsten Zukunft eine wichtige Rolle spielen.

Herausforderungen

Flughäfen und Schifffahrtshäfen stehen im Brennpunkt vitaler Interessen arbeitsteiliger Gemeinwesen und haben damit globale Bedeutung.[18] Die Verfügbarkeit und

18 Nach Schätzungen des Advisory Commity for Aeronautics Research in Europe (ACARE) beträgt der direkte Beitrag der Luftfahrt am europäischen Bruttoinlandprodukts (BIP) 2,6 %, der

Unversehrtheit dieser Einrichtungen ist daher ein Ziel, das mit oberster Priorität verfolgt werden muss. Die Herausforderungen, die sich im Zusammenhang mit Sicherheit bei diesen Infrastrukturen ergeben, sind im Kern die gleichen, wie man sie bei anderen kritischen Infrastrukturelementen finden kann. Dazu kommen diskriminierend aber zwei wesentliche Faktoren:

- *Globalität*
  Erst Flughäfen und Seehäfen ermöglichen globales Agieren. Damit sind sie in ihrem Wesen keine regionalen oder nationalen Einrichtungen, sondern rein globale. Die lokalen Phänomene der Sicherheitsmaßnahmen müssen daher immer im globalen Kontext betrachten werden. Das erfordert nicht nur eine weltweite Abstimmung der Betreiberorganisationen, sondern auch ein gemeinsames Verständnis auf nationalstaatlicher Ebene.

- *Multiorganisationscharakter*
  Kaum eine andere Infrastruktureinrichtung baut sich in ähnlicher Weise aus einer Vielzahl unterschiedlicher Organisation und deren Vorschriften und Vorgaben auf. Der Informationstransfer zwischen diesen Organisationen stellt damit eine zentrale Fragestellung dar, die in sehr wenigen vergleichbaren Szenarien in dieser Form existieren. Unterschiedliche Kulturen generieren und verarbeiten Daten unterschiedlich und gelangen daraus auch zu unterschiedlichen Informationen. Im Bemühen um eine größtmögliche Reduktion von Risiken ist genau diese Informationsverteilung ein Schlüsselbereich.

Das verfügbare Equipment entspricht in Leistungsfähigkeit und Gestaltung dem, was auch in anderen Bereichen Stand der Technik ist. Ein technologischer Rückstand gegenüber anderen Branchen ist nicht erkennbar. Der Transfer von Lösungen aus dem militärischen Bereich in den zivilen ist motiviert von der Verfügbarmachung von vermeintlich existenten Lösungen. Die Nutzung militärischer Systeme scheitert aber oftmals an grundsätzlichen Systemeigenschaften, die im Wesentlichen aufgrund anderer Nutzungsparadigmen und nicht einfach an die zivilen Bedarfe angepasst werden.

Standardisierung spielt eine vielfältige Rolle. Neben dem Impuls, der sie im Bereich Lösungsentwicklung und Innovation auslöst, ist sie auch die Basis einer übergeordneten Sicherheitsstruktur, die dem globalen Charakter der Einrichtungen genüge tut.

mit rund 3 Millionen Arbeitsplätzen erwirtschaftet wird. Werden auch jene indirekten Anteile der Wirtschaft hinzu gerechnet, die sich erst aus der grundsätzlichen Möglichkeit der Luftfahrt ergeben, wird der BIP-Anteil auf rund 8-10 % geschätzt. Trotz der Effekte von 9/11, SARS oder des Irak Kriegs wird davon ausgegangen, dass sowohl Personen- als auch Cargo-Verkehr im Schnitt 4-5 % pro Jahr wachsen werden, also leicht über dem Wachstum des europäischen BIP. Mit dem sich daher rund alle 16 Jahre verdoppelnden Flugverkehr steigt der direkte Anteil auf rund 3,3 % des BIP. Siehe: ACARE, *Strategic Research Agenda.* Volume 1 (Brussels, ACARE, 2004), S. 9. <http://www.acare4europe.org> (Zugriff: 26. Februar 2008).

Öffentlich-private Zusammenarbeit im österreichischen Sicherheitskonzept für die EURO 08

Günther Marek und Maximilian Prinz

Einleitung

Vom 7. bis 29. Juni 2008 wird die Fußballeuropameisterschaft in Österreich und in der Schweiz abgehalten. Die EURO 2008 gilt als die größte europäische Fußballveranstaltung und ist nach der Fußball-WM und den Olympischen Spielen die drittgrößte Sportveranstaltung der Welt. Sie ist damit die größte Sportveranstaltung, die jemals in Österreich und der Schweiz durchgeführt werden wird.

Während der EURO ermitteln 16 Teams in 31 Spielen einen neuen Europameister. 16 Spiele (inklusive dem Finale) finden dabei in Österreich, 15 Spiele (inklusive dem Eröffnungsspiel) in der Schweiz statt. In den Stadien werden ca. 1,1 Millionen Zuschauer erwartet, 550.000 davon in Österreich. Die Austragungsorte in Österreich sind Wien, Salzburg, Innsbruck und Klagenfurt. Von den 16 Bewerbsspielen in Österreich werden sieben in Wien und je drei in den anderen Spielorten ausgetragen.

Die Veranstaltung wird insbesondere wegen der zu erwartenden Quantität und der Vielfalt der Zuschauer, der Dauer, der Vielzahl an Haupt- und Nebenschauplätzen, der internationalen und besonders engen bilateralen Vernetzung mit der Schweiz, der wirtschaftlichen Bedeutung und des weltweiten Medieninteresses die bisher größte in Österreich sein und eine noch nicht da gewesene polizeiliche Herausforderung darstellen. Neben den Angehörigen der Nationalmannschaften werden sich zahlreiche Vertreter der jeweiligen nationalen Fußballverbände und der UEFA während eines Zeitraumes von bis zu vier Wochen in der Schweiz und Österreich befinden.

Nach derzeitigen Schätzungen werden sich rund 4,25 Mio. ausländische Anhänger in Österreich und der Schweiz aufhalten, wobei ein Teil schon vor der Turnierphase (Trainingslager der Nationalmannschaften in Schweiz und Österreich) anreisen wird. Die EURO 2008 wird auch zahlreiche positive Effekte auf Österreichs Wirtschaft aufweisen: So werden die Wertschöpfungseffekte auf ein Volumen von 383,79 Mio. € geschätzt. Davon entfallen 89,19 Mio. € auf Infrastrukturinvestitionen, 221,7 Mio. € auf den Tourismus sowie 72,9 Mio. € auf den Bereich Medien, Werbung und Sponsoring. Die Kaufkrafteffekte werden auf 260,3 Mio. € geschätzt. Ferner bringt die EURO 2008 voraussichtlich zusätzliche 146,1 Mio. € an Steuereinnahmen.

Während der 23 Tage dauernden Spielphase werden die teilnehmenden Mannschaften ihre Spiele nicht immer in einem Stadion austragen. Dies bedeutet eine erhebliche Reisetätigkeit von Mannschaften, Verbandsdelegationen, gefährdeten Personen und VIPs zwischen den Quartieren, Trainings- und Spielstätten.

Wie bereits bei vergleichbaren Turnieren in der Vergangenheit ist auch während der EURO 2008 davon auszugehen, dass Fans nicht nur organisierte Begleit- und

Rahmenveranstaltungen (z.B. Public Viewing) annehmen und aufsuchen, sondern auch spontan durch Autokorsos, Jubelfeiern und so genannte EM-Parties an den Spielen der jeweils unterstützten Nationalmannschaft Anteil nehmen werden. Besonderer Aufmerksamkeit bedürfen in diesem Zusammenhang Veranstaltungen, bei denen Spiele der EURO 2008 auf Großbildleinwänden übertragen werden, unabhängig davon, ob dies in Spielorten oder Nicht-Spielorten erfolgt.

Ziele des Einsatzes der Sicherheitsexekutive anlässlich der Fußball-Europameisterschaft 2008 sind:

- der störungsfreie Verlauf und umfassende Schutz der Veranstaltung, einschließlich aller Nebenschauplätze,
- die Gewährleistung der Sicherheit aller Teilnehmer, Funktionäre und Zuschauer während ihrer An- und Abreise sowie während des Aufenthaltes in Österreich sowie
- die Gewährleistung von Sicherheit und Schutz aller Menschen und Einrichtungen, die von der Veranstaltung betroffen sind.

Nach dem Motto: „Das ganze Land wird Stadion“ leisten das Erscheinungsbild und das Handeln der Sicherheitsexekutive einen aktiven Beitrag zu einer Atmosphäre offener, sportbegeisterter Gastfreundschaft nicht nur in den unmittelbaren Veranstaltungsbereichen, sondern im gesamten öffentlichen Raum.

Zur Zielerreichung stehen vorausschauende Einsatzplanung, Maßnahmen zur Vorbeugung, Prävention und sichtbare Präsenz im Vordergrund. Insoweit diese nicht ausreichen, wird Störungen der öffentlichen Ordnung und Sicherheit mit den gesetzlich zulässigen Mitteln in Maß haltender Weise aber mit Entschlossenheit entgegengetreten.

Um eine Großlage, wie die EURO 2008 polizeilich optimal bewältigen zu können, hat – abgestimmt mit der Schweiz[1] und auch erfolgreich von Deutschland (WM 2006) praktiziert – die sogenannte stufenförmig zu verstehende „3D-Einsatzphilosophie“ zu gelten:

- *Dialog:* Durch Beobachtung, Informationsgewinnung und Hilfestellung.
- *Deeskalation:* Befriedung der Lage durch Gespräche und deutliche Präsenz von Einsatzkräften.
- *Durchsetzung:* Bei Eskalierung der Lage, Zusammenrottung gewalttätiger Störer: Befriedung der Lage, Feststellung der Identitäten und Festnahmen, Sicherung der betroffenen Örtlichkeiten durch polizeiliche Präsenz.

1 Siehe zum Vergleich: *Nationales Sicherheitskonzept Schweiz für die UEFA EURO 2008* (Solothurn: Teilprojektleitung Sicherheit Öffentliche Hand UEFA EURO 2008, 2007), <http://www.switzerland.com/files/?id=836> (Zugriff: 25. März 2008).

PPP im Rahmen einer Fußball-Europameisterschaft

Die staatliche Unterstützung zur sicheren Abwicklung einer Fußball-Europameisterschaft stellt in mehrfacher Hinsicht eine Besonderheit in der Kooperation zwischen Staat und Privat dar. Zunächst geht es um die Umkehr der klassischen Public Private Partnership im Polizeibereich: „ährend es regelmäßig um private Unterstützungshandlungen in der Durchführung des staatlichen Auftrags zur Erhaltung der öffentlichen Ordnung und Sicherheit geht, ist die Ausrichtung einer Fußball-Europameisterschaft zwar keine private Veranstaltung, doch gehört sie nicht zu den Staatsaufgaben, die nach den Prinzipien unserer rechtlichen Grundordnung der Besorgung durch den Staat obliegen. Die Einordnung der UEFA, der Veranstalterin der EURO 08, wird dazu führen, dass man sie als privatrechtliche Person in Ausübung von Geschäften, die das Interesse der Öffentlichkeit berühren, bezeichnet.

Die Sicherheitsbelange in Vorbereitung und Durchführung einer Fußball-Europameisterschaft können in zwei Kategorien eingeteilt werden: Da gibt es zunächst die Aspekte, die aufgrund des Gewaltmonopols des Staates und aufgrund der dieses umsetzenden Gesetzeslage ausschließlich den staatlichen Sicherheitskräften obliegen. Hierzu zählen die Aufrechterhaltung der öffentlichen Ordnung und Sicherheit in den Städten, die durch die Abhaltung eines EURO-Matches manchmal recht grundlegend in ihren gewöhnlichen Tagesabläufen unterbrochen werden. Es gilt, große Mengen von Zuschauern der Spiele und – zunehmend – viele sonstige Fußballfans oder einfach mitfeiernde Menschen so zu lenken und absichernd zu begleiten, dass weder für sie selbst noch die Einwohner der Austragungsstädte Schaden entsteht. Zugleich muss man die benützten Infrastrukturen, von Stadionbahnhöfen bis zu Verkehrsflächen in den Stadtzentren, so schützen, dass sie während und nach Ende des großen Festes benutzbar bleiben. Im Größeren zählen die Schutzmaßnahmen gegen terroristische Bedrohungen genau so zu dieser ersten Kategorie wie der Personenschutz für die teilnehmenden Mannschaften.

In eine zweite Kategorie könnte man jene Aktivitäten einreihen, die oft durch staatliche Akteure abgedeckt werden, aufgrund des überbordenden Aufwandes in einer verhältnismäßig kurzen Zeit allerdings gemeinsam mit Privaten besorgt werden. Um den im Verhältnis zu Normalzeiten enormen Aufwand während der Europameisterschaft zu decken, wird diese Aufgabe jedoch vom Staat mit einem privaten Anbieter geteilt, wie etwa im Bereich der Stadienaußensicherheit, der Verkehrsadministration oder der allgemeinen Krisen- und Katastrophenvorsorge. Eine Reihe jener Tätigkeiten wurde früher allein durch staatliche Organe ausgeführt, werden heute allerdings zunehmend von nichtstaatlichen Kräften erledigt. Dazu gehört etwa der Ordnungsdienst in Fußballstadien, der mehr und mehr Aufgaben der Polizei übernimmt, oder auch die Steuerung der Reisetätigkeit tausender Fans, die privat organisiert und administriert wird. Für die staatliche Sicherheitsvorsorge sind die in dieser Kategorie vereinten Aufgaben insofern relevant, als mögliche Defizite hier wieder durch staatliche Stellen ausgeglichen werden müssen. Wir haben hier also den Kernbereich der Public Private Partnership vor uns.

Auch die rein staatlichen Aufgaben bei der Abhaltung eines sportlichen Großereignisses haben Bezugspunkte zu privaten Stellen, insbesondere natürlich den Organisatoren, doch gibt es zu wenig Einfluss der nichtstaatlichen Akteure auf die Vorgehensweise, als dass die staatliche Planung und Vollziehung im Wesentlichen abgeändert werden müsste (quantitative Adaptionen seien für diese Betrachtung ausgenommen). So ist etwa die Verfolgung von Gewalttätern, die Fußball als Vorwand missbrauchen, um Straftaten zu begehen, etwas auf das sich die Kriminalpolizei der Veranstalterländer einstellen müssen, doch weicht das Vorgehen der Polizei nicht von den Standardprozeduren ab. Auch wird sich in der Arbeit der Terrorismusanalytiker nichts ändern, wenn statt eines Fußballspiels eine andere öffentlichkeitswirksame Veranstaltung geschützt werden muss.

Die durch Private besorgten Tätigkeiten im öffentlichen Raum verdienen gerade im Rahmen eines Großereignisses wie einer Fußball-Europameisterschaft Aufmerksamkeit, weil hier im großen Rahmen Entwicklungen verdeutlicht werden, die auch sonst stattfinden, aber weniger auffallen. So werden private Sicherheitsdienste angestellt, um vor allem präventiv zu wirken und in Umsetzung des Hausrechts der Stadienbetreiber die Einhaltung der Stadienordnung zu überwachen. Im Fall von Ausschreitungen haben die privaten Ordner etwa das Recht, unter Berufung auf die jedem zustehenden zivil- und strafrechtlichen Notrechte (Abwehr von Gefahr und Schaden, Notwehr, Notwehrhilfe) in Aktion zu treten.

Die Erarbeitung des Sicherheitskonzepts für die Fußball-Europameisterschaft 2008 wurde im Bundesministerium für Inneres (BM.I) direkt nach der Zuschlagserteilung für die Austragung der EURO 08 durch die UEFA am 12. Dezember 2002 begonnen. Das Konzept wurde bereits 2005 fertig gestellt und wird seitdem umgesetzt.

Von besonderer Bedeutung für die Gewährleistung der Sicherheit bei einer derartigen Veranstaltung sind dabei zahlreiche Kooperationen, sei es mit anderen Polizeiorganisationen in Europa, mit weiteren Blaulichtorganisationen und dem Bundesheer in Österreich und natürlich auch mit zahlreichen privaten Organisationen.

Erfahrungsgewinnung aus anderen Großveranstaltungen

Einen großen Einfluss auf dieses Sicherheitskonzept hatten natürlich vergangene vergleichbare Sportereignisse in Europa. Vertreter des BM.I waren bereits in frühere Sportereignisse in anderen europäischen Ländern eingebunden (Portugal 2004, Athen 2004, Turin 2006). Von besonderer Relevanz für die Erarbeitung des österreichischen Sicherheitskonzepts zur EURO 2008 war die Zusammenarbeit mit den deutschen Sicherheitsbehörden im Rahmen der Fußball-Weltmeisterschaft 2006.

Fußball EM 2004 Portugal

Die Fußball-Europameisterschaft 2004 wurde vom 12. Juni 2004 bis 4. Juli 2004 in Portugal veranstaltet. Zwei Vertreter des Bundesministeriums für Inneres waren als Beobachter bei dieser Veranstaltung in Portugal anwesend. Sowohl deren Erfahrungen, als auch die der UEFA und die FIFA sowie der portugiesischen Sicherheitsbehörden wurden bei der Erstellung des Sicherheitskonzeptes der EURO 2008 eingearbeitet.

Insgesamt vermittelte die Beobachtungstätigkeit einen umfassenden Einblick in alle relevanten Belange der Durchführung eines sportlichen Großereignisses, angefangen von der positiven Stimmung, die die Fußballfans in Portugal verbreiteten, über die logistischen und einsatztaktischen Herausforderungen bei der Bewältigung der sicherheitsrelevanten Aufgabenstellungen bis hin zur Notwendigkeit der Zusammenarbeit mit privaten Organisationen.

Olympische Sommerspiele 2004 Athen und Olympische Winterspiele 2006 in Turin

Vom 13. bis 29. August 2004 fanden die olympischen Sommerspiele in Athen statt. Für die österreichischen Athleten wurden gemeinsam mit dem Österreichischen Olympischen Comité (ÖOC) Sicherheitsmaßnahmen definiert und für die Dauer der Spiele ein Krisenstab in der Generaldirektion für die öffentliche Sicherheit des BM.I eingerichtet.

Vom 10. bis 26. Februar 2006 fanden die 20. Olympischen Winterspiele in der Region Turin (Piemont, Italien) statt. Das BM.I arbeitete im Bereich Sicherheit eng mit dem ÖOC, dem Österreichischen Rundfunk (ORF), den österreichischen Vertretern der Printmedien sowie dem Bewerbungskomitee der Olympischen Winterspiele 2014 in Salzburg zusammen. Es wurde ein Führungsstab im BM.I während den Winterspielen eingerichtet.

Beide Veranstaltungen dienten der Beübung der internen Kommunikation als auch der Vorbereitungen der für die EURO 2008 so notwendigen internationalen Kooperationen.

FIFA WM 2006 Deutschland

Vom 9. Juni 2006 (Eröffnungsspiel in München) bis zum 9. Juli 2006 (Finale in Berlin) fand in Deutschland die Fußball-Weltmeisterschaft 2006 statt. Nach Schätzungen der deutschen Polizeibehörden haben bundesweit über 14 Millionen Menschen die Gelegenheit wahrgenommen, WM-Spiele im Rahmen der ca. 2.000 verschiedenen Public Viewing-Veranstaltungen zu sehen. Insgesamt kamen 17.300.000 ausländische Gäste anlässlich der WM nach Deutschland. In Deutschland waren über 250.000 Polizeibeamte im Einsatz.

Ein wichtiger Teil des Deutschen Nationalen Sicherheitskonzepts der WM 2006[2] beinhaltete internationale Sicherheitskooperationen mit allen Anrainer-, Teilnehmer- und Transitstaaten. Daher wurden als Unterstützung der deutschen Exekutive wäh-

2 <http://www.bmi.bund.de/nn_783124/Internet/Content/Themen/Sport/Fussball-WM__2006/Sicherheit/Einzelseiten/Nationales__Sicherheitskonzept__WM__2006.html> (Zugriff: 25. März 2008).

rend der WM ausländische Exekutivbeamte aus ganz Europa eingesetzt, darunter auch aus Österreich.

Österreich war bereits im Vorfeld der WM sowohl im Bund-Länder-Ausschuss (gemeinsamer Ausschuss der Bundesregierung und der einzelnen Bundesländer) als auch in der Projektgruppe WM 2006 in Deutschland vertreten. Daher konnte Österreich schon bei der Erstellung und Weiterentwicklung des Sicherheitskonzeptes zur WM 2006 in Deutschland mitwirken.

Deutschland führte während der Fußball-Weltmeisterschaft lageabhängig temporäre Grenzkontrollen (u.a. auch zu Österreich) ein. Seitens Österreichs wurden zwar keine eigenen Grenzkontrollen durchgeführt, dennoch kam es zu einer verstärkten Präsenz österreichischer Beamter an der deutsch-österreichischen Grenze.

Zudem unterstützte Österreich das Nachbarland auch durch zahlreiche Aktivitäten auf dem eigenen Staatsgebiet durch Verkehrsüberwachung, Informationsgewinnung, -sammlung und Erstellung von Risikoanalysen, einer Fanbegleitung in Zivil durch szenekundige Beamte sowie durch die enge Zusammenarbeit mit der Österreichischen Bundesbahnen (ÖBB).

Auch im Bereich Prävention wurden wichtige Maßnahmen gesetzt: Das Zentrum für Sportangelegenheiten (ZSA) im BM.I wurde laufend über Trainingslager und Testspiele der WM-Mannschaften sowie über alle angemeldeten bzw. bekannten Public Viewing-Veranstaltungen in Österreich informiert. Darüber hinaus wurden Erhebungen über die Anreise bzw. Reiseabsichten österreichischer Staatsangehöriger, insbesondere der inländischen Problem- und Risikofans durchgeführt.

Anlässlich der WM versahen auch österreichische Beamte in Deutschland Dienst:

- Aus Österreich leisteten insgesamt 26 Exekutivbedienstete auf deutschem Staatsgebiet Dienst. Die gesetzlichen Grundlagen bildeten dabei der Deutsch-Österreichische Polizeikooperationsvertrag, ratifiziert am 1. Dezember 2005, sowie die Verwendung als Verbindungsbeamte gemäß Artikel 47 Schengener Durchführungsübereinkommen.
- Exekutivbedienstete unterstützten in München ihre deutschen Kollegen bei der Überwachung des Flughafens, der Bahnhöfe sowie bei Public Viewing-Veranstaltungen, die im Zuständigkeitsbereich des Bundespolizeipräsidiums Süd lagen. Darüber hinaus wurden zwei Taschendiebfahnder aus dem Bereich der Kriminalpolizei entsandt.
- Im Bundespolizeipräsidium München Süd arbeitete ein eigener Verbindungsbeamter für Grenz- und bahnpolizeiliche Angelegenheiten Dienst. Seine wesentliche Aufgabe bestand in der Informationsbeschaffung von Reisebewegungen sowie vermuteter Gefährdungen im Zusammenhang mit der Anreise nach Deutschland. Der Verbindungsbeamte war zudem zentraler Ansprechpartner für die Bundespolizei in grenz- und bahnpolizeilichen Angelegenheiten.
- Ebenso wurde die Zentrale Informationsstelle (ZIS) in Neuss für die Dauer der WM durch einen Beamten der Nationalen Informationsstelle aus Österreich unterstützt um den Informationsaustausch zwischen den österreichischen Dienststellen und der ZIS zu gewährleisten.

Die österreichischen Exekutivbediensteten leisteten während der WM in Deutschland ca. 7.000 Mannstunden. Ihr Einsatz hat zu 37 Festnahmen, 79 Anzeigen und 14 Hilfeleistungen geführt.

Um Erfahrungen für die Vorbereitung auf die EURO 2008 zu sammeln, waren 83 Beamte des Innenministeriums für Hospitationen im Rahmen des Projekts EURO 2008 nach Deutschland gereist. Die Spanne reichte dabei von Vertretern der Bereiche operativer Maßnahmen, Presse, Police Information & Coordination Center (PICC), Informationstechnologie, operativem Kriminaldienst, Szenekundigen Beamten, Krisen- und Katastrophenschutz, Führung und Führungsunterstützung im Bereich der Sicherheitsdirektionen und Landespolizeikommanden, Einsatzleiter an den Spielstätten, Taschendiebstahl und Großer Sicherungs- und Ordnungsdienst bis zu Vertretern der Nationalen Fußballinformationsstelle.

Durch die WM konnten zahlreiche wichtige, durchwegs positive Erfahrungen gewonnen werden, die ebenfalls in das Sicherheitskonzept für die EURO 2008 einfließen. Es zeigte sich, dass das deutsche Sicherheitskonzept absolut funktionierte. Dies war insbesondere wichtig, da das Sicherheitskonzept für die EURO 2008 sehr ähnlich aufgebaut ist. Die Polizistinnen und Polizisten in Deutschland wurden für ihr freundliches und kompetentes Verhalten in allen Städten und Regionen gelobt. Ebenso waren die Erfahrungen mit Public Viewing-Veranstaltungen äußerst positiv, es kam kaum zu Vorfällen bei derartigen Events. Es hat sich allerdings gezeigt, dass viel mehr Besucher derartige Veranstaltungen besuchen, als vorher angenommen. Sehr viele Fans aus dem Ausland kommen auch ohne Tickets für das Stadion in die Stadt in der ihre Mannschaft spielt, einfach um die besondere Atmosphäre einer derartigen Großveranstaltung zu genießen.

Internationale Kooperation mit anderen Polizeibehörden

Einer der wichtigsten Schwerpunkte des Sicherheitskonzepts für die EURO 2008 ist die internationale Kooperation. Das ist eine der wichtigen Lehren insbesondere aus den Sicherheitserfahrungen der Fußball-Weltmeisterschaft in Deutschland.

Von grundlegender Bedeutung ist der intensive Datenaustausch über Risikofans, um die Einreise von Hooligans nach Österreich zu verhindern. Ebenso werden ausländische Exekutivkräfte in Österreich während der EURO unterstützen. Aus Deutschland werden dazu geschlossene Einheiten von mehreren Hundertschaften in Uniform mit Hoheitsbefugnis für den Einsatz bei der EURO 2008 angefordert. Rund 850 deutsche Beamte werden im Rahmen der Einsatzeinheiten an den Spielorten Klagenfurt, Salzburg und Innsbruck zum Einsatz kommen. Darüber hinaus kommen von Deutschland auch ca. 20 Kriminalbeamte mit Hoheitsbefugnissen im Rahmen von bilateralen Verträgen zum Einsatz. Sie können u.a. in Deutschland bereits bekannte Straftäter erkennen. Jedes Teilnehmerland entsendet ebenso Kontingente von Szenekundigen Beamten, die ihre eigenen Fans begleiten und somit Informationen sammeln, bewerten und diese an das PICC übermitteln.

Auch Exekutivbeamte der Teilnehmerländer kommen in Österreich in Uniform ohne Hoheitsbefugnisse zum Einsatz. Es ist ein wichtiger Aspekt der Prävention, wenn Fans bei der EURO 2008 auf Polizisten treffen, die eine Uniform ihres Heimatstaates tragen und in der eigenen Sprache angesprochen werden. Dies erzeugt von Anfang an eine positive Stimmung und Vertrauen, hat aber auch den Vorteil, dass eventuelle Gewalttäter wissen, dass sie erkannt werden. Diese Beamten werden an Bahnhöfen, Flughäfen sowie bei Public Viewings Dienst versehen.

Ferner sind Verbindungsbeamte in den Bereichen Grenze, Kriminalpolizei sowie Staatschutz vorgesehen. In diesen Bereichen werden insgesamt ca. 135 Beamte aus den sieben Ländern, deren Mannschaften in Österreich Spiele bestreiten werden, während der Vorrunde in Österreich Dienst leisten. Sämtliche Anrainer-, Transit- und mögliche Teilnehmerstaaten haben bereits letztes Jahr ihre Bereitschaft zur Unterstützung erklärt. Mit allen Innenministern der beteiligten Staaten wurden bilaterale Absichtserklärungen ausgearbeitet, diese sollen bis Mai 2008 unterzeichnet werden. Die Abkommen umschließen unter anderem die Zusammenarbeit durch personelle Unterstützung, Informationsaustausch, Fanbegleitung und -beobachtung, Maßnahmen zur Kontrolle der Durchreise sowie die enge Zusammenarbeit im Bereich Medien.

Kooperationen mit privaten Organisationen

Die Zusammenarbeit zwischen BM.I, den staatlichen Sicherheitskräften und privaten Organisationen erfolgt vor allem in den Bereichen Prävention und Krisenmanagement. Bei der Prävention geht es um die Unterstützung privater Organisationen im Hinblick auf die Sicherheitsherausforderungen, die im Zuge der EM 2008 bewältigt werden müssen. Im Mittelpunkt des Krisenmanagements steht die Befähigung sicherheitsrelevanter Organisationen aus dem staatlichen und privaten Bereich zur Zusammenarbeit im Ereignisfall.

Prävention

Kernanliegen ist es, schon im Vorfeld anlassbezogene Kriminalität bei der EURO 2008 zu verhindern. Dazu zählen neben Ausschreitungen auch bestimmte Formen der Straßenkriminalität, wie Taschendiebstahl, Verbreitung von Falschgeld, Ticketbetrug, u.Ä.m.

Seitens der Wirtschaftskammer Österreich werden EURO-spezifische Veranstaltungen in den Host Cities durchgeführt, bei denen u.a. Sicherheitsaspekte in und außerhalb der Stadien (wie z.B. bei Campingplätzen, Hotels, Gastronomiebetrieben) behandelt wurden. Zusätzlich wurden gemeinsame Veranstaltungen mit der Vereinigung der Betreiber von Tankstellen (Tankstelleninnung), bei den Leopoldstädter Gewerbetreibenden (dem Gewerbetreibenden des Wiener Gemeindebezirkes, in dem das Ernst-Happel-Stadion liegt) sowie mit den Admiral Casino Prater, dem Betreiber von Spielhallen im Wiener Prater im Umfeld des Stadions, veranstaltet. Derzeit werden auch Buslenker von privaten Betreibern über den Stand der Vorbereitungen, den praktischen Umgang mit Fans sowie die rechtlichen Hintergründe des Einschreitens informiert.

Ebenso ist das BM.I an der Einrichtung einer spezifischen Website der Wirtschaftskammer Österreich beteiligt, an der Gewerbetreibende speziell die EURO betreffende Fragen stellen können. Auch Einzelberatungen von Gewerbetreibenden, die ihr Lokal auf Sicherheitsmängel überprüft haben wollen, werden durchgeführt, vor allem im Bereich des Wiener Praters. Es werden für die einzelnen Sparten auch Broschüren angefertigt, die Sicherheitshinweise hinsichtlich der EURO 08 geben. Des Weiteren ist die Unterzeichnung eines Kooperationsvertrags im Bereich Prävention mit der Wirtschaftskammer in Vorbereitung.

Im Rahmen des Informationssystems arbeitet das BM.I eng mit den Österreichischen Bundesbahnen (ÖBB) zusammen. Zu diesem Thema fand im Januar 2007 auch eine Tagung der europäischen Bahnpolizei „Railpol" in Wien statt. Zur Abwehr von Gefahren für die öffentliche Sicherheit und Ordnung im Zusammenhang mit Sportveranstaltungen besteht generell ein guter Kontakt mit den ÖBB. Dies zeigt sich auch an gemeinsamen Sicherheitsbesprechungen vor Fußballspielen, bei denen auch Strategien zur Verhinderung von Problemen im Zusammenhang mit Fahrten von Fans ausgearbeitet wurden. Zu diesen Strategien zählen unter anderem auch die Zugbegleitungen durch Polizeibeamte im Anlassfall.

Aufgrund der EM 2008 wurde diese Zusammenarbeit noch weiter verstärkt und zwischen dem BM.I und den ÖBB ein Kooperationsvertrag unterzeichnet, der diese Zusammenarbeit weiter intensiviert. So wurden gemeinsame Veranstaltungen als Vorbereitung für diese Großveranstaltung abgehalten. Darüber hinaus erfolgen eine gegenseitige Teilnahme an Meetings und Konferenzen, eine enge Zusammenarbeit im Bereich der Videoüberwachung sowie ein ständiger Erfahrungsaustausch. Ebenso erfolgt eine Evaluierung der Zusammenarbeit und der Maßnahmen bei den jetzigen Spielen der Bundesliga. Durch das BM.I werden auch Schulungen der Gebietsleitungen Wien Süd, Wien West, Salzburg, Innsbruck und Graz durchgeführt. Zielgruppe dieser Schulungen sind die Trainer der Schaffner und Zugbegleiter (Supervisoren). Zusätzlich werden Schulungen der Lenker der ÖBB-Postbusse durchgeführt. Die Schulungen sind derzeit bereits im Gange und werden bis April 2008 beendet sein.

Die Mitarbeiter der Firma MUNGOS (Security), einem Tochterunternehmen der Österreichischen Bundesbahn, die u.a. für die Sicherheit in Zügen und Bahnhöfen der ÖBB verantwortlich ist, werden in vierzehn Terminen in Graz, Bruck an der Mur, Linz, Innsbruck und Wien geschult. Diese Schulungen beinhalten u.a. neben Informationen zum Fanverhalten (vor allem im Zug und auf Bahnhöfen) einen Überblick über die Sicherheitsmaßnahmen des BM.I, einen Überblick über das Pyrotechnikgesetz unter Berücksichtigung vor allem der bei Fußballfans gebräuchlichen pyrotechnischen Gegenstände, Informationen über Erkennbarkeit von Risikofans sowie rechtliche Grundlagen für das Einschreiten durch die Organe der ÖBB.

Daneben gibt es ein privates Fanbetreuungsprogramm, FairPlay, das gemeinsam mit der UEFA durchgeführt wird. Durch die Einrichtung von Fanbotschaften bei der EURO 08 kann Zugang zu Fans gefunden und wichtige Informationen an diese übermittelt werden.

Insbesondere in den Bereichen Stadionsicherheit, Akkreditierung, Ticketing und private Ordnerdienste gibt es auch eine enge Kooperation mit der veranstaltenden Organisation UEFA. Im Bereich Stadionsicherheit war das BM.I bereits in der Planungsphase der Umbauten bzw. des Neubaus von vier Stadien eingebunden. Alle wichtigen Anliegen der Exekutive wurden dabei umgesetzt, wie z.B. Stadionkontrollräume, Einsatzzentralen, oder der Ausbau der Videoüberwachung. In diesem Zusammenhang ist der Einsatz von Drohnen bei der EURO 2008 in Österreich nicht vorgesehen, da grundsätzlich nach den österreichischen flugsicherheitstechnischen Vorschriften der Betrieb von ferngesteuerten Fluggeräten über bewohntem Gebiet verboten ist.[3]

Das Faninteresse ist allerdings nicht nur auf das Stadion konzentriert, sondern wird sich in noch größerem Maß auf Public Viewing-Veranstaltungen richten. Es kann davon ausgegangen werden, dass auf einen Besucher mit Ticket für das Stadion bis zu ca. vier Besuchern bei Public Viewing-Veranstaltungen oder Fanparks kommen werden, d.h. bis zu zwei Millionen Public Viewing-Besucher sind möglich.

Um die Sicherheit der Public Viewing-Veranstaltungen zu gewährleisten,[4] wurden Empfehlungen für die Bundesländer ausgearbeitet und den Ländern zur Diskussion übermittelt. Diese orientieren sich an den Empfehlungen der WM 2006 und sollen sicherstellen, dass höchstmögliche Sicherheitsstandards garantiert werden und die vorgeschriebenen Maßnahmen in allen Bundesländern einheitlich sind. Bei der WM in Deutschland konnten unzählige groß dimensionierte Public Viewings und Fanmeilen nahezu ohne Vorkommnisse abgewickelt werden. So waren während eines Spiels der WM 2006 nahezu eine Million Besucher auf der Fanmeile in Berlin. Derartige Maßnahmen sind beispielsweise eine Umzäunung des Areals, die Ermöglichung des Zutritts nur nach Kontrolle, die Definition von Maximalkapazitäten an Besuchern, der verpflichtende Einsatz von Ordner- bzw. Security-Personal, die Festlegung von Haus-(Platz-)ordnungen oder das Verbot von Gläsern und Flaschen am Gelände derartiger Veranstaltungen.

Krisenmanagement

In Österreich liegt der Krisen- und Katastrophenschutz in der Kompetenz der einzelnen Bundesländer. Das Bundesministerium für Inneres kann daher nur eine koordinierende Funktion einnehmen. Für alle Themen, die in Länderkompetenz liegen, wie auch die Bereiche Verkehr oder Veranstaltungsgesetze wurde daher ein eigener

3 In der Schweiz setzt die Stadt Zürich Drohnen während der EURO 2008 ein. Dabei geht es vor allem um die Verkehrskontrolle und die Kontrolle von Besucherströmen und großen Menschengruppen. Wegen des Datenschutzes können aber weder einzelne Personen noch Nummernschilder von Autos identifiziert werden. Siehe: <http://www.fussball.ch/EURO+2008+Drohnen+ueberwachen+Zuerich/304578/detail.htm> (Zugriff: 25. März 2008).

4 Siehe zum Vergleich: *Empfehlungen für die Durchführung von Public Viewing im Rahmen der EURO 2008* (Bern: VBS – Projektorganisation Öffentliche Hand UEFA EURO 2008, 2007), <http://www.switzerland.com/files/?id=2195> (Zugriff: 25. März 2008).

Länderkoordinator eingesetzt, der in allen Bundesländern eine einheitliche Vorgehensweise sicherstellen soll.

Bei der EURO 2008 werden in integrierten Führungs- und Einsatzstäben neben Führungskräften der Exekutive auch hochrangige Mitarbeiter von Städten und Bundesländern, der UEFA, von Verkehrsbetrieben, des Bundesheeres sowie von Rettung und Feuerwehr vertreten sein. Damit wird ein rascher und umfassender Informationsaustausch zwischen den beteiligten Organisationen gewährleistet.

Im Vorfeld der EURO 2008 gab es in allen Host Cities sogenannte Planspiele. Ziel war die Erprobung von komplexen Situationen, die im Zuge einer Großveranstaltung, wie bei der EURO 2008, auftreten können. Bei den Planspielen wurden sowohl die polizeiinternen, als auch die externen Kommunikationswege mit allen bei der EURO 08 beteiligten Institutionen und Organisationen intensiv geübt. Zahlreiche Szenarien wurden dabei zusätzlich zu den allgemeinen Vorbereitungen auf einen Spieltag der EURO 08 gleichzeitig eingespielt, die vom Führungs- und Einsatzstab abgearbeitet werden mussten. Zusätzlich gibt es in den Spielstätten auch eigene Krisen- und Katastrophenschutzübungen.

Zusammenarbeit mit dem Bundesheer

Das Bundesheer kommt in Österreich in logistischen Bereichen durch Bereitstellung von Unterkünften und Verpflegung für (in- und ausländische) Einsatzkräfte sowie bei der Luftraumüberwachung und im Katastrophenschutz zum Einsatz.[5] Ein operativer Einsatz, wie die Schweiz[6] ihn vorsieht, wird in Österreich nicht stattfinden.

Conclusio

Die EURO 2008 ist die größte Sportveranstaltung, die jemals in Österreich stattgefunden hat. Kooperation ist dabei das Schlüsselwort, um allen an dieser Veranstaltung beteiligten Akteuren, Fans und Zuschauern die höchstmögliche Sicherheit bieten zu können.

5 Siehe hierzu weiterführend: Reinhard Koller, „EURO 2008“ *Truppendienst*, 5/2007, <http://www.bmlv.gv.at/truppendienst/ausgaben/artikel.php?id=639> (Zugriff: 25. März 2008).

6 Zeitlich gestaffelt werden in der Schweiz maximal bis zu 15.000 Armeeangehörige im Assistenzdienst die zivilen Behörden unterstützen. Nach dem Prinzip der Subsidiarität erbringen sie dabei Leistungen u.a. in den Bereichen Führungsunterstützung, Schutzaufgaben (Objektschutz), ABC-Abwehr, Unterstützung bei Geniearbeiten, Überwachung des schweizerischen Luftraums gemeinsam mit den Luftstreitkräften der Anrainerstaaten. Siehe hierzu ausführlich: *Botschaft zum Bundesbeschluss über den Einsatz der Armee im Assistenzdienst zur Unterstützung der zivilen Behörden anlässlich der Fußball-Europameisterschaft 2008 (UEFA EURO 2008) vom 23. September 2006,* <http://www.admin.ch/ch/d/ff/2006/8179.pdf> (Zugriff: 25. März 2008).

So gibt es auf der einen Seite eine enge Kooperation zwischen den in- und ausländischen Sicherheitsbehörden. Aber ebenso entscheidend wird das Zusammenspiel zwischen den staatlichen Kräften und privaten Organisationen und Institutionen sein. Dies betrifft einerseits die Zusammenarbeit mit den privaten Sicherheitsdienstleistern, die in erster Linie für die Sicherheitsmaßnahmen in Stadien, Trainingsstätten und Public Viewing-Veranstaltungen verantwortlich sind. Aber auch im Bereich der Prävention ist die Kooperation vor allem mit Unternehmen, die im Blickpunkt des Faninteresses stehen (wie Verkehrs-, Handels- oder auch Gastronomiebetrieben), von höchster Bedeutung. In diesem Bereich konnten auch viele wertvolle Erfahrungen aus vorhergehenden Großveranstaltungen, wie vor allem der FIFA-Weltmeisterschaft 2006 in Deutschland, gewonnen werden, die in das Sicherheitskonzept des BM.I einflossen.

Rückschlüsse über die Weiterentwicklung der öffentlich-privaten oder der ministeriellen Zusammenarbeit – beide funktionieren in Österreich generell sehr gut – können wohl erst nach der EURO 08 gezogen werden.

Alles Gute kommt von oben: Die Förderung luftgestützter Innovation in einem Intellectual Property Cluster

Ralph Thiele

Veränderung gestalten

Die Bedingungen, unter denen Sicherheit, Stabilität und Prosperität gewährleistet werden müssen, haben im Zuge der Globalisierung enorm an Dynamik und Komplexität gewonnen. Darauf haben sich Staat, Wirtschaft, Wissenschaft und Forschung – mithin alle Stakeholder – einzurichten. Sie können nur erfolgreich sein, wenn sie den damit verbundenen Veränderungsprozess flexibel und zukunftsgerichtet gestalten.

Die Sicherstellung von Wissens-, Entscheidungs- und Wirkungsüberlegenheit ist eine Schlüsselherausforderung im Wettbewerb um Prosperität und Sicherheit. Kompetenz, Know-how und die Verfügbarkeit von *Wissen* bestimmen zunehmend die Leistungskraft und Handlungsfähigkeit von Staaten wie auch Unternehmen. Intellectual Properties (IP, geistiges Eigentum) sind Ressourcen von strategischem Wert. Deshalb ist es von besonderer Bedeutung, wichtige und langfristige Trends frühzeitig zu erkennen, daraus die richtigen Folgerungen abzuleiten und zu implementieren.

Hohe Transaktionsraten und Operationsgeschwindigkeiten, strukturelle Lernfähigkeit und Flexibilität sind die Voraussetzungen für die Beherrschung von Dynamik und Komplexität auf allen Ebenen. Sie sind zugleich die Voraussetzungen für sicherheitsbezogene wie unternehmerische Erfolge. Wer sich den veränderten Herausforderungen und den sich immer schneller wandelnden politischen, gesellschaftlichen, wirtschaftlichen und technischen Rahmenbedingungen nicht mental und strukturell in einem Prozess permanenter Anpassung stellt, verliert drastisch an Relevanz.

In diesem Beitrag soll am Beispiel luftgestützter Fähigkeiten dargestellt werden, wie man das von Thomas Dittler und Heiko Landahl-Gette im 6. Band der Reihe *Vernetzte Sicherheit* vorgestellte Konzept eines Intellectual Property Cluster[1] nutzen kann, um Innovation zum gegenseitigen Nutzen von Staat, Wirtschaft, Wissenschaft und Forschung zu gestalten.

1 Thomas Dittler und Heiko Landahl-Gette, „Die Transformation der Bundeswehr als Innovationsmotor für die deutsche verteidigungs- und sicherheitstechnische Industrie“ in: Heiko Borchert (Hrsg.), *Zu neuen Ufern. Politische Führungskunst in einer vernetzten Welt* (Baden-Baden: Nomos, 2006), S. 112-131.

Vernetzte Sicherheit

Vernetzte Sicherheit ist als Kernbegriff künftiger Sicherheitspolitik im Weißbuch 2006 zur Sicherheitspolitik Deutschlands und zur Zukunft der Bundeswehr verankert.[2] Das Konzept der Vernetzten Sicherheit adressiert das veränderte, breite und anspruchsvolle sicherheitspolitische Herausforderungsspektrum. Es bietet einen erfolgversprechenden Ansatz, um Sicherheit, Stabilität und Prosperität in einer neuen Ära zu sichern.

Viele neue oder zumindest wesentlich veränderte Herausforderungen stellen neue bzw. veränderte Anforderungen an Sicherheits- und Prosperitätsvorsorge – neue Verwundbarkeiten, neue Abhängigkeiten, neue klimatische Herausforderungen, neue Technologien, neue unternehmerische Ansätze, neue Akteure, neue internationale Regeln usw. Terroristen und Großkriminelle nutzen diese neuen Möglichkeiten für ihre Aktivitäten und darüber hinaus auch jede Schwäche der Staatengemeinschaft, um mit den Veränderungen Schritt zu halten.

Die Verknüpfung von Terrorismus und dem Besitz chemischer, biologischer, radiologischer oder sogar nuklearer Waffen ist eine der größten vorstellbaren Bedrohungen. Vor dem Hintergrund wachsender Proliferation, illegalen Waffenhandels, der Zunahme von innerstaatlichen und regionalen Konflikten, von Destabilisierung bzw. Desintegration von Staaten sowie der Privatisierung von Gewalt entsteht ein „Biotop", in dem Terrorismus – aber auch Kriminalität – vorzüglich gedeihen können. Hinzu kommt die Gefährdung durch ökologische, technische und Naturkatastrophen, die steigende Gefahr von Epidemien und Pandemien. Aber auch Migration und demografische Entwicklungen gewinnen an sicherheitspolitischer Bedeutung.

Damit rückt Prävention in den Vordergrund eigener sicherheitspolitischer Konzeptionen, insbesondere die ganzheitliche, ressortübergreifende, multinationale Förderung von Stabilität und Good Governance. Greift Prävention nicht, muss zur Begrenzung bzw. Behebung von eingetretenem Schaden gelegentlich auch korrigierend, intervenierend gehandelt werden. Die Voraussetzung für das Erreichen der eigenen politisch-strategischen Zielsetzung ist das synergetische Zusammenwirken aller relevanten Akteure. Zivile und militärische Mittel müssen in einem kohärenten, ganzheitlichen Ansatz gemeinsam wirken – Polizeikräfte und Soldaten, Verwaltungsfachleute und Richter etc.

Wissen spielt hierfür in unterschiedlichsten Ausprägungen eine entscheidende Rolle – über soziale und wirtschaftliche Strukturen in Krisengebieten, über Geschichte und Kultur, Interessen und Werte und viele weitere Aspekte. Vernetzte Sicherheit ist wissensbasiert. Sie gründet auf einem gemeinsamen, konturen- und tiefenscharfen *Lageverständnis*. Dies ist von großer Bedeutung, denn *ressortübergreifende Operationen* sind nicht notwendigerweise mit militärischen Einsätzen gleichzusetzen. Das *gemeinsame Lageverständnis* muss ein systematisiertes Vorgehen sowohl bei der Auswahl der Mittel als auch bei deren komplementärem Einsatz ein-

2 *Weißbuch 2006 zur Sicherheitspolitik Deutschlands und zur Zukunft der Bundeswehr* (Berlin: Bundesministerium der Verteidigung, 2006), S. 29 ff.

schließen. Je frühzeitiger und effektiver dieses ressortübergreifende Wirken ansetzt, desto größer wird die Gesamtwirksamkeit staatlichen Handelns.

Heute ist es möglich, ein *Lagebild* zu generieren, das echtzeitnah Komplexität reduziert und qualitativ besseres Handeln mit einem wesentlich verkürzten Antwort-Zeit-Verhalten gestattet. Hochmoderne, preiswerte und zugleich leistungsfähige Informations- und Kommunikationstechnologie in Verbindung mit Wissensmanagement, Modellbildung und Simulation sowie den Leistungen moderner Sensoren begründen diese Fähigkeit. Eine wesentlich verbesserte Einbindung ziviler Abstimmungspartner an operativen Entscheidungsprozessen wird möglich. Deren Erfahrung und Wissen können künftig von der ersten Planung an einbezogen werden.

Vernetzte Sicherheit fordert insbesondere zivile Führung. Aufgrund der komplexen Zusammenhänge zwischen Konfliktverhütung und Krisenbewältigung, Konfliktnachsorge und Wiederaufbau kann nur eine kontinuierliche zivile Führung aus einer Hand auf Dauer erfolgreich sein, denn Verantwortung ist unteilbar. Die Erfahrung zeigt, dass der schnelle Aufbau staatlicher Strukturen – darunter Verwaltung, Justiz und Polizei – die Schlüsselherausforderung für den Stabilisierungserfolg von Einsätzen ist. Streitkräfte „kaufen Zeit", damit sich die zivilen Kräfte hinsichtlich Stabilität und Good Governance entfalten können. Sie stellen zudem den militärischen Sicherheitsrahmen im Falle einer Eskalation.

Die Umsetzung vernetzter Sicherheit erfolgt auf nationaler Ebene im Rahmen der *ressortübergreifenden Zusammenarbeit,* bei multinationalen Einsätzen über den Comprehensive Approach, der sich in der praktischen Ausgestaltung wiederum des Effects-Based Approach to Operations (EBAO) bedient.[3]

Ressortübergreifend geht es darum, die vorhandenen Instrumente fortgesetzt zu überprüfen und weiterzuentwickeln. Sie sollen synergetisch beitragen, politisch-strategische Ziele zu erreichen. Sie sollen den politischen Entscheidungsträgern mehr Zeit, mehr Handlungsoptionen und mehr Flexibilität geben. Das Zusammenwirken militärischer und nicht-militärischer Kräfte und Organisationen im Rahmen des Krisenmanagements, aber auch der Krisenprävention werden in Deutschland derzeit in unterschiedlichen Organisationen und Gremien konzeptionell erfasst. Zahlreiche Ressorts verfügen bereits über Instrumente des Krisenmanagements, darunter das Krisenreaktionszentrum des Auswärtigen Amtes, das Einsatzführungskommando der Bundeswehr oder auch das Gemeinsames Lagezentrum von Bund und Ländern.

Der Comprehensive Approach zielt auf die enge Zusammenarbeit aller relevanten, staatlichen und nichtstaatlichen Akteure in einem Einsatzgebiet. Der NATO Generalsekretär hat dieses Thema in seine Roadmap für den NATO-Gipfel im Jahr 2008 aufgenommen. Inhaltlich geht es um die Entwicklung von zweckmäßigen, einsatzbezogenen Regeln und Verfahren für ein heterogenes Spektrum von Akteuren, die im Rahmen von Konfliktverhütung und Krisenbewältigung weitgehend unabhängig handeln wollen und zwischen denen keine hierarchische Zuordnung besteht.

3 EBAO wurde in der Reihe *Vernetzte Sicherheit* bereits mehrfach vorgestellt.

Die kohärente und ganzheitliche Anwendung politischer und militärischer, entwicklungspolitischer und wirtschaftlicher, humanitärer, polizeilicher und nachrichtendienstlicher Instrumente der Konfliktverhütung und Krisenbewältigung im Dienste einer multinational und ressortübergreifend angelegten, politischen-strategischen Zielsetzung erfolgt über EBAO. *EBAO* basiert auf einer systemtheoretisch angelegten Analyse und zielt über dessen politisch-militärisch-sozialen Strukturen des Widersachers primär auf dessen Verhalten. Dieser Ansatz operationalisiert den Comprehensive Approach und sieht auch die Einbindung von Akteuren vor, die nicht zum Nordatlantischen Bündnis gehören – Partner, Freunde, Nicht-Regierungsorganisationen etc.

Die zentrale Rolle von Sicherheit aus der Luft

Die Implementierung von Vernetzter Sicherheit erstreckt sich von der politischen bis in die operationelle Ebene. Grenzen und Küsten, Versorgungspipelines und Stromnetze, Großveranstaltungen und kritische Infrastruktur, Warenketten und Transportwege sollen schon bald durch Verfahren und Technologien geschützt werden, die heute vielen eher futuristisch anmuten.[4] Die inhärente Flexibilität und Mobilität von Luftfahrzeugen prädestinieren diese geradezu für vernetzte Sicherheitsaufgaben. Ihre unaufdringliche Omnipräsenz in Verbindung mit den explodierenden technologischen Entwicklungen u.a. bei Verbundstoffen, Antrieben und Sensorik sowie im Bereich von Informations- und Kommunikationstechnologien (IKT) und bei Daten- und Bildintegration bzw. -fusion befähigen sie für neue Aufgaben in einer neuen Zeit.

Insbesondere bei der Wahrnehmung von Überwachungs-, Aufklärungs- und Sicherungsaufgaben gewinnen Luftfahrzeuge aller Größen – bemannt, zunehmend auch unbemannt – eine immer zentralere Rolle. Sie sind rasch verfügbar. Sie können unter Umständen lange im Einsatz bleiben. Sie können im Vergleich zu terrestrischen Sensoren eine enorme Fläche äußerst präzise überwachen bzw. Aufklärungsdaten in ein echtzeitfähiges Lagezentrum von verschiedensten Einsatzkräften übermitteln.

Bisher begrenzt der Mensch die wesentlichen Leistungsparameter von Luftfahrzeugen: Größe und Geschwindigkeit, Höhe und Manövriervermögen, Stehzeit und Konfiguration, Komplexität und Start-/Landemodalitäten. Enorme Verbesserungen in leistungsbestimmenden Technologien, beispielsweise die sichere Verfügbarkeit von Satellitennavigation über GPS bzw. Galileo im Zusammenhang mit den Möglichkeiten moderner Modellbildung und Simulation, erlauben zunehmend Flugbe-

4 Siehe hierzu auch die Beiträge von Heiko Borchert und Karina Forster sowie Johannes Prinz in diesem Band.

trieb ohne Piloten an Bord. In Israel werden UAVs[5] bereits regelmäßig zur Aufklärung von terroristischen Anschlägen genutzt. UAVs gehört die Zukunft.

Damit kann der gegenwärtige sprunghafte Anstieg der technologischen wie auch der ökonomischen Bedeutung von UAVs nicht überraschen. Denn deren herausragende Eigenschaften im gesamten Fähigkeitsspektrum sind nicht zu übersehen – zum Beispiel Einsatz in großer Höhe, große Reichweite und lange Verweildauer im Einsatzgebiet. Bemannte Luftfahrzeuge werden in Zukunft nur noch in geringer Stückzahl zur Verfügung stehen und dabei immer mehr Einsatzoptionen mit einer Mehrrollenfähigkeit gleichzeitig abdecken müssen. Hier wirken unbemannte Systeme entlastend und erschließen zusätzlich eine neue Qualität der Fähigkeitsausprägung. Sie bieten szenario-, bedrohungs- und lageunabhängig Vorteile, die im Wesentlichen aus dem Verzicht auf eine Besatzung erwachsen.

Viele neue, auch ungewöhnliche Einsatzfelder eröffnen sich – beispielsweise die Überwachung von Migrationsbewegungen, der Schutz und die Überwachung des Transports gefährlicher Güter. Es ist zu erwarten, dass UAVs künftig auch im Bereich akustischer Aufklärung eingesetzt werden. Ein weiteres mögliches Einsatzfeld ist Versorgung über große Distanzen auch in schwierigem Gelände und bei schwierigen Witterungsbedingungen. Ebenfalls denkbar sind Einsätze unter ABC-Bedingungen, bei Industrieunfällen oder Katastropheneinsätzen. Ihr Einsatz in einer vernetzten Umgebung wird zu einem wesentlichen Erfolgsfaktor im Ringen um Wissens-, Entscheidungs- und Wirkungsüberlegenheit. Umgekehrt können UAV ihre Fähigkeiten am besten entfalten, wenn sie in Netzwerke oder in einen Informationsverbund eingebunden sind.

Im militärischen Einsatz sind UAVs bereits fest etabliert. Derzeit liegt ihr Haupteinsatz im Bereich von Nachrichtengewinnung und Aufklärung. Schon bald werden sie umfangreiche Aufgaben im Rahmen der abbildenden Aufklärung und Überwachung mit Infrarot-, optischen und Radar-Sensoren sowie der signalerfassenden Überwachung und Aufklärung wahrnehmen. Aber auch für Überlebensfähigkeit und Schutz leisten UAVs wertvolle Beiträge. Ihr hoher Stellenwert für den Schutz von Bodentruppen im Einsatz resultiert dabei aus der Kombination von leistungsfähigen Sensoren und hoher Verweildauer über dem Einsatzgebiet. Hinzu kommt mit der Change Detection eine rechnergestützte Funktion, mittels derer Lageveränderungen automatisch protokolliert und auf dem entsprechenden Bildmaterial graphisch visualisiert werden. Die Kombination langer Stehzeit im Einsatzgebiet mit Sensorvielfalt

5 Ein UAV (Unmanned Aerial Vehicle) ist ein aerodynamisch fliegendes, angetriebenes Luftfahrzeug ohne Besatzung an Bord. Dessen Bewegungssteuerung erfolgt autonom oder ferngeführt. Es ist einmal oder mehrfach verwendbar und für eine oder mehrere Einsatzrollen ausgelegt. Es trägt missionsabhängige Nutzlasten. Unter UAV-Systemen (UAS) versteht man die Gesamtheit aller notwendigen Kräfte, Mittel und Verfahren, die den auftragsgemäßen Einsatz von UAV gewährleisten. Sie bestehen aus Luftsegmenten, Bodensegmenten und dem Unterstützungssegmenten. Hinzu kommen Fernmeldenetze und Systeme zur Anbindung des Bodensegments an zentrale Führungs- und Informationssysteme, zur Unterstützung der Kommunikation zwischen Luft- und Bodensegment und zur Weitergabe von Flugführungs- und Missionsdaten.

prädestiniert UAVs, frühzeitig relevante Aktivitäten am Boden aus der Luft zu erkennen. Bei der erfolgreichen Mission der Europäischen Union im Kongo[6] wurden beispielsweise UAVs über der Hauptstadt Kinshasa eingesetzt, um die wenigen verfügbaren Patrouillen am Boden zeit- und zielgerecht in Problemzonen – also zur rechten Zeit am richtigen Ort – einsetzen zu können.

In der Vernetzten Sicherheit multiplizieren UAVs die Fähigkeit, wirkungsvoll in den Entscheidungszyklus von kriminellen, terroristischen oder anderen gegnerischen Akteuren einzudringen. Ist der Schaden dennoch eingetreten, unterstützen sie wirksam die unverzügliche Schadensbegrenzung. Ohne luftgestützte Überwachung, Aufklärung und Erkundung in Echtzeit können weder präventive Maßnahmen zeitgerecht eingeleitet noch erforderliche Maßnahmen zum Konsequenzenmanagement getroffen werden.

Mit Hilfe von UAVs lassen sich ressortübergreifend Lagebild und Lageverständnis wesentlich verbessern. Sie können als Träger von Kommunikations-Relais-Systemen eingesetzt werden, die Reichweite terrestrischer Fernmelde- und Führungsmittel wesentlich erhöhen und insgesamt zu einer verzugsarmen und unterbrechungsfreien Informationsversorgung beitragen. Unter Nutzung von UAVs als ferngesteuerte und ferngewartete Netzknoten lassen sich auch in weit entfernten Gebieten kurzfristig vernetzte Führungsunterstützungssysteme einrichten und betreiben, insbesondere auch in Regionen ohne jegliche IT-Infrastruktur. Ihre hohe Mobilität und schnelle weltweite Verfügbarkeit machen UAVs darüber hinaus zu einer zweckmäßigen Ergänzung von Satellitenkommunikation. Mit ihrer Hilfe lassen sich bestehende Engpässe bzw. Abdeckungsgrenzen kurzfristig erweitern, überregionale Kapazitäten aufbauen bzw. bestehende Abdeckungslücken schließen, Schwerpunkte bilden bzw. auf Spitzenauslastungen vorhandener Führungssysteme reagieren und diese bedarfsgerecht ergänzen.

Markttrends

Der Markt hat längst auf diese Entwicklung reagiert. Ein wachsender Bedarf an unbemannten (fliegenden) Plattformen und Robotik ist absehbar. Neue Programme werden bei praktisch allen großen internationalen Unternehmen aufgelegt und darüber hinaus auch bei zahlreichen Unternehmen mittlerer Größe. Zur Zeit werden luftgestützte Plattformen auf den Markt gebracht bzw. für den Markt vorbereitet, die für eine breite Aufgabenpalette geeignet sind – zivile und militärische Sicherheits- und Stabilisierungsaufgaben oder auch kommerzielle Zwecke, Rettungsdienste und

6 Um den ordnungsgemäßen Ablauf der Wahlen abzusichern, hatten die Vereinten Nationen im Dezember 2005 die EU gebeten, die im Kongo stationierte UN-Peacekeeping-Mission MONUC mit europäischen militärischen Kräften für den Zeitraum der Wahlen zu unterstützen. Hierzu hatte der Sicherheitsrat der Vereinten Nationen mit Resolution 1671 vom 25. April 2006 einstimmig ein Mandat nach Kapitel VII der UN-Charta erteilt, das bis zum 30. November 2006 befristet war. Der Rat der Europäischen Union hatte daraufhin die EU-Operation EUFOR RD Congo beschlossen, die fristgerecht am 30. November 2006 endete.

Katastrophenschutz – und dies bei bemerkenswert niedrigen Investitions- und Betriebskosten.

Ein – möglicherweise Trend setzendes – Beispiel ist die von Daimond Aircraft Industries (Österreich) entwickelte DA 42 MPP, ein zweimotoriger luftgestützter Multisensorträger aus Verbundstoff mit Dieselantrieb, der mit und ohne Piloten geflogen werden kann. MPP steht dabei für Multi Purpose Plattform. Die DA 42 MPP wird bereits erfolgreich für die Fernsehberichterstattung von Sportereignissen genutzt – darunter Skirennen, Fußballspiele und Triatlonwettbewerbe –, weiterhin für Aufklärungs- und Überwachungsaufgaben im Bereich von Innerer Sicherheit und Grenzschutz. Mit dem Erprobungseinsatz des Systems DA42 OPALE[7] im September 2007 in Norwegen im Rahmen einer NATO-Übung[8] wie auch bei einem nachfolgenden Fusionsexperiment der deutschen Luftwaffe[9] wurde beispielsweise dessen enormes Potenzial als Plattform für Überwachungs- und Aufklärungsaufgaben von Streitkräften demonstriert.

Generell erweisen sich ressortübergreifende Sicherheitsaufgaben, die auch Nicht-Regierungsorganisationen einbeziehen, als Treiber einer Entwicklung zu einem vernetzten, hochreaktiven Sicherheitsverbund. Es ist davon auszugehen, dass Innovationen in Vernetzte Sicherheit einen zweistelligen Milliardenmarkt schaffen. Dieser Markt wird derzeit noch von staatlichen Akteuren dominiert. Doch schon heute zeichnet sich ab, dass sukzessive auch die Nachfrage von Unternehmen und Privatpersonen nach luftgestützter Sicherheitstechnologie dynamisch wächst. Ein Strukturwandel wurde angestoßen, der kaum einen Bereich von Wirtschaft und Gesellschaft unberührt lässt und der auch die Grundlagen künftiger Wertschöpfung umfassend verändert. Allein bei den Olympischen Spielen in Athen wurden beispielsweise im Jahr 2004 1,4 Mrd. € für Sicherheit aufgewandt. UAVs spielten bei der Gewährleistung der Sicherheit bereits eine wichtige Rolle.

Damit eröffnet sich eine neue Epoche von Sicherheitstechnologien und Anwendungen. Die Industrie muss sich unter den veränderten Bedingungen in enger Abstimmung mit dem Kunden konsequent auf Innovation und Weiterentwicklung aus-

7 Optional Piloted Aircraft Long Endurance, dieses System wurde durch die Kooperation zwischen Diamond Aircraft Industries und Rheinmetall Defence Electronic realisiert.

8 Die OPALE wurde in Norwegen im Rahmen des Demonstrationsvorhabens „Trial Quest 2007" eingesetzt. Zweck dieser Demonstration war es, die NATO-Übung „BOLD AVENGER", die größte fliegerische NATO-Übung im Jahr 2007, auf realistische Weise operationell mit intelligenten Überwachungs- und Aufklärungs- sowie so genannten Command and Control-Elementen zu unterstützen. Insgesamt waren 13 Nationen beteiligt sowie die NATO NC3-Agentur (NATO Consultation, Command and Control Agency). Zu den wesentlichen Zielen der Demonstration zählten:

- Demonstration der Vorteile des integrierten Einsatzes unterschiedlicher Sensorik in Szenarios wie Terroristenbekämpfung, NATO Verteidigungseinsätze und Auslandseinsätze von multinationalen Verbänden.
- Demonstration und Validierung von gemeinsamen Standards.
- Demonstration der Vorteile und Fähigkeiten durch die gemeinsame Nutzung von NATO-Informationen.

9 Vom 8. bis 12. Oktober 2007 beim Aufklärungsgeschwader 51 in Jagel.

richten, beispielsweise durch integrierte Kunden-Lieferanten-Teams, im nationalen, aber auch im internationalen Rahmen. Public-Private-Partnership- und Turn-Key-Lösungen gewinnen an Bedeutung. Vernetzte Sicherheit bedeutet für die Industrie, dass sie die eigene Fähigkeit ausprägen muss, vernetzte, interoperable Produkte zu entwickeln, die sich wiederum in vernetzte, interoperable Systeme integrieren lassen. Diesen Anforderungen wird derzeit bei der Entwicklung von UAVs von vornherein entsprochen. Künftig sind systemische, fähigkeitsorientierte Ansätze gefragt, die auf IP gründen.

In der Wirtschaft ist längst der Wandel von einer Warenökonomie zu einer Informationsökonomie mit einer entsprechenden Informations- und Wissensorientierung bereits erkennbar. Internet und hochleistungsfähige Kommunikationsinfrastrukturen haben dort die früher statischen Hierarchie- und Kommunikationsbeziehungen neu bestimmt und die Zukunftsfähigkeiten mit dem praktischen und innovativen Potenzial von Kollaborations-Netzwerken verbunden. Führungseffizienz und -effektivität entscheiden sich dabei zunehmend im Verbund aller Aspekte, insbesondere über die

- qualitätsgesicherte Echtzeitversorgung mit relevanten Daten, Informationen und Wissen,
- Flexibilität in der Zusammenarbeit der Mitarbeiter und Partner,
- Anpassungsfähigkeit der Führungsprozesse an veränderte Rahmenbedingungen sowie Innovationskraft.

Trendanalysen zeigen, dass neue, zügig wachsende Märkte und neue Möglichkeiten bei zunehmend anspruchsvollen Kundenerwartungen entstehen. Neben langlebigen Systemträgern wird das Bild der Streitkräfte durch kurzlebigere Wirksysteme bestimmt werden. Zwar bleibt das bestehende Fähigkeitsportfolio grundsätzlich relevant, Legacy-Systeme werden jedoch Zug um Zug auf veränderte Aufgabenstellungen zugeschnitten. Nur wenige Kernfähigkeiten entstehen neu, insbesondere im Bereich von UAVs und Robotik.

Konzepte in den Bereichen Nachrichtengewinnung und Aufklärung (C4ISTAR[10]) und Vernetzte Operationsführung stehen im Zentrum systemischer Konzepte und Architekturen. Hierbei gewinnt das Thema Lagebild an Bedeutung. Dessen – in Deutschland von Beginn an angestrebte – Rollenorientierung setzt sich zunehmend international durch. Die Kommunikation erfolgt künftig über schwarze und rote Kollaborationsnetze, die – unter Abstützung auf kommerziell verfügbare Technologien – die hergebrachten, proprietären Führungs- und Informationssysteme ablösen. Die integrierte Nutzung von Modellbildung und Simulation wird von der Entwicklung über die Experimentierung bis hin zum Training und zur Entscheidungsunterstützung im Einsatz selbstverständlich. Dabei zeichnet sich ein wachsender Bedarf für dual- bzw. sogar multiple-use Anwendung im Bereich Public Security ab. Ent-

10 Command, Control, Communication, Computer, Intelligence, Surveillance, Targeting and Reconnaissance.

sprechend wird es bei Führungs- bzw. IKT-Systemen zunehmend ressortgemeinsame und zivil-militärische Lösungen geben.

Zur Leistungsfähigkeit der zukünftigen Streitkräfte wird eine strukturell verdichtete wehrtechnische Industrie durch die Fähigkeit beitragen, kontinuierlich Wirk- und Einsatzmanagementsysteme mit Spitzentechnologie bereitstellen zu können, die jederzeit entsprechend einer Mission in ein vernetztes Gesamtsystem zu integrieren sind. Potenzial wird in diesem Zusammenhang bedeutender als Arsenal.[11] Zugleich entsteht ein rasant wachsender Markt für Sicherheits- und Verteidigungsprodukte und -lösungen, auf dem sich alle Ressorts des Staates sowie nachgeordnete Dienststellen und Sicherheitskräfte, aber auch NGOs bedienen. Sie suchen – primär – an den Einsatzaufgaben der Sicherheitskräfte orientierte, bezahlbare Lösungen für die dringendsten Sicherheitsaufgaben – im vernetzten, ressortübergreifenden Kontext. Dies induziert entsprechend dimensionierte Losgrößen für Sicherheitstechnologien und -systeme. Damit ist es an der Zeit für Überlegungen, wie man preiswerte, leistungsfähige und systemisch interoperable Systeme mit einer hohen technologischen Qualität – in kurzer Zeit und in großer Stückzahl – den mit Sicherheitsaufgaben und Katastrophenhilfe beauftragten Kräften in Bund und Ländern zur Verfügung stellen kann.

In der Vernetzten Sicherheit ist es wichtig, dass Einsatzerfahrungen von Sicherheitskräften in einer kurzen Rückkopplungsschleife auch industriell schnell umgesetzt und verfügbar gemacht werden müssen können. Die Erwartungen an die Schnelligkeit industrieller Antworten, umgehenden Zugriff auf Informationen und globale Wirkungen, wachsen. Nur wer als Unternehmen eigene vernetzte Fähigkeiten aufweist, kann glaubhaft machen, seine Kunden bei deren Herstellung von vernetzten Fähigkeiten kompetent zu unterstützen. Die Komplexität technischer Lösungen und Risiken, ebenso die neuen Kundenbedürfnisse erfordern ein neues industrielles Leistungsniveau, insbesondere bei Zukunftstechnologien einschließlich der Systemintegration. Die wachsende Anforderung an Unternehmen, als System of Systems-Architekt aufzutreten, bedeutet folgerichtig für sie wachsende Verantwortung und verstärkte Risikoübernahme bei steigender Komplexität.

Gestiegene Verantwortung müssen auch Staat, Wissenschaft und Forschung schultern. Sie sind gefordert, neue Wege zu gehen. Wettbewerbsfähige industrielle Fähigkeiten in technologischen Kernbereichen müssen mit ressortübergreifenden Ansätzen unterlegt und im Dialog mit der Industrie, Wissenschaft und Forschung entwickelt werden. Dabei verdient das innovative Potenzial kleiner und mittelständischer Unternehmen besondere Beachtung. Darüber hinaus ist es zweckmäßig, die Erfahrung anderer Nationen für eigene Projekte nutzbar zu machen. Eigene technologische Fähigkeiten sichern Kooperationsfähigkeit und damit auch Einfluss bei multinationaler Entwicklung und Beschaffung, insbesondere aber fortgesetzte Prosperität.

11 Siehe hierzu die Beiträge in: Heiko Borchert (Hrsg.), *Potentiale statt Arsenale. Sicherheitspolitische Vernetzung und die Rolle von Wirtschaft, Wissenschaft und Technologie* (Hamburg: Verlag E.S. Mittler & Sohn, 2004).

Mit dem Cluster Komplexität und Dynamik gestalten

Man könnte erwarten, dass Standortvorteile in der Globalisierung an Bedeutung verlieren. Offene globale Märkte, schnelle Transportmöglichkeiten und Hochgeschwindigkeitskommunikation sollten Unternehmen ermöglichen, alles von überall und jederzeit zu bekommen. Tatsächlich widerlegt die Empirie diese Erwartung.[12] Gerade in der Globalisierung spielen regionale Faktoren für die unternehmerische Standortentscheidung eine wichtige Rolle. Kulturelle und institutionelle Nähe sichert spezifischen Zugang, engere Beziehungen, bessere Information, höhere Motivation, nachhaltigere Zielsetzungen und weitere Vorteile gegenüber entfernten Wettbewerbern.

Die Bandbreite wichtiger Standortfaktoren schließt regionale Zulieferer und Dienstleistungsunternehmen mit ein, darüber hinaus Netzwerke im Bereich Forschungs- und Wissenstransfer, aber auch regionale Wohn-, Kultur- und Freizeitangebote. Auch die wirksame Interessenvertretung mit Blick auf den Ausbau staatlicher Infrastruktur – vom Straßenbau bis zu Hochschulen und Forschungseinrichtungen, ebenso das Einwerben von regionalen, nationalen und internationalen Fördermitteln – fällt leichter, wenn man vor Ort ist. Je komplexer, wissensbasierter und dynamischer die Welt wird, desto entscheidender werden diese Faktoren.

Verbindet man das Standortthema mit der Aufgabe, Veränderung zu gestalten, den absehbaren Sicherheits- und Wirtschaftstrends und der zentralen Bedeutung luftgestützter Fähigkeiten, so ist man schnell bei einem vielversprechenden, vernetzten Ansatz zur Förderung von Innovation – dem Cluster. Bei der Untersuchung verschiedener Industrienationen entdeckte Michael Porter das Phänomen der geographischen Konzentration von Branchen.[13] Diese sogenannten Cluster sind danach lokale bzw. regionale kritische Massen von Unternehmen und Institutionen – von Zulieferern bis Universitäten und Regierungseinrichtungen –, die in einem bestimmten Sektor außerordentliche Erfolge verzeichnen.

Offensichtlich fördern Cluster hohe Ausprägungen von Produktivität, Innovation und Kooperation. Mit Hilfe der Wettbewerbstheorie fand Porter heraus, dass Cluster vor allem dort entstehen, wo die vier Bestimmungsfaktoren des Wettbewerbs günstig sind. Vor diesem Hintergrund eröffnet sich das Potenzial eines nationalen Diamanten (Abbildung 9), in dem sich Faktorbedingungen, Unternehmensstrategie, Struktur und Wettbewerb, die Präsenz fähiger Unternehmen und Lieferanten in verwandten, unterstützenden Branchen sowie die Nachfragebedingungen gegenseitig positiv dynamisch beeinflussen und damit Wettbewerbsvorteile generieren.

12 Michael E. Porter, "Unternehmen können von regionaler Vernetzung profitieren", *Harvard Businessmanager,* 21:3 (März 1999), S. 51-63.

13 Michael E. Porter, *The Competitive Advantage of Nations* (New York: The Free Press, 1990).

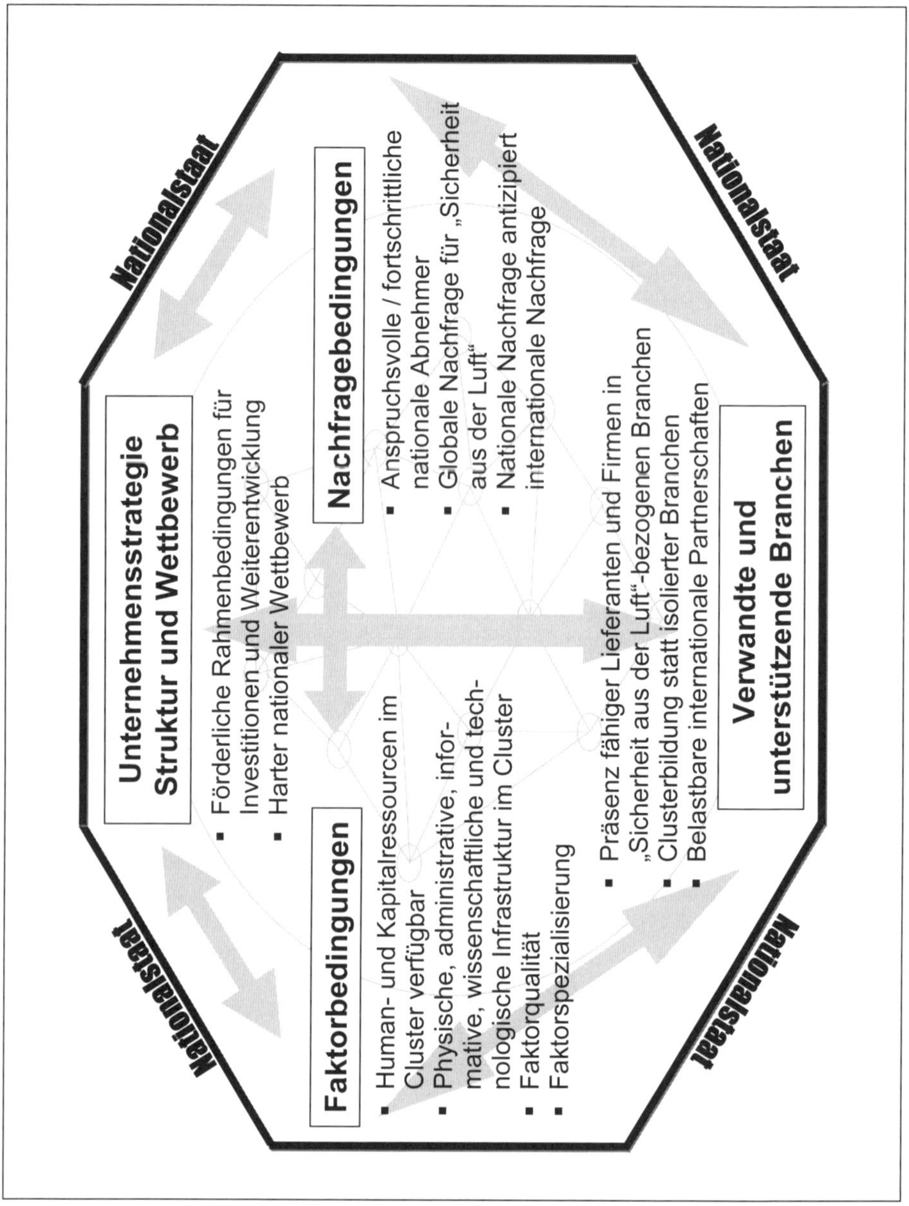

Abbildung 9: Nationaler Diamant für das IPC „Sicherheit aus der Luft“

In der sich ausprägenden Wissensgesellschaft wird die Zukunft industrieller Wertschöpfung in erster Linie von IP bestimmt. Mehr noch als die Zahl der Arbeitsplätze sind es die Köpfe, die Innovation, Prosperität und auch Sicherheit bestimmen. Hieraus haben Thomas Dittler und Heiko Landahl-Gette[14] ihre Überlegung entwickelt, Innovation mit Blick auf die Förderung und Weiterentwicklung wettbewerbsfähiger industrieller Fähigkeiten in technologischen Kernbereichen durch Intellectual Property Cluster (IPC) voranzutreiben – Politik, Staat und Wirtschaft, Wissenschaft und Forschung gemeinsam. Es geht um die thematische, fähigkeitsbezogene Konzentration von Innovationspotenzial auf ein *Cluster*, in das alle Stakeholder einbezogen sind. Kern dieses Ansatzes ist: Entscheidend ist nicht das Produkt selbst, sondern die Intelligenz dahinter.

Ein IPC ist gemäß der Definition von Dittler/Landahl-Gette[15]

- ein (lokales) Netzwerk von Unternehmen verschiedener Branchen,
- eingebettet in einen Verbund aus staatlichen und privaten Organisationen,
- die zum Erhalt und Ausbau bestimmter (intellektueller) Fähigkeiten kooperieren,
- aber auch miteinander in Konkurrenz stehen.

Um die eigene Kompetenzvielfalt zur Generierung überlegener Lösungen bestmöglich auszuschöpfen und um technologische Durchbrüche in nutzbare Fähigkeiten umzusetzen, müssen die *Stakeholder* das verfügbare IP-Potenzial ergebnisorientiert nutzen und weiterentwickeln. Drei zentrale Anforderungen sind zu erfüllen:

- *Technologische Kompetenz bündeln und weiterentwickeln*
  Kompetenz-Networking ist die derzeit höchste Ausbaustufe des Wissensmanagements.[16] Es gilt, die eigenen Kernkompetenzen herauszuarbeiten, die dann in einen gemeinsamen Wertschöpfungsverbund mit Partnern einzubringen sind. Networking zielt darauf, die vorhandene Kompetenzvielfalt zur Generierung überlegener Lösungen bestmöglich auszuschöpfen. Hardwarebezogene Entwicklungen wie auch die erforderliche Modellierung von Software mit Blick auf die unterschiedlichen Handlungsoptionen und Umweltbedingungen müssen gebündelt und weiterentwickelt werden. Dies ermöglicht nicht nur eine Harmonisierung nationaler, sondern darüber hinaus auch internationaler F&E-Aktivitäten.

14 Dittler/Landahl-Gette, „Die Transformation der Bundeswehr als Innovationsmotor für die deutsche verteidigungs- und sicherheitstechnische Industrie“, S. 112 ff.

15 ebd., S. 120.

16 Kompetenz bedeutet in diesem Zusammenhang die Fähigkeit, alleine und vernetzt möglichst souverän Problemlösungen zu entwickeln.

- *Experten identifizieren und vernetzen*
  Die Identifikation und Vernetzung von Experten zielt darauf, die zum Erfüllen der Organisationsziele erforderlichen Kernkompetenzen abzuleiten und konsequent zu entwickeln. Das Entwickeln von Kernkompetenzen setzt das Generieren neuen Wissens voraus. Dies kann nur in der Interaktion kompetenter Experten geschehen, die ihr Erfahrungswissen einbringen, austauschen und daraus neues Wissen erzeugen. Reines Dokumentenmanagement greift hierfür zu kurz, da es die lebendige *Wissensbasis* vernachlässigt. Basis für Kompetenz-Networking ist deshalb ein Expertenmanagement, das die Identifikation relevanter Experten unterstützt und durch Vernetzung deren Erfahrungsaustausch fördert.

- *Kooperation strategisch ausrichten*
  In einem von Dynamik und Komplexität geprägten Umfeld ist es zunehmend erforderlich, die erforderlichen Kompetenzen gemeinsam mit kompetenten Partnern, auch außerhalb der eigenen Organisation, zu entwickeln, um zu überlegenen Lösungen kommen zu können. Kooperations- und Partnerschaftsfähigkeit hat strategische Bedeutung.

Alle Stakeholder sollen vom Cluster profitieren – es geht um Umsatzsteigerungen, erhöhte Steuereinnahmen, die Sicherung bzw. Schaffung von Arbeitsplätzen und weitere marktwirtschaftliche Effekte als Ergebnis beschleunigter Innovation und erhöhter Wettbewerbsfähigkeit. Das IPC dient insbesondere auch einem intensiven Austausch aller Stakeholder zu Fähigkeitslücken und Lösungsmöglichkeiten. Je besser und intensiver dieser Austausch gelingt, umso besser können IPCs bedarfs- und marktgerechte Lösungen liefern.

Das IPC braucht hierfür ein *innovatives Milieu,* das sich auf Wissens- und Technologietransfer, Aus- und Weiterbildung sowie die Organisation des Austausches von Daten, Informationen und Wissen förderlich auswirkt. Dem dienen der Aufbau, Ausbau sowie die Pflege einer regionalen Kommunikationskultur. Es zählt nicht nur die Zusammensetzung der Mitglieder – Hersteller, Lieferanten, Kunden, Berater, Vertreter staatlicher Institutionen etc. –, sondern mehr noch deren kooperative Haltung untereinander, z.B. in Communities of Interest.

Staatliche Forschungs- und Technologieförderung sollte diese Entwicklung gezielt unterstützend begleiten. Die Ausstattung der eigenen, nationalen Sicherheitskräfte und First Responder mit innovativen, leistungsfähigen und für den Export geeigneten Systemen wäre ein wichtiger Beitrag für den Clustererfolg – auch auf internationaler Ebene. Hierbei kann das innovative Potenzial kleiner und mittelständischer Unternehmen integriert werden. Gleichzeitig muss der Schutz der mit der Innovation verbundenen intellektuellen Leistungen gesichert sein. Dem Gesetzgeber obliegt es, Rahmenbedingungen zu schaffen und durchzusetzen, die Innovationen fördern und schützen.

Die Clusterorganisation ist im IPC das entscheidende Verbindungselement zwischen den Stakeholders. Sie dient ihnen als Plattform für das einzurichtende Informations-, Wissens- und Kompetenznetzwerk. Dazu muss sie den Stakeholders ein

Lagebild zur Verfügung stellen, das die Entscheidungsfindung in dynamischen und komplexen Lagen nachhaltig stärkt sowie ein leistungsfähiges Kollaborationsnetzwerk etablieren. Derart trägt sie zur Cluserdynamik bei, ebenso zur Erhöhung der Produktivität, zur Innovation sowie zur gemeinsamen Erschließung neuer Märkte. Zu ihren prominenten Aufgaben zählt die Bereitstellung von Plattformen für den unternehmerischen Know-how-Austausch und zur Weiterentwicklung – beispielsweise ein auf Modellbildung und Simulation gestütztes Experimentallabor –, die Pflege des Netzwerkes, Engagement im Bildungsbereich für mehr und besser ausgebildete Arbeitskräfte, Unterstützung des Standortmarketings durch Werbekampagnen und nicht zuletzt das politische Lobbying. Die Clusterorganisation unterstützt bei der Industrialisierung von Prototypen und sichert bzw. entwickelt das damit verbundene Know-how. Sie unterstützt die Wirtschaftsförderung bei der Akquisition neuer Firmen, indem sie Informationen über die quantitative und qualitative Entwicklung der Cluster bereitstellt – darunter Wachstum, Arbeitsmarktdaten, Erwartungen der Firmen.

Im IPC muss die Clusterorganisation insbesondere Strukturen und Prozesse befördern, die den Wissensaustausch und die Vernetzung der Stakeholder unterstützen. Bildungsinstitutionen und Universitäten spielen deshalb für IPC und deren Dynamik eine besonders wichtige Rolle. So kann es beispielsweise zweckmäßig sein, Studiengänge in Kooperation mit den unternehmerischen „Ankern" des Netzwerks zu entwickeln, die dann den Studenten im Laufe des Studiums auch Praktikumsplätze anbieten. Wenn Universitäten ihre Forschungsschwerpunkte oder ihren Lehrplan teilweise auf die Bedürfnisse des Cluster abstimmen, unterstützt dies den nahtlosen Übergang von Humankapital sowie neuer Technologien in die Cluster und fördert die Zusammenarbeit zwischen Forschung und Industrie. So könnten Universitäten die Technologien entwickeln und den Erlös daraus den Fakultäten zukommen lassen oder jungen Unternehmen aus dem Cluster eine geeignete Infrastruktur – also Bürofläche und Computer – sowie hilfreiche Dienstleistungen zur Verfügung stellen. Sie können damit wichtige Beiträge zur wirtschaftlichen Entwicklung der Cluster leisten. In jedem Fall profitiert davon die Clusterdynamik, denn dort kommt es zu einer verbesserten und intensivierten Zusammenarbeit, einem regen Know-how-Austausch und damit auch zu verbesserter Innovation.[17]

Umsetzung

Die Realisierung des Innovationspotenzials luftgestützter Technologien in einem IPC ist derzeit Gegenstand von zwei Forschungsprojekten in Österreich. Im Rahmen des Österreichischen Sicherheitsforschungsprogramms KIRAS, eine Initiative des

17 Siehe weiterführend zu den Merkmalen erfolgreichen Clustermanagements auch: Örjan Sölvell, Göran Lindqvist and Christian Ketels, *The Cluster Initiative Greenbook* (Stockholm: Ivory Towers AB, 2003), <http://www.ivorytower.se/eng/projgrnbk.htm> (Zugriff: 30. November 2007).

Bundesministeriums für Verkehr, Infrastruktur und Technologie,[18] werden dort bereits in den kommenden beiden Jahren wichtige Voraussetzungen zur Umsetzung und Realisierung geschaffen. Weitere, ergänzende Vorhaben zeichnen sich ab. Dieser Ansatz könnte bei erfolgreicher Umsetzung durchaus Modellcharakter für weitere Themen und Regionen in der Europäischen Union gewinnen.

Generelles Ziel des österreichischen Sicherheitsforschungsprogramms ist es, nationale Firmengründungen und Firmenansiedlungen mit entsprechenden arbeitsplatzmäßigen Auswirkungen zu initiieren. Mit den Projekten Sicherheit aus der Luft (SiLu) und Periodische Überwachung kritischer Infrastrukturen (PUKIN)[19] wird auf der Grundlage bestehender Kompetenzen ein *nationaler Diamant* luftgestützter Technologien unter besonderer Berücksichtigung des Potenzials von UAVs gestaltet. Allerdings werden zunächst mit Priorität Technologien betrachtet, die sowohl für den Einsatz bemannter wie auch unbemannter Luftfahrtzeuge verwendbar sind, da es sich bei dem Einsatz von UAVs um einen Spezialeinsatzbereich handelt, der zunächst nur für Krisenregionen und für kritische Grenzschutzaktivitäten vorgesehen ist bzw. bei Katastrophen, die ein Überfliegen mit bemannten Überwachungsflugzeugen bzgl. des Risikos nicht erlauben.

Der Aufbau einer diesbezüglich national leistungsfähigen und international wettbewerbsfähigen Industrie und Forschung mit Schwerpunkt in Wiener Neustadt zielt darauf ab, die Akteure von Staat und Industrie, Wissenschaft und Forschung in Österreich zu vernetzen, eine bessere Abstimmung der Kooperation mit internationalen Partnern zu fördern und die Voraussetzung für eine wirksame internationale Kooperation zu schaffen. Damit sollen durch Aktivierung in der Region bestehender Entwicklungspotenziale und durch synergetische Nutzung der vorhandenen IP die volkswirtschaftlichen Rahmenbedingungen für fortgesetzte Innovation in zukunftsträchtigen Sicherheitsfeldern verbessert werden. Dies soll der Region im globalen Wirtschaftsraum entscheidende Verbesserungen ermöglichen – nicht zuletzt auch mit Blick auf mögliche, hochtechnologieorientierte Unternehmensgründungen.

Österreich verfügt in Schlüsselbereichen der Systemkomponenten über exzellentes Know-how – beispielsweise in der Satellitenkommunikation, in Kommunikation und Steuerung, in Breitbandkommunikation und Sensorik (darunter Laser, Radar, Kameras etc.) und in der Datenauswertung einschließlich schneller Bildverarbeitung. Vor allem entstehen in Österreich exzellente Plattformen für luftgestützte Technologien. Dennoch können die Bandbreite und Komplexität der neuen Herausforderungen eines sich sehr dynamisch entwickelnden Sicherheitsmarktes nur in Teilen von den österreichischen Firmen allein bewältigt werden. Die Integration von

18 <http://www.kiras.at> (Zugriff: 30. November 2007).

19 Bei SiLu geht es um die Analyse der Bedingungen, Chancen und Risiken für ein Intellectual Property Cluster „Sicherheit aus der Luft" zum Schutz von Österreichs Bevölkerung und kritischer Infrastruktur im Rahmen eines integrativen Ansatzes in Wiener Neustadt. Bei PUKIN geht es um Fähigkeiten zur periodischen Überwachung kritischer Infrastrukturen. Das Projekt zielt auf die Entwicklung eines leistungsfähigen, luftgestützten Überwachungssystems zur Erkennung von Bedrohungspotential sowie zur Erfassung und Bewertung von Krisensituationen.

Teilsystemen und Systemen zu umfassenden Lösungen überfordert das Leistungsvermögen der einzelnen Anbieter.

Genau hier greift das synergetische Potenzial eines IPC. Der Wissenstransfer – national wie international – wird im *IPC* aufgaben- bzw. themenbezogen strukturiert und orchestriert. Damit wird sichergestellt, dass die Wertschöpfungskette nicht bei Einzelkomponenten endet, sondern Wissen und Kompetenz gestützt als selbst tragendes System und kontinuierlich wachsend aufgebaut wird. Derart können sämtliche erforderliche nationalen Fähigkeiten bewahrt und fortentwickelt werden unter Beteiligung aller relevanten – auch internationalen – Firmen und F&E-Einrichtungen.

Die damit verbunden Ziele sind klar umrissen:

- Förderung eines profunden Verständnisses über sicherheitsbezogene Prozesse,
- Vernetzung der Akteure in Österreich und bessere Abstimmung der Kooperation mit internationalen Partnern zum Aufbau einer international wettbewerbsfähigen Industrie und Forschung,
- Aktivierung und Unterstützung der Kommunikation zwischen den Stakeholders in Österreich,
- Fokussierung auf zukunftsgerichtete Programme – insbesondere UAVs –, gestützt auf Modellbildung und Simulation sowie Konzeptentwicklung und Experimentierung,
- Zugang zu internationaler Technologie und zu Wissen über Trends und Vorhaben bei staatlichen und EU-Gremien für die nationalen Akteure auf nationaler und EU-Ebene,
- Sicherstellen von Kompetenz – zumindest Urteilsfähigkeit – bei den wichtigsten Subsystemen (z.B. C4ISR),
- Systemintegration-, Architektur-, Problemlösungsdienstleistungen,
- Erwerb einer Kooperationsfähigkeit mit internationalen F&E-Einrichtungen generell und im Rahmen der zwischenstaatlichen Forschungskooperation bei gleichzeitiger Einbindung nationaler Industrie.

Das Gesamtprojekt steht auf drei Säulen:

- *Klare Nutzerforderungen*
  Diese werden insbesondere seitens des Innenministeriums sowie des Bundesministeriums für Landesverteidigung präzisiert bzw. entwickelt. Dies gilt ebenso für erste mögliche Pilotanwendungen, die eine Einbindung von ministeriumsinternen Experten und den themenspezifisch zuständigen Fachabteilungen zur Voraussetzung haben.

- *Synergetische Nutzung des verfügbaren Know-hows*
  Das im Cluster bereits verfügbare Know-how seiner Unternehmensanker ist das Fundament des IPC. Hierfür wird zunächst in einer Bestandsaufnahme geprüft, auf welchen IP-Bausteinen das Cluster im Hard- und Softwarebereich gründet. Hier geht es um die Erhebung der national vorhandenen Expertise im

technologischen Bereich rund um das Thema Fernerkundung, luftgestützte Aufklärungssysteme, UAVs, Systemintegration etc. Der Zugang zu internationaler Technologie und zu Trends und Vorhaben bei staatlichen und EU-Gremien für die nationalen Akteure ist zu klären. Relevante, lösungsbedürftige politische, wirtschaftliche, technologische, ökologische, soziale, rechtliche und ressourcenbezogene Fragestellungen sind zu identifizieren, aber auch konkreten Programmen einschließlich kooperativen F&E-Projekten zur Realisierung des IPC „Sicherheit aus der Luft". Nationale Programme sollen dabei globale Nachfrage antizipieren.

- *Ein konkreter, auf operative Umsetzung gerichteter Projektablaufplan*
  Ein konkreter Projektablaufplan spezifiziert Arbeitsinhalte, Zeit- und Kostenpläne auf der Grundlage klarer Zieldefinitionen. Dabei werden die Stakeholder in konkrete Programme eingebunden.

Das IPC-Projekt unterliegt von Beginn an einer strategischen Steuerung. Es hat zwei basisstrategische Ansätze, wobei zum Ersten die heute und in Zukunft voraussehbar einsetzbaren Technologien analysiert werden, die für eine große Bandbreite von Überwachungsaufgaben aus der Luft eingesetzt werden können. Die Aufgabenstellung gliedert sich in die erforderlichen Hardwaresysteme und die damit verbundenen und integrativ einzubindenden Softwaresysteme. Das breite Spektrum von Aufgaben der Überwachung kritischer Infrastrukturen insbesondere auch die Einbindung der raschen Analyse kritischer Vorfälle ergibt ein breites Anforderungsprofil für Messtechnik, Detektion und Analyse sowie der damit verbundenen Auswerteprogramme. Diesbezügliche Technologieanalysen und Trendanalysen werden gemeinsam mit exzellenten wissenschaftlichen Partnern vorgenommen und danach mit entsprechenden Empfehlungen für die nachfolgende Umsetzung und Produktentwicklung verbunden. Zeitgleich werden die entsprechenden industriellen Produktionspartner identifiziert und selektiert.

Zum Zweiten sind von den für dieses Thema weitgehend zuständigen Ministerien – insbesondere sind hier das Innenministerium sowie das Ministerium für Landesverteidigung angesprochen – Festlegungen bezüglich Einsatzbreite und Einsatztiefe aufgrund vorgegebener Gesetze wie Datenschutz u.Ä. zu treffen. Hierfür ist ein ständiger, iterativer Abgleich der prinzipiellen technischen Möglichkeiten mit der erforderlichen gesetzeskonformen Vorgehensweise erforderlich.

Hierauf aufbauend wird ein Konzeptbild erarbeitet, das

- einen integrativen Ansatz verfolgt, der den Handlungsrahmen für künftige Sicherheit und Prosperität liefert,
- mit einer zusammenhängenden Architektur sicherstellt, dass sich alle Stakeholder auf ein leistungsfähiges Kollaborationsnetzwerk abstützen können,
- wirkungsorientiert ein dynamisch wachsendes Fähigkeitsportfolio bezweckt und

- das Design für eine leistungsfähige Kollaborations-, Konzeptentwicklungs- und Experimentierinfrastruktur sowie leistungsfähige Instrumente der Modellbildung und Simulation vorantreibt.

Es ist wichtig, frühzeitig erste mögliche Pilotanwendungen zu entwickeln. Erfolg macht Erfolg. Dies gilt auch für den angestrebten Erwerb einer internationalen Kooperationsfähigkeit – oder auch einer Vorreiterrolle – mit internationalen F&E-Einrichtungen generell und im Rahmen der zwischenstaatlichen Forschungskooperation bei gleichzeitiger Einbindung der nationalen Industrie. Am Ende der Forschungsprojekte soll ein Schwerpunkt für luftgestützte Technologien in Niederösterreich entstehen. Dieser soll Cluster-ähnlich strukturiert sein und insbesondere auch die Planung und Entwicklung von themenspezifischen anwendungstechnischen Labors umfassen. Ein entsprechendes begleitendes Förderprogramm ist hier Voraussetzung.

Am Beispiel des in Österreich im Aufbau befindlichen IPC rund um luftgestützte Fähigkeiten wird deutlich, wie sich Innovation zum gegenseitigen Nutzen von Staat, Wirtschaft, Forschung und Wissenschaft gestalten lässt. Hier gewinnt ein Startprogramm Gestalt, das einen Prozess zunehmenden Know-hows gestaltet und in die operative Umsetzung überführt. Fehlende Kompetenzen werden z.T. aufgebaut bzw. ergänzt, teilweise durch strategische Kooperation eingebunden. Dabei verstärken sich unternehmerische Freiheit und gesamtstrategische Netzwerkarbeit in einer auf Gegenseitigkeit gerichteten Win-Win-Strategie. Die beteiligten Firmen zielen auf Business Cases und Finanzierung. Wissenschaft und Forschung wollen an zukunftsweisenden Projekten arbeiten. Der Staat braucht leistungsfähige, bezahlbare Lösungen für seine dringenden Sicherheitsaufgaben. Auch das Parlament kann leistungsfähigen, preiswerten Überwachungs- und Aufklärungseinheiten mit Blick auf nationale und internationale (Hilfs-)Einsätze viel abgewinnen.

Die Erwartungen der beteiligten Stakeholder sind hoch. Es gibt Anzeichen, dass diese von der Realität übertroffen werden.

Prosperität finanziert Sicherheit: Der Einsatz analytischer Intelligenz im staatlichen Erkenntnisprozess

Jan-Erik Schmidt

Einführung in die Thematik: Komplexität, Systeme und Strategien

An der Komplexität der Welt nicht zu verzweifeln, sondern sich ihr erfolgreich zu stellen, ist eine der zentralen Herausfordeungen in Gegenwart und Zukunft! Was bedeutet dies für den Umgang mit Informationen und Informationssystemen? Dieser Beitrag versucht eine Antwort auf die Frage zu geben, welche informationstechnischen Schritte ein Gemeinwesen unternehmen kann, um seinen Führungskräften die Gelegenheit zu geben, mit dieser Komplexität erfolgreicher umzugehen. Die Schnittmenge von Sicherheits- und Finanzpolitik soll dabei als „Operationsraum" dienen. Staatliche Institutionen gehen, wie auch Unternehmen, mit einer Vielzahl von Daten um, die durch Einordnen in einen fachlichen Zusammenhang erst zu Informationen werden. Welche Rolle spielt dies für die Menschen, die Entscheider in einem solchen System?

Daten erzeugen im Idealfall Informationen. Und von beidem gibt es genug. Was wir täglich brauchen, ist adäquates, praktikables Wissen, um die richtigen Entscheidungen treffen zu können. Von entscheinder Bedeutung ist in diesem Zusammenhang die Feststellung, dass die Sicht auf die Daten und deren Umwandlung in Informationen, Wissen und Intelligenz auch eine Frage von Selbstbild und Fokus ist. Selbstbild und Fokus sind dabei keineswegs immer deckungsgleich, da sich die Interessen gerade der operativen Ebene, der Querschnittsfunktionen und -dienstleitungen sowie der strategieorientierten Führung unterscheiden. Militärische, verwaltungstechnische und wirtschaftliche Entscheidungsprozesse unterliegen dabei der gleichen informationstechnischen Abhängigkeit: Das operative „Tagesgeschäft" generiert Unmengen an Daten, die in betrieblichen Transaktionen bearbeitet und verwendet werden. Zwar werden diese Daten bereinigt und gesammelt, aufsummiert und in tabellarischer Form, oft ergänzt durch Grafiken, bereitgestellt.[1]

Diese Daten bieten aber noch nicht den alleinigen Beitrag zur Entscheidungsfindung im Zuge der eingeschlagenen Strategie der Leitung. Letztere benötigt eine schlüssige Verbindung von gestalterischer Vision, einzuschlagender Strategie und sich anbietenden operativen Handlungsmöglichkeiten. Daher interessieren sich Führungskräfte für den aktuellen Status, das Erreichte und aktuell auftretende Probleme, um daraus die Chancen für ihr zukünftiges Handeln abzuleiten. Zwar nehmen sie dabei stets die Informationen zur Kenntnis, jedoch meist ohne die Möglichkeit zu haben, das Gesamtsystem einer Analyse zu unterwerfen, Varianten zu simulieren

1 Nicht immer stehen alle relevanten Daten tatsächlich überhaupt zur Verfügung, oft werden nur Teile, in redundanten Strukturen, geliefert.

und es, im Zuge einer Gesamtstrategie, von vornherein erfolgreich aufzustellen und auszurichten (Abbildung 10).

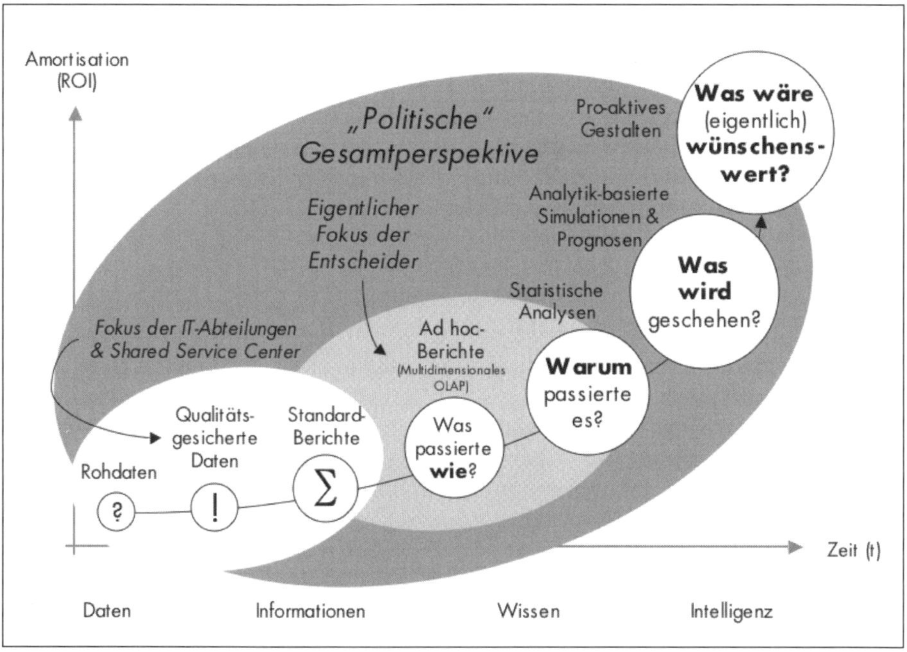

Abbildung 10: Selbstbildnis und Fokus im Zuge der Informationsveredelung

Informationsbasierte Steuerung: Sieben Herausforderungen

Abbildung 10 verdeutlicht, dass wir Information für Führungs- und Entscheidungsgrundlagen bislang weitgehend sequenziell zusammenstellen. Der Input aus zahlreichen „Vorsystemen" ist jeweils bekannt, aber meist nicht in ein Bild der Gesamtlage konsolidiert und integriert. Interessante Fragen der notwendigen Perspektive werden so erst gar nicht gestellt, werden aber von transaktionsbasierten Systemen des operativen Tagesgeschäftes (siehe zweiter Grund) auch nicht beantwortet. Warum reicht es morgen nicht mehr, so gut zu sein, wie noch vor wenigen Jahren? Im Wesentlichen sind es sieben Gründe, die zur Verschärfung der Steuerungssituation beitragen:[2]

Zuerst einmal hat die *Geschwindigkeit der Innovationszyklen dramatisch zugenommen.* Entwicklungen, die früher noch Jahre brauchten, geschehen heute in weni-

2 Jim Davis, Gloria J. Miller, Allen Russell, *Information Revolution: Using the Information Evolution Model to Grow Your Business* (New Jersey: John Wiley & Sons for SAS Institute, 2006).

gen Monaten. Optimierte Prozesse lassen wenig Spielraum für Veränderungen und das Management fragt sich, ob die eigenen Entscheidungen überhaupt zur eingeschlagenen Strategie passen. Wie aber misst man das?

Der zweite Grund liegt in der *Einführung von Enterprise-Resource-Planning-Systemen (ERP),*[3] die quasi das „Rückenmark" eines jeden Großbetriebes darstellen. In ihnen werden von der Buchhaltung über die Personal- und Materialwirtschaft alle Transaktionen des Produktions- oder Dienstleistungs-Betriebes, quasi „reflexartig", abgewickelt. Doch dieser Vorsprung schwindet, wenn alle Mitbewerber es auch tun. ERP-Systeme sind eine Voraussetzung für das sogenannte Performance Management und entsprechende, analytische Business Intelligence-Lösungen, ersetzen diese aber nicht. Als dritten Grund muss man die Tatsache nennen, dass sich die *Regeln des Geschäfts ständig modifizieren, verändern oder ablösen.* Geschäftsideen wandeln heute ganze Märkte oder definieren sie völlig neu. Reichte es früher, schnell, billig oder qualitätsorientiert zu sein, wenn man sich nur auf wenigstens zwei dieser Eigenschaften konzentrierte, so verlangen die Märkte heute all das auf einmal.

Der vierte wesentliche Einfluss geht von den *volatilen Märkten* aus, die globalisiert eine höhere Komplexität entfalten, als dies früher der Fall war. Was heute noch ruhig und beherrschbar wirkt, kann schon morgen größte Risiken aufwerfen. Auch Einzelpersonen nehmen größeren Einfluss auf die Weltgeschichte.[4] Dies ist auch auf dem Feld der Sicherheitspolitik erkennbar, wo in asymmetrisch geführten Konflikten, quasi als „End-to-End-Lösung" vom einzelnen Terroristen bis hin zur High-Tech-Supermächten, alle Größenordnungen eingebunden werden und stets neue Überraschungen zur Wirkung kommen.

Der fünfte Einflussfaktor von Bedeutung ist die *Globalisierung der Strukturen, der Teams und der Prozesse* in Institutionen aller Art. Auch der Public Sector steht in mittlerweile weltweitem Dialog, mit Interesse nimmt man Entwicklungen der Nachbarländer oder vergleichbarer Staaten nicht nur in der Europäischen Union, sondern auch darüber hinaus, zur Kenntnis. Der Wettbewerb um Ressourcen aller Art ist unter den Staaten härter geworden. Längst geht es nicht mehr nur um Öl, es geht um Nahrungsmittel, Human-Kapital, die besten Ideen, die dort realisiert werden, wo es eben möglich ist. Darüber hinaus bringt die Finanzkrise der öffentlichen Hand, besonders auch in Ländern mit negativer wirtschaftlicher und/oder demographischer Entwicklung, negative Beispiele zum Vorschein, die durchaus beunruhigend sein können. Der sich abzeichnende Konkurs ganzer Staaten, wie beispielsweise in Argentinien vor wenigen Jahren geschehen, führte aber auch bereits dazu, dass Reformschritte entschlossen umgesetzt wurden, die zuvor ausgeschlossen schienen.

Die sechste Einflussgröße ergibt sich aus den *Risiken für das „Nichtwissen" der Politiker, Wirtschaftsführer und Behördenleiter.* In Zeiten knapper Kassen nimmt der Humor der Steuerzahler, aber auch des Finanzministers ab, wenn Beschaffungs-

3 Auch die Bundeswehr führt gerade eines der bekannteren ERP-Systeme aus Deutschland ein, ohne es aber bereits mit der politischen oder militärischen Strategie verknüpfen zu können.

4 Als Beispiele seien nur der durch das Verhalten Nick Leesons verursachte Konkurs der Barings-Bank oder die Terroranschläge vom 11. September 2001 genannt.

prozesse gewohnheitsmäßig überteuern, Großprojekte naiv entschieden oder „lahm" gesteuert werden, um schließlich zu scheitern oder weit hinter den Erwartungen zurückzubleiben. Wenn, darüber hinaus, auch zweifelhafte Praktiken offensichtlich werden oder Politiker und Manager auch persönlich unter zusätzlichen Druck geraten, nimmt der Druck im Gesamtsystem weiter zu.

Im militärischen Sektor beginnt sich dieser Mechanismus ebenfalls auszuwirken: Der militärische Führer ist „zum militärischen Erfolg verdammt", gleichzeitig aber bewirtschaftet er die ihm zur Verfügung stehenden Ressourcen nicht. Er steht so nicht nur im feindlichen Kreuzfeuer, sondern auch unter intensiver Beobachtung einer sensiblen Öffentlichkeit, „geführt" von militärisch oft unerfahrenen Politikern, die nur unter größten politischen Schmerzen, Verluste hinnehmen können und wollen, sie mitunter auch deshalb nicht sehen oder transparent machen wollen. Der Einsatz militärisch relevanter Ressourcen bedingt dabei ein besonderes Maß an Verantwortung, die, schon aus militärischer Tradition, oft auch dann noch übernommen wird, wenn der militärische Führer gar nicht mehr über die Mittel und Steuerungs-Möglichkeiten verfügt, die er wirklich braucht. Die in das Parlament ausgelagerte Verantwortung über den Rahmen, aber oft auch die eigentlichen Mittel des Einsatzes werden dabei zum Problem: Parlamentarier entscheiden über die Teilnahme an Kriegen und bewaffneten Konflikten, ohne je im eigentlichen „Feuer militärischer Verantwortung" gestanden zu haben. Diese Situation erfordert nun Kommunikations-Werkzeuge, die es in der heutigen Planung der relevanten Entscheider oft nicht gibt, weil der Grad der „militärisch-politisch-finanziellen" Herausforderung unterschätzt wird.

Das siebte und wichtigste Argument aber ist der *Wert der Information* selbst: Informationen sind nicht länger eine wünschenswerte Ressource transaktionsorientierter Prozesse, sondern sie stellen das „Kletterseil" dar, an dem sich das Geschäft „längs hangelt"! Führungskräfte beschreiten stets diesen, nicht ungefährlichen „Klettersteig". Ihre Informationen bestimmen dabei Vorstellungen, Absichten, Ziele, Effektivität und Effizienz des eigenen betrieblichen Handelns, eine Erkenntnis, die im militärischen Bereich vielleicht schon länger Akzeptanz findet, als in Wirtschaftsbetrieben. In den letzten Jahren setzte sich die Erkenntnis durch, dass z. B. Preis und Qualität eines Produktes eher vom Wissen des Konstrukteurs der Maschine, generell gut informierten Führungskräften und deren solider Prozess- und Marktkenntnis sowie vom Wissen der produzierenden Mitarbeiter abhängig, als von der Beschaffenheit der Rohmaterialien, der Arbeitszeit pro Woche oder der Höhe der Löhne. Im Bereich der Verwaltung wird dieser Zusammenhang oft noch zögerlich akzeptiert. Aus formaljuristischen Argumenten wird eine scheinbare „Grenze der Betroffenheit" zwischen dem Raum der Wirtschaft und dem der Verwaltung gezogen, die es weder makro-ökonomisch noch mikro-ökonomisch im eigentlichen Sinne gibt. Der Staat ist theoretisch durch ein Geflecht gut organisierter Dienstleistung problemlos ersetzbar. Zölle und Steuergelder, welche die Hauteinnahmequelle des Staates darstellen, stellen Zahlungsströme dar, die grundsätzlich in unterschiedlichem juristischem Status erfolgen könnten. Das bedeutet, dass auch der Staat den Chancen und Risiken eines Unternehmens oder Militärapparates unterliegt. In der Konsequenz muss er mindestens genau so gut geführt werden!

Die Herausforderung

Der moderne, westliche Staat und unsere Zivilisation, wie wir sie kennen und schätzen, stehen vor der Herausforderung, die Sicherheit der Bürgerinnen und Bürger zu gewährleisten und dabei wirtschaftlich erfolgreich zu bleiben. Sowohl die Sicherheit, als auch der Wohlstand, sind aber seit einigen Jahren ernsthaft bedroht. Terrorakten und Herrschaftsansprüchen selbsternannter „Gotteskrieger" auf der einen Seite, stehen überschuldete, reformbedürftige Volkswirtschaften gegenüber. Letztere stehen zudem in energietechnischer Abhängigkeit von autoritären Systemen, die, wirtschaftlich betrachtet, gleichzeitig Absatzmärkte und Konkurrenten darstellen. Äußere und innere Sicherheit sind so, vor dem Hintergrund auch künftig zu sichernder Prosperität, längst miteinander verbunden.

Um dieser Herausforderung nicht nur entschlossen entgegentreten zu können, ihr insgesamt gerecht zu werden, sind die (noch) vorhandenen Ressourcen optimal zu nutzen, um neue Handlungsspielräume zu erschließen. Dazu wird es notwendig sein, das Notwendige klar zu benennen, Ziele zu formulieren und die Mittel zur Erreichung derselben entschlossen einzusetzen. Doch:

> Je mehr wir wissen, desto weniger scheinen wir weiter-zu-wissen. Nur wenige Jahre nach der mit so großem Wissensoptimismus und so vielen Zukunftsverheißungen gefeierten Jahrhundertwende ist allenthalben Ernüchterung eingetreten. Trotz neuer Informationstechnologien und reichhaltig sprudelnder Wissensquellen sind wir augenscheinlich nicht klüger geworden. Die verfügbaren Expertisen von Globalisierungsexperten und internationalen Think-Tanks haben nicht dazu beigetragen, die Welt friedfertiger zu machen. Der gewachsene Sachverstand von Wirtschaftsweisen und Beratern hat der Ökonomie nicht dazu verholfen, sich in stabileren Bahnen zu entwickeln. (...) Die schon oft ausgerufene Orientierungskrise ist offensichtlich zu einem Dauerzustand geworden. Unser Denken hält nicht Schritt mit den beschleunigten, immer komplexer werdenden Prozessen, die wir selbst angestoßen haben. Unser intellektuelles Vorstellungsvermögen scheint hinter unserer Fähigkeit, materielle Produkte herzustellen, immer weiter zurückzubleiben.[5]

Die tatsächliche und nachhaltige Übernahme von Verantwortung, in täglich neu anstehenden Entscheidungssituationen, wird also für die Führung des Staates und seine jeweiligen Institutionen und Akteure notwendiger denn je. Der dabei eintretende Erfolg ist jeweils genau zu analysieren, zu hinterfragen und stets nicht nur zu sichern, sondern auch weiter zu steigern. Positive Ergebnisse sind gefragt, die gegenseitige Bestätigung „treuen Dienens" reicht nicht länger aus. „Transformation" ist somit nicht das Ergebnis einer Entscheidung, sondern die Benennung einer Erkenntnis: Diese besteht darin, sich in einer kontingenten,[6] dynamischen Welt, schneller, anpassungsfähiger und erfolgreicher bewegen zu müssen, als viele Akteure, auch im militärischen Bereich, es bisher für nötig hielten:

5 Bernhard Mutius, „Die andere Intelligenz oder: Muster, die verbinden – Eine Skizze", in ders. (Hrsg.), *Die andere Intelligenz. Wie wir morgen denken werden* (Stuttgart: Klett-Cotta, 2004), S. 12-13.

6 In der Philosophie im Sinne von „geprägt von schicksalhaftem Zufall" verwendet.

> Moderne Kommunikationstechnologien – Radar, GPS-Transmitter, Videobilder aus Flugdrohnen, Satellitenüberwachung und Blue-Force-Tracker –, um nur einige Stichworte zu nennen, haben die Komplexität des Lagebildes sowie den Zeitdruck, unter dem Entscheidungen gefällt werden müssen, radikal erhöht. (...) Von strategietheoretischer Abstraktionshöhe blickt man gleichsam durch ein Mikroskop auf das sich rasch verändernde taktische Chaos des Gefechtsfelds. (...) Der moderne Feldherr steht nicht nur vor einer gigantischen Videowand. Angesichts dieser ausufernden Komplexität, Geschwindigkeit, Möglichkeiten und Konsequenzen steht er vor der enormen Herausforderung, mit diesem Informationsüberfluss umzugehen.[7]

Diese Erkenntnis wird in Politik, Verwaltung, Wirtschaft und Militär oft als „unangenehm“ wahrgenommen, weil sie bislang allein beherrschte „Domänen“ in Frage stellt und eine Zusammenarbeit der Ressorts, über Zuständigkeitsgrenzen hinweg, erfordert. Der in diesem Zusammenhang verwendete Begriff der „Transformation“ bedeutet, dass ein entschlossener Umbau den notwendigen Fortschritt leistet, der die Anforderungen einer vermuteten Zukunft besser bewältigt, indem er die alten Strukturen, Ressourcen und Prozesse umformt und so erneut „auf Erfolg trimmt“. Transformation nimmt, aus Sicht der Politik, also die Rolle eines rechtzeitig begonnenen „Deich- bzw. Schutzwallbaus“ ein, der eine intelligente Lenkungsfunktion gegenüber einer evolutionären Zukunft einnehmen will. Erfolgt er rechtzeitig und stabil genug, erfüllt er seine Lenkungsfunktion, erfolgt er zu spät, muss der „Deich“ weiter hinten, bzw. höher errichtet werden, um überhaupt noch wirksam zu sein. Dabei wird dann aber mehr Gelände aufgegeben, als einem lieb sein mag. Zeit spielt dabei eine bedeutende Rolle, will man sich erfolgreich auf die anstehenden Herausforderungen vorbereiten, Risiken abwehren und sich eröffnende Chancen nutzen. Die allgemeine Beschleunigung der Innovationszyklen hat dabei nicht nur in rascher Folge für neue Probleme, sondern auch immer wieder für Lösungen gesorgt.

> Die Folge ist ein gesteigerter Bedarf an konzeptueller Neuorientierung, ... Ein mit einer rein Clausewitzschen Optik ausgerüsteter Offizier, Politiker oder Theoretiker bleibt blind für die wichtigsten Herausforderungen moderner asymmetrischer Kriegführung. Was er allenfalls schemenhaft und verschwommen erkennt, sind die falschen Lösungen.[8]

Ein Lösungsansatz zum Umgang mit einer dynamisch-kontingenten Welt ist der Einsatz gut konzipierter Informations- und Kommunikationstechnik (IKT), um Entscheidungsprozesse grundsätzlich zu verbessern und erfolgreicher zu machen. Dieser Beitrag versucht dabei dem Credo zu folgen, das Bernhard von Mutius in seinem bereits zitierten Aufsatz, angesichts gestiegener Komplexität, für adäquat hielt: „Es geht also nicht um das Herstellen einer äußerlichen Gleichförmigkeit, sondern um das Aufspüren der *inneren Verbindungsfäden* in einem offenen, dialogischen Herangehen.“[9]

7 Thomas Rid, „Der degradierte General Clausewitz und zivil-militärische Beziehungen zu den USA“, in *Denkwürdigkeiten – Journal der Politisch-Militärischen Gesellschaft,* 44 (März 2008), S. 13-20, hier S. 18 ff.

8 ebd.

9 ebd., S. 15.

Die Vision: Erfolgreicher Umgang mit Wechselwirkungen

Prosperität und Sicherheit bedingen einander. Nur in einem nach außen wie innen gesicherten Wirtschaftsraum kann eine ganze Volkswirtschaft unternehmerisch erfolgreich arbeiten, anstatt nur einzelnen Akteuren Chancen zu bieten. Deutschland konnte dabei, nach dem Verlust der Republik und dem anschließend verlorenen Krieg, dank der Hilfe des Westens (im Westen) und im Wesentlichen aus eigener Kraft (im Osten), wieder eine erfolgreiche Volkswirtschaft aufbauen, die ihre Sicherheit aus dem strategischen Patt der Großmächte bezog.

Als in den sechziger Jahren aber im Westen unseres Landes das „Wirtschaftswunder" zu stagnieren begann, veränderte gleichzeitig der „Pillenknick" die Demographie der Bundesrepublik entscheidend und nachhaltig: Gleichzeitig wurde eine Politik verfolgt, die zunehmend soziale Systeme auf- und ausbaute, anstatt sie zu hinterfragen (z.B. die „Generationenverträge" der Renten- und Gesundheitssysteme). Eine demographische Entwicklung, die das durchschnittliche Lebensalter im Verhältnis zur Zahl der Steuerzahler anwachsen lässt, führt angesichts einer in den letzten vierzig Jahren ausgeuferten Staatsverschuldung, zu manchem Zweifel, wie diese Schuldenlast von immer weniger „Nachfahren" bewältigt werden soll. Diese Verschuldung liegt gemäß der „Schuldenuhr des Bundes der Steuerzahler" knapp unter 1,5 Billionen €, was einer Pro-Kopf-Verschuldung aller Bundesbürger von etwas mehr als 18.000 € entspricht. Dabei ergibt sich diese Zahl aus den lediglich kameral[10] gerechneten Haushaltsangaben aller Haushalte in Bund, Ländern und Kommunen. Bei Zugrundelegung einer kaufmännischen Bilanzierung gemäß des Verfahrens der Doppik[11] ist die Situation weitaus düsterer. Nach Einrechnung aller „Alt- und Zukunftslasten", errechnet sich eine wesentlich höhere Belastung je Einwohner. In diesem Zusammenhang stellt sich die Frage nach einer wirksamen „Schuldenbremse". Diese muss in der Lage sein, nicht nur die in der letzten Rezessionswelle entstandenen Schulden zu tilgen, sondern auch die Altschulden allmählich so zurückzuführen, dass die kommenden Generationen nicht über die eigene Leistungsfähigkeit hinaus belastet werden. Dennoch ist bereits in den kommenden Jahren ein „Liquiditätskonkurs" einzelner Teile des Bundeshaushaltes, besonders des recht angespannten Wehretats, nicht auszuschließen. Hier entsteht also im Sicherheitsbereich die wirtschaftliche Notwendigkeit, Planungen, sowohl strategisch, wie auch operativ, mit dem zu prognostizierenden bzw. tatsächlichen Ressourceneinsatz zu versehen, um die Konsequenzen von sicherheitspolitischen Entscheidungen in ihrer ganzheitlichen Wirkung steuerbar zu machen. Ein sinnvoller Beitrag zum Finden eines Ausweges aus der öffentlichen Finanzkrise besteht dabei in einer grundsätzlichen Reform des Haushalts- und Rechnungswesens der Bundesrepublik Deutsch-

10 Gemäß der Kameralistik, dem inputorientierten, klassischen System der öffentlichen Hand zur Abbildung der Zahlungsflüsse nach Einnahmen und Ausgaben.

11 Doppik: „Doppelte Buchführung in Konten", outputorientierte, auf die Belange der öffentlichen Hand angepasste, moderne Variante der klassischen, doppelten Buchführung (und Bilanzierung) zur Darstellung des finanziellen Erfolges der öffentlichen Hand.

land. Diese Reform muss sowohl den finanziellen Realitäten als auch den internationalen Standards schon deshalb gerecht werden, um die Versorgung auch zukünftiger Generationen mit Krediten des Weltfinanzmarktes sichern zu können. Im Oktober 2006 wurde daher im Bundesministerium der Finanzen (BMF) die „Projektgruppe MHR“[12] gebildet, die sich mit der „Modernisierung des Haushalts- und Rechnungswesens“ beschäftigen sollte. Im Juli 2007 kam die Projektgruppe zu dem Ergebnis, dass für den Bund die „Erweiterung der Kameralistik“ anzustreben sei.

Die „Eckpunkte“ des beabsichtigten Modells sind:

- Eine Haushaltsstruktur aus Einzelplänen und Kapiteln mit führendem kameralen Teil (stark reduzierte Titelstruktur) und ergänzendem produktorientierten Teil (auf doppischer Basis)
- Steuerungsgrößen: Primär Einnahmen/Ausgaben, sekundär Aufwand/Ertrag, fachliche Ziele
- Steuerungsverfahren: Top-Down mit Fiskalregel (Schuldenbremse)
- Bewirtschaftung: Primär nach Ein-/Auszahlungen, sekundär nach Aufwand/Ertrag
- Rechnungslegung: Kamerale Haushaltsrechnung, Vermögensrechnung, fachliche Zielkontrolle
- Technik: Haushalts-Kassen-Rechnungsverfahren (HKR), möglichst flächendeckende Kosten-Leistungs-Rechnung (KLR) mit differenzierter Detailschärfe, Anlagenbuchhaltung
- Kosten: Investitions- und Schulungsaufwand abhängig vor allem von Ausbaugrad und Komplexität der KLR.

Auf dieser Grundlage entstünde das in Abbildung 11 dargestellte Bild. Mit diesem Ansatz würde die internationale Tendenz zur Doppik in Europa und Übersee wahr- und aufgenommen, aber das Tempo der Reform den spezifisch deutschen Möglichkeiten im Bund-Länder-Finanzgefüge angepasst.

In einer globalisierten, dynamisch-volatilen Welt ist das zu reformierende Finanzwesen der Bundesrepublik Deutschland also noch auf dem Weg zur Reform. Spätestens nach Umstellung einer Mehrheit der Europäischen Staatshaushalte auf das System des Accrual Accounting[13] ist auch hier eine Reform notwendig, wie es sie nun auch in Deutschland vorzubereiten, besser noch aktiv mitzugestalten gilt. Die Abbildung von Zielen sollte dabei über alle Ebenen durchgängig ermöglicht werden, da Kennzahlen zur Steuerung sowohl strategisch, als auch operativ wirksam sind. Die Mitarbeiter des nachgeordneten, operativen Bereiches bzw. anderer Ministerien müssen ihrerseits über Ziele gemessen, die Möglichkeiten der Führungskräfte des BMF, strategisch zu planen, muss deutlich verbessert werden. Die politischen

12 MHR: Modernisierung des Haushalts- und Rechnungswesens.

13 Accrual Accounting: Kaufmännische Bilanzierung; Modified Accrual Accounting: Doppik, Cashbased Accounting: Kameralistik; Modified Cash-Based Accounting: Erweiterte Kameralistik.

Gremien, die ebenfalls einzubinden sind, müssen auch weiterhin die von ihr gesetzten Rahmendaten mit dem tatsächlichen Handeln der Verwaltung zur Deckung bringen können. Dadurch entsteht in jedem Fall ein komplexes, technisches Gesamtwerk, das analytische Intelligenz fast zwingend voraussetzt. Das Militär und die anderen Sicherheitsapparate aber müssen ihre strategischen und operativen Fähigkeiten an den tatsächlichen finanziellen Spielräumen orientieren.

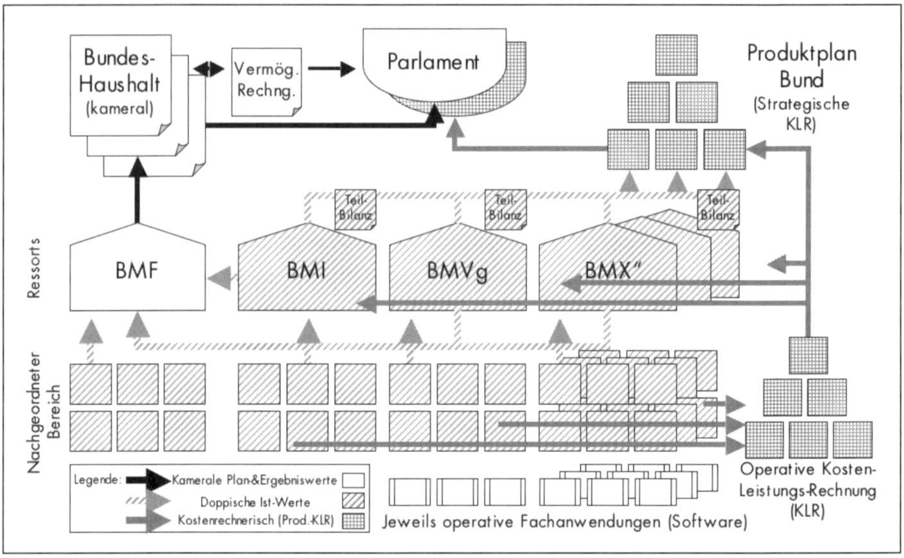

Abbildung 11: Reform des Haushalts- und Rechnungswesen des Bundes (Diskussionsstand BMF-Projekt MHR, Juni 2008)

Die Implementierung von Management-Informationssystemen

Auch für den politischen Planungs- und Entscheidungsspielraum selbst ergeben sich große Herausforderungen: Die politische Entscheidungsebene droht durch die zeitliche Versetzung von kameralen und doppischen Zahlenwerken (in Planung und Vollzug, in Ansatz und Rechnungsergebnis) vom Verwaltungshandeln entkoppelt zu werden. Deshalb sind Planung und Vollzug entsprechend zur Deckung zu bringen. Interfraktionelle Abstimmungsprozesse müssen ebenso möglich sein, da politische Priorisierungen auf der Basis inputorientierter Annahmen identisches, qualifiziertes Zahlenmaterial benötigen. Nur dann wird zunehmend zielorientiertes Entscheiden „symbolisches Handeln und Händeln" ersetzen. Vor allem müssten die Wirkungen politischer Entscheidungen auf die nachkommenden Generationen und Regierungen steuerbar werden. Eine schlechtere Qualität der Zahlenwerke brächte Deutschland in der EU bzw. weltweit in eine schwächere Verhandlungsposition als z.B. Frankreich,

Spanien, Großbritannien und die finanzpolitisch ebenso innovativen Osteuropäer. Dies wäre kaum im Sinne nationaler, wie europäischer Interessen.

Der Umstellungsdruck hin zum „Ressourcenverbrauchskonzept Doppik“ geht so vom Bundesfinanzministerium aus, betrifft zuerst den nachgeordneten Bereich des BMF, und erfasst anschließend die anderen Ministerien. Das BMF selbst wird mit den Zahlenwerken beider Welten umgehen müssen, während andere Ministerien und Behörden nahezu komplett umstellen dürfen, was technisch sicher leichter zu bewältigen ist. In der Welt der Informations- und Kommunikationssysteme bringt der parallele Einsatz zweier unterschiedlicher HKR-Verfahren oft auch doppelte Unterhaltskosten bei Personal und Technik. Die Daten der HKR-Software-Pakete müssten aufwändig miteinander abgeglichen werden, wobei dies wegen betriebswirtschaftlicher Unterschiede und datentechnischer Aspekte weder sinnvoll noch immer präzise möglich ist.

Daher müssen Business-Intelligence-Lösungen dort eine Brücke bauen, wo Daten und Informationen über eine gemeinsame Schnittstelle mit allen Datenlieferanten abgeglichen werden können bzw. müssen. Dies ist in jedem Fall strategisch sinnvoll und geboten, da wesentlich günstiger, als zwischen allen operativen, transaktionsbasierten Verfahren jeweils Schnittstellen zu definieren, die sich in einer dynamisch verändernden Topologie ständig potenzieren.

In dieser Lage sollen IT-Großprojekte gleichzeitig Fragen der Steuerbarkeit, aber auch der Unterfinanzierung lösen.[14] Problematisch ist dabei die Tatsache, dass die ursprüngliche Delegation an externe Dienstleister, die teilweise erst gegründet wurden, mit dem Ziel geschah, innerhalb eines fixierten Budgets eine klar benannte Leistung zu erhalten. Die Entwicklung zeigte aber dann, dass der Ressourcenbedarf unterschätzt, der Umstellungszeitraum zu niedrig geschätzt wurde. Da die einzuführenden Systeme in erster Linie einen operativen, transaktionsorientierten Fokus haben oder erst einmal „die Kabel vergraben“, über die später kommuniziert werden kann, wird der erhoffte, strategische Steuerungserfolg heute noch nicht möglich, weil er systemisch erst in einer weiteren Entwicklungsstufe definiert und verwirklicht werden muss.

Welche Prinzipien gilt es nun im sicherheitspolitischen wie finanzpolitischen Umfeld zu beachten, um mit der Komplexität einer dynamischen Welt mittels Business Intelligence-Konzepten fertig werden? Anhand eines „Strategischen Werkzeugkoffers“ aus dem militärischen Bereich lässt sich dies recht gut darlegen. Das gemeinsam Verbindende von Sicherheits- Finanz-, Unternehmens- und Verwaltungspolitik soll hierzu, aus einem militärischen Blickwinkel, beleuchtet werden. Hierfür können wir auf das Resumée von B.H. Liddell Harts Buch „Strategy“ zurückgreifen, in dem er acht Prinzipien – sechs positive und zwei negative – erläutert,

14 Bei der Bundeswehr z.B. „Herkules“ zur Vereinheitlichung der IT-Infrastruktur und SASPF (Standard-Anwendungs-Software-Produkt-Familien) für das Ressourcenmanagement durch ein ERP-System.

die sich von Institutionen auch auf den Umgang mit ihrer BI-/ERP-Systemstrategie anwenden lassen.[15]

Zu den „positiven Prinzipien" zählt Liddell Hart:

1. *Adjust your end to your means*, sein guter Rat, das „(geplante) Ende den eigenen Möglichkeiten anzupassen" und „Nicht mehr abzubeißen, als man kauen kann", wird von ihm mit der begrenzten Leistungsfähigkeit der eigenen „Truppen" begründet. Werden Projekte zu groß, dauern sie zu lang, lässt auch die Belastbarkeit des eigenen Personals stark nach, was bis zum Scheitern führen kann. Vorausschauende Personalentwicklung muss zudem dafür sorgen, dass relevantes Know-how erhalten oder auch neu geschaffen wird, bevor sich die besten Leute in den Ruhestand verabschieden.

2. *Keep your object always in mind*, das „Ziel immer im Auge zu behalten", während man den Plan jeweils laufend den herrschenden Umständen anpasst, soll vor allem dazu beitragen, nicht in einer Sackgasse zu enden, weil man unwichtige, nebensächliche Dinge mit zuviel Energie verfolgt. Die projektspezifischen Vorkommnisse und Aktivitäten sollten daher immer auf ihren Zielführungsbeitrag hin untersucht werden. Der „kritische Pfad" in Projektplänen heißt aus gutem Grund so, weil zeitliche Risiken fast immer auch finanzielle Risiken darstellen.

3. *Choose the line (or course) of least expectation*, den „Weg des geringsten Widerstandes zu wählen" wäre eine ungenügende Interpretation dieses Grundsatzes. Das „Unerwartete zu tun, bedeutet in unserem Zusammenhang, auch ungewöhnliche Wege zu gehen und sich nicht stets auf der breiten Straße der Masse zu bewegen, die „Lemmingen gleich" in den eigenen Untergang marschiert. Nur weil es alle tun, muss es keineswegs auch gut für alle sein.

4. *Exploit the line of least resistance.* Wenn es schon gut vorangeht, auf dem gewählten, eigenen Pfad, gilt es, diese Vorteile, auch entsprechend auszunutzen, sie im Sinne der strategischen Ziele „auszubeuten". Ein Führungs- und Informationssystem bietet Vorteile, die sie im Sinne Ihrer Grundstrategie nutzen könnten, sollten sie auch Gebrauch davon machen. Nicht genutzte Vorteile sind in der Welt erfolgsrelevanter Informationen nur günstig für Ihren Wettbewerb.

15 Sir Basil Henry Liddell Hart, *STRATEGY*, 2.Aufl. (London: Faber & Faber Ltd., 1967), S. 334, hier „Kapitel XX, THE CONCENTRATED ESSENCE OF STRATEGY AND TACTICS"; Der „Gegner" darf dabei in Gestalt des zu befürchtenden Misserfolges, des schnelleren, erfolgreicheren Wettbewerbes, den „Tücken der Technik", politischen Desastern oder ähnlichen Katastrophen mit schlechtem Ausgang für Ihr Projekt angenommen werden.

5. *Take a line of operation which offers alternative objectives*, einen Weg zu wählen, der Alternativen und Entwicklungsmöglichkeiten bietet, die für Ihren Zweck immer dienlich sind, diesen Zweck aber auf unterschiedlichen Wegen erreichen lässt, ist ein Grundsatz, der oft missachtet wird. Sich auf einen einzigen Lieferanten verlassen zu müssen, einen einzigen Standard abzubilden, macht IT-Projekte schnell und nachhaltig erfolglos, weil in einer komplexen Welt rasch einseitige Abhängigkeiten entstehen. BI-Lösungen müssen zudem stets neue Möglichkeiten eröffnen, unzählige, stets neue Formate verarbeiten und integrieren können, dürfen nicht auf eine einzige „Lesart" pochen.

6. *Ensure that both plan and dispositions are flexible – adaptable to circumstances*, ist Ihr Plan flexibel genug, sollten dies auch für Ihre eingesetzten Ressourcen gelten. Ihr Personal, die eingesetzte technische Infrastruktur sollten mit allen Problemen, die auf sie zukommen fertig werden können, weil sie flexibel, anpassungsfähig und vielseitig interessiert sind. Wählt man die richtigen Leute aus, stellt man sie an den richtigen Platz und stattet sie mit den notwendigen Werkzeugen aus, ist auch der Erfolg recht wahrscheinlich.

Zu den „negativen Prinzipien" zählt Liddell Hart:

7. *Do not throw your weight into a stroke whilst your opponent is on guard*, IT-Projekte sollten nicht gerade dann ausgelöst und begonnen werden, wenn Sie, bereits „unter Feuer sind", die Überschuldung unbeherrschbar, der Konkurs unabwendbar, die eigene Situation unhaltbar geworden ist! Man sollte sich erst einmal konsolidieren, um anschließend neue Möglichkeiten erschließen. Schafft man Abstand, reorganisiert man sich, denkt über Alternativen nach, macht einen neuen Plan, der Erfahrungen und Einsicht in die Gesamtlage berücksichtigt.

8. *Do not renew an attack along the same line (or in the same form) after it has once failed*, den selben Fehler mehrmals zu wiederholen hat leider wenig mit Hartnäckigkeit, sehr oft aber etwas geistigen Minderleistungen zu tun. Dabei ist es für IT-Projekte wichtig, sich nicht nur den eigenen, bereits gemachten Fehlern zu stellen und sie als positive Erfahrungsquelle zu nutzen, auch die Fehler anderer, die sich bereits für die falsche Lösung entschieden, sollten in die Gesamtkalkulation einbezogen werden. Dauern Implementierungen bestimmter Software bekanntermaßen zu lang, werden Kostenrahmen regelmäßig gesprengt, werden IT-Abteilungen immer größer, aber nicht wirklich erfolgreicher, so sind dies gute Indizien, den Weg noch einmal zu überdenken. Alternativen lassen sich immer finden.

Ein Ausblick: Eine neue Qualität staatlichen Entscheidens

Sicherheit braucht Prosperität, um finanzierbar zu bleiben. Die Prosperität des Staates entsteht durch eine prosperierende Wirtschaft. Jene vertraut auf die staatlich garantierte Sicherheit. Die Wirtschaft aber ist identisch mit den ebenfalls prosperierenden Bürgern, die auf den Staat und seine Leistungsfähigkeit auch weiter vertrauen möchten. In diesem Beziehungsgeflecht ist die Kommunikation entscheidungsrelevanter Informationen von eklatanter Bedeutung, da der Erfolg der Verantwortungsträger abhängig von dem Wissen ist, das ihnen in der konkreten Entscheidungssituation zur Verfügung steht. Dieses Wissen ist heute zunehmend abhängig von der Art und Weise wie Daten und Informationen verfügbar gemacht werden können. Dazu gehört auch die Frage, ob und wie viele Systeme Daten welcher Art liefern, welche Qualität diese Daten haben, wie sie aufbewahrt, veredelt und verteilt werden können. Betrachtet man diesen Gesamtkomplex, so entsteht ein Bild des notwendigen Informationsflusses, der in der Struktur der Bundesverwaltung mit dem Blick auf Prosperität und Sicherheit zu verwirklichen ist (Abbildung 12).

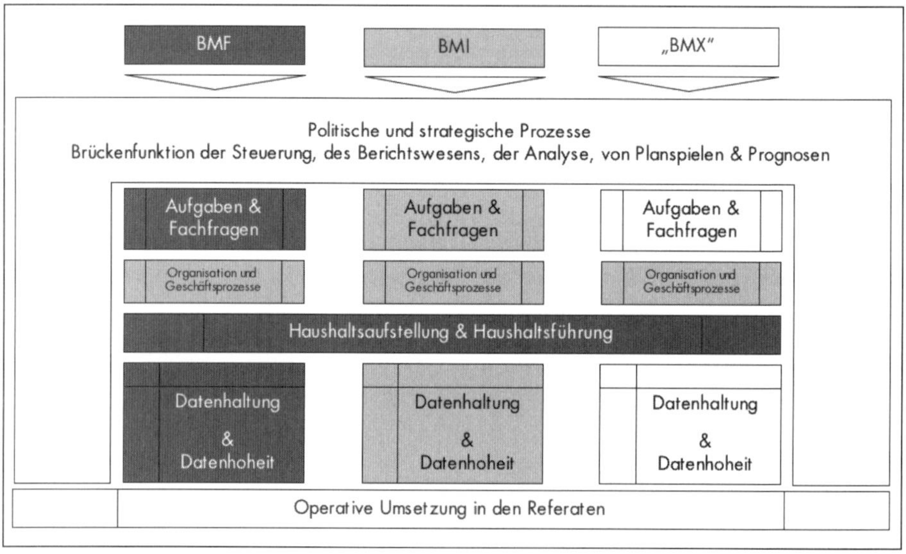

Abbildung 12: Politische Ziele und deren strategisch-operative Umsetzung

Der politischen Planung und Reaktion auf aktuelle Themen steht eine in der Vergangenheit gut organisierte Verwaltung gegenüber, die operativ das umsetzt, was im Zuge relevanter Projekte und Prozesse zu leisten ist. Neue Herausforderungen aber verändern, besonders im Hinblick auf notwendige Strukturänderungen und angepasste Verfahren, die Lage (Abbildung 13).

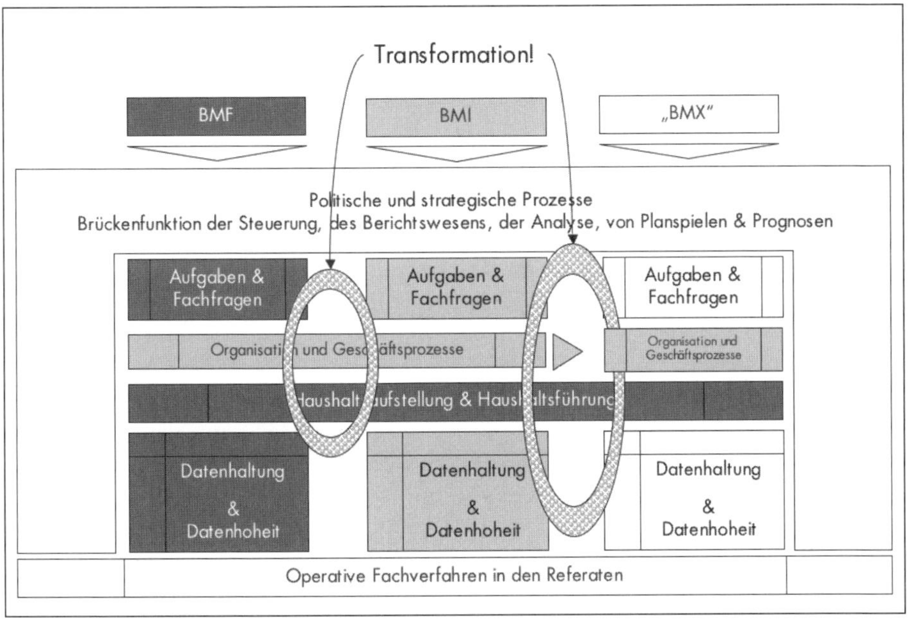

Abbildung 13: IT-Strategie und Reformziele der „zukunftsorientierten Verwaltung"

Versteht man den Sicherheitsbegriff auch im Rahmen der Umsetzung ganzheitlich, stellt sich die Frage, inwieweit das eigene Handeln in allen zur Verfügung stehenden Daten begründet werden kann, wenn die Daten aus den unterschiedlichsten, heterogenen Systemen stammen, die es gleichzeitig, jeweils benutzergerecht, unter Wahrung der Datenhoheit, versinnbildlicht in komfortablen, GIS-fähigen[16] Cockpits mit guten Signalisierungsmöglichkeiten zu integrieren gilt?

Dies geschieht durch sogenannten „dispositive Systeme",[17] die im Unterschied zu „transaktionsbasierten ERP-Systemen", für genau diese Situation optimiert sind und eine Klammer zwischen den finanziellen, personellen und militärisch-polizeilichen Ressourcen nutzen können, um Entscheidungen ganzheitlich zu begründen (Abbildung 14).

16 GIS: Geographisches Informations-System, relevante Steuerungsdaten werden in ihrem geographischen Bezug darstellbar.

17 Dispositive Systeme beplanen die dispositiven Produktionsfaktoren „Geschäfts- und Betriebsleitung, Planung und Organisation", während die „elementaren" Produktionsfaktoren „Menschliche Arbeitsleistung", „Betriebsmittel" und „Werkstoffe" von „Transaktionsorientierten Systemen" erfasst werden.

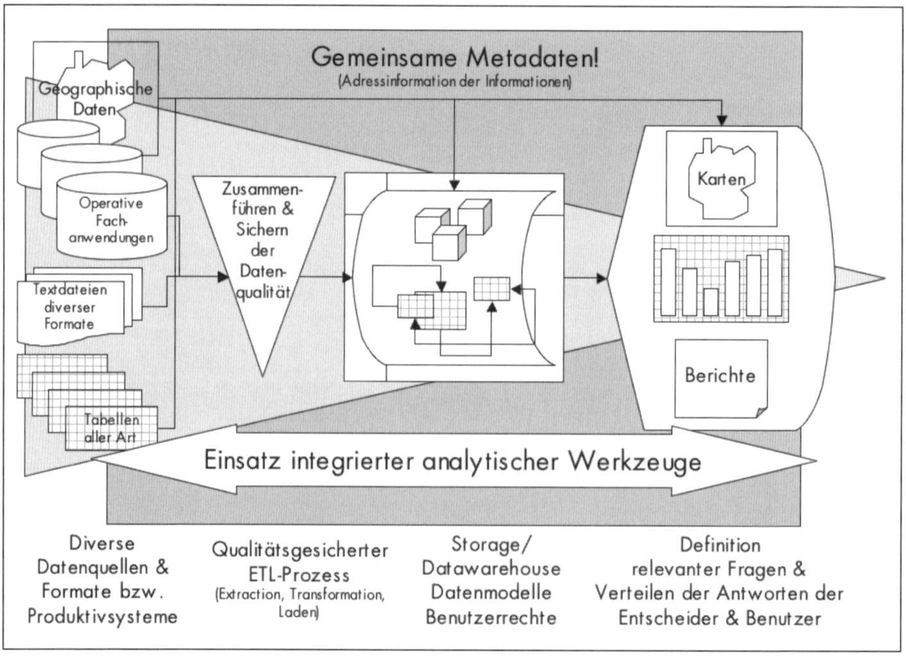

Abbildung 14: Datenintegration der Applikationen, integraler Analytics-Ansatz und Metadatenmanagement

Technisch entsteht dabei die Problematik eines komplexen Datenflusses, der neben Mängeln der operativen Datenqualität, auf die Nutzung unterschiedlichster Systeme angewiesen ist, die ihrerseits niemals nur einem Standard folgen. Dabei spielt die „Adressierbarkeit“ der Informationen eine wichtige Rolle, denn nur, wer weiß, wo genau welche Information liegt, kann sie auch in einem verteilten Führungs- und Informationssystem zur Verfügung stellen und sinnvoll administrieren.

Die Lagebilder der Polizeien der Länder, der einzelnen Teilstreitkräfte, der einzelnen Mitgliedsstaaten der Bündnisse, sogar von Wirtschaftsunternehmen werden zu integrieren sein, um der komplexen Lage einer kontingenten, dynamischen Welt gerecht zu werden (Abbildung 15). In einer solchen Lösung vom Zugriff auf die diversen Datenquellen bis hin zur Verteilung und Präsentation der Informationen jeweils analytische Werkzeuge einsetzen zu können, stellt dabei einen weiteren entscheidenden Vorteil dar. Dies vor allem deshalb, weil sich die Komplexität der Umwelt meist als zu vielfältig für einen „regelbasierten Ansatz“ darstellt, um direkt auch nur hinreichende Ergebnisse zu erzielen. Ein analytisches Instrumentarium ermöglicht es dann, statistische Verteilungen zur Grundlage systemischer Entscheidungen zu machen, wodurch der mögliche Erfolg maximiert wird.

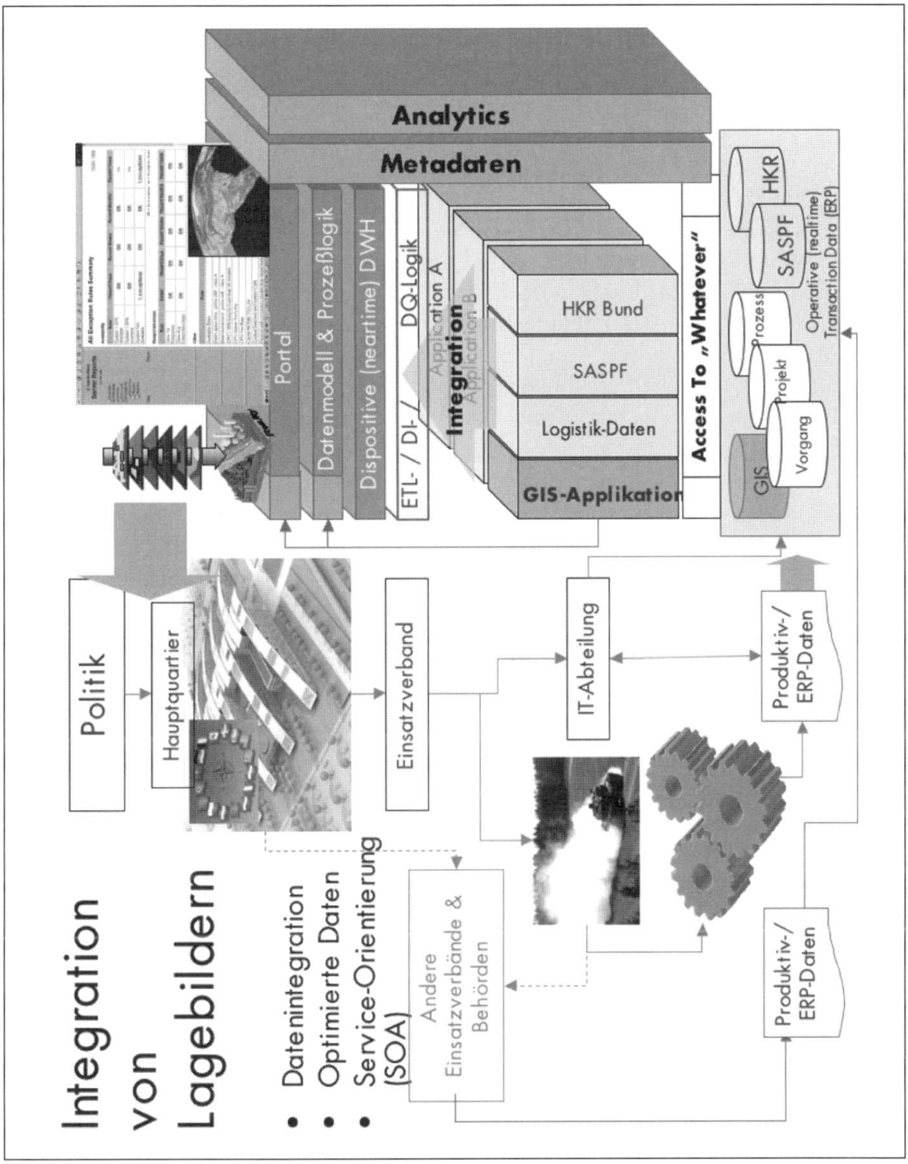

Abbildung 15: Integration von Lagebildern

Dies gilt für die Qualitätssicherung wie für die Integration komplexer, heterogener Datenquellen, die Manipulation dieser Daten beim Import in das Data Warehouse, die Funktionsweise von Business-Modellen zum Umgang mit den Daten aus betrieblicher Sicht, sowie der Frage, wie sich Informationen verteilen sollen und dürfen, bzw. in welcher Art und Weise von ihnen Gebrauch gemacht wird. Es handelt sich bei solchen Lösungen um komplexe Systeme, die ihrerseits mit der komplexen Umwelt interagieren.

Den heutigen technischen Möglichkeiten stehen aber oft noch politische Hindernisse im Weg, die den Austausch von Informationen über die Grenzen der Nationalstaaten hinweg, aber auch in föderalen Systemen, zusätzlich erschweren können. Der Lernprozess der politisch, militärisch oder verwaltungstechnisch Betroffenen muss sich deutlich beschleunigen, wenn er mit dem technischen Fortschritt, den immer andere zuerst nutzen werden, folgen will. Für einen militärischen oder polizeilichen Entscheider, der mit Lagebildinformationen aller Art umgehen muss, wird ein integrierter Ansatz im Idealzustand alle verfügbaren Informationen zusammenführen, dabei relevante Wechselwirkungen statistisch-analytisch überprüfen und die resultierenden Informationen sach- und benutzergerecht verteilen.

Die Integration und Nutzung einer Vielzahl qualitätsgesicherter Datenquellen bietet Entscheidern in Politik und Militär ein ganzheitliches Bild der Lage und ermöglicht es ihnen zusätzlich, die weitere Entwicklung zu simulieren und zu prognostizieren (Abbildung 15). Dadurch lässt sich die Strategie für den Umgang mit einer unsicheren Zukunft finden bzw. definieren, die tatsächlich am besten geeignet erscheint. Bisher als „Unwägbarkeiten" bezeichnete Zusammenhänge werden „wägbar", sie werden durchgängig in einer dispositiven Lösung diversen Analyseschritten unterzogen, deren Output eine neue Qualität der Entscheidungen ermöglicht. Diese neue, höhere Qualität der Entscheidungen ist notwendig, weil in einer globalisierten Welt täglich neue Herausforderungen auf Entscheider zukommen:

- Im Falle einer Naturkatastrophe oder eines plötzlichen Krisenszenarios, die eigenen, dislozierten Kräfte in Marsch setzen zu können, bedingt beispielsweise, Position und beabsichtigte Routen der Einheiten und Verbände, mit dem Bereitschafts- und Fähigkeitsgrad der Einheiten, der Geographie der Umwelt, den zur Verfügung stehenden finanziellen Ressourcen auf Basis tatsächlicher Kosten rückkoppeln zu können. Ganzheitliche Führungs- und Informationssysteme ermöglichen dies. Auch ausbrechende Seuchen verlangen beispielsweise Entscheidungen, die zuvor in ihrer gesamten Auswirkung simuliert werden können, bevor zu „finalen" Maßnahmen, geschritten werden muss, deren finanzielle und politische Auswirkungen früher oft erst anschließend diskutiert werden konnten.
- Ein weiteres Beispiel folgt der Tatsache, dass der militärische Grad der Bedrohung, in Zeiten asymmetrischer Kriegführung von Terroristen und Kleinkampfverbänden gegen hochtechnisierte Militärverbände, nur im Rahmen von Wahrscheinlichkeiten abschätzbar ist. So gilt es, alle relevanten Informationen aus politischen, sozialen, finanziellen und anderen Hintergründen zusammenzuführen um die Korrelationen festzustellen, die sonst unsichtbar blieben, aber

in ihrer Konsequenz das Leben und die Gesundheit der eigenen Soldaten konkret bedrohen.

- Finanzpolitisch wird der Missbrauch staatlicher Subventionen, sei es aufgrund von Irrtum oder Absicht einzelner Bürgerinnen und Bürger, dank analytischer BI-Systeme leichter aufgedeckt. Ein Zusammenhang zwischen bestimmten Faktoren, wird erst (verwaltungs-)politisch diskutierbar, wenn er analytisch belegbar wurde.

Auf Basis einer nach diesen Überlegungen strukturierten Informationsintegration orientiert sich das Handeln staatlicher dann selbstverständlich an den als relevant erkannten Zusammenhängen und maximiert so den Erfolg der Verwaltung. Die Steuerbarkeit der Finanzflüsse der Finanz-, Zoll- und Steuerverwaltung, Haupteinnahmequellen des Staates, werden ebenfalls besser lenkbar und ganzheitlich gesteigert, wenn real vorhandene, aber bislang nicht nachweisbare Entscheidungsspielräume genutzt werden können. Umstrukturierungen von staatlichen Großbehörden werden besser vermittelbar, wenn die Entscheidungen spätestens auf der operativen Ebene der Prozessorganisation auch glaubwürdig belegt werden können.

Andere Branchen untersuchen bereits das Verhalten von Kunden im Hinblick auf eine mögliche Ausweitung der Geschäfte oder eine anstehende Vertragskündigung. Diese möglichen Konsequenzen werden anhand solcher, festzustellender Korrelationen, erst quantifizierbar und bewertbar. Die eigenen Prozesse und Ressourcen in wirksamere Organisationsformen zu überführen, die eigenen Aktivitäten, Projekte und Kampagnen zielorientiert steuern zu können, bedingt ebenfalls, die eigenen Entscheidungen in der Gesamtheit der Informationen einer oder mehrerer Institutionen fußen zu lassen.

Der Anwendungsbereich von Business Intelligence erstreckt sich also von statistisch-analytischen Operativsystemen, über Systeme der Risiko-orientierten Kontrolle, Lösungen zum Management komplexer Projekte,[18] Analytik-gestützten Datenqualitätssicherungs-Projekten, der Integration von Rohdaten aller weltweit denkbaren Datenquellen und Datenformate, den statistisch abgestützten Data-Mining-Lösungen zur Integration beispielsweise komplexer Texte, dem Data-Ware-Housing zur Bereitstellung einer Single Version of Truth in Betrieben aller Art, Steuerungs-Kennzahlen- und Berichtssystemen, der Einbindung von einzelplatzbasierten Office-Lösungen in Datenbankwelten, relationalen und multidimensionalen OLAP-Systemen,[19] Systemen zur analytischen Nutzung historischer Daten zur Simulation und Prognostizierung zukünftigen Systemverhaltens und Systemen und Lösungen zur entsprechenden Verteilung all dieser Informationen in wissensorientierten Portalen und Benutzer-Frontends, die ihrerseits von IT-Ressourcenmanagement-Systemen und Web-Analyse-Systemen gesteuert und damit administriert werden können.

18 An dieser Stelle seien darunter Projekte und Operationen verstanden, die zig-tausend Aktivitäten umfassen.

19 OnLine Analytical Processing: Verifizierung oder Falsifizierung zuvor gestellter Hypothesen mittels geeigneter Datentechnik.

Zusammenfassend lautet die entscheidende Nachricht also nicht, dass moderne Systeme möglichst von einem Herstellerstandard folgen müssen, um integrierbar zu sein,[20] sondern, dass der Wille zur Integration der Einsicht folgen muss, dass die Reduktion der Komplexität in einer kontingenten Welt der Systeme, von der Fähigkeit abhängt, dort integrativ und analytisch zu handeln, wo Transformationsprozesse dies ohnehin erfordern. Nur dann wird (Informations-)Sicherheit grundsätzlich bezahlbar bleiben und Bürgerinnen und Bürgern jene Prosperität ermöglichen, die unsere gemeinsame Sicherheit finanziert.

20 IT-Systeme werden ohnehin zu keinem Zeitpunkt einheitlich sein, da technische, wirtschaftliche und politische Entwicklungen ähnlich volatil verlaufen.

Was wäre wenn?
Der Beitrag der Modellbildung und Simulation zum Umgang mit modernen Sicherheitsherausforderungen

Andreas Lang und Olav Hansen

Der Umgang mit Komplexität ist eine der zentralen Herausforderungen des gegenwärtigen Sicherheitsumfeldes. Die Komplexität resultiert dabei aus einer Reihe unterschiedlicher Faktoren und Entwicklungen. Zuerst sind die verschiedenen Ursachen moderner Sicherheitsrisiken wie Terrorismus, Organisierte Kriminalität, Weiterverbreitung von Massenvernichtungswaffen oder regionale Instabilität zu nennen. Alle diese Probleme resultieren aus einer Verknüpfung politischer, wirtschaftlicher, gesellschaftlicher, kulturell-ideologischer, ökologischer und geographischer Faktoren. Diese gilt es einzeln und in ihrem jeweiligen Wirkungszusammenhang zu analysieren.

Damit verbunden ist die Feststellung, dass es für den Umgang mit modernen Sicherheitsherausforderungen nicht nur ein Mittel oder nur eine Strategie gibt. Vielmehr ist die Kombination unterschiedlicher staatlicher und nicht-staatlicher Wirkmittel erforderlich. Das bedingt zum einen, dass die Wirkungen, die z.B. mit dem Einsatz von Streitkräften, der Aufstockung des Entwicklungshilfebudgets, einer Infrastrukturmaßnahme oder der Ansiedelung lokalen Gewerbes erfasst und miteinander vergleichen werden können. Zum anderen müssen Akteure unterschiedlichster Herkunft (nationale wie internationale Hilfsorganisationen, Streitkräfte, Regierungsorganisationen, Nicht-Regierungsorganisationen) miteinander koordiniert werden, damit deren Entscheidungen abgestimmt und ihre Maßnahmen miteinander in Einklang gebracht werden können.

Neben den Ursachen, den Akteuren und ihren Instrumenten ist auch die zeitliche Dimension zu berücksichtigen. Während mit gewissen sicherheitspolitischen Instrumenten relativ schnell eine gewünschte Wirkung erzielt werden kann, wirken andere, die z.B. das Verhalten von Menschen beeinflussen oder die politisch-administrativen Bedingungen in einem Staat verändern, nur mit erheblicher zeitlicher Verzögerung. Oftmals ist dabei nicht klar, ob die angestrebte Wirkung überhaupt den gewünschten Effekt erzielt und wie sich kurz-, mittel- bzw. langfristige Maßnahmen im Zeitablauf gegenseitig beeinflussen.

Die Komplexität moderner Sicherheitsherausforderungen, die in dieser kurzen Problemschilderung zum Ausdruck kommt, verbietet simplifizierende Lösungsansätze. Vielmehr ist es unerlässlich, dass sich Entscheider, Planer und Operateure mit den einzelnen Bausteinen eines komplexen Sachverhalts auseinandersetzen. Genau dies ist die Aufgabe der Modellbildung und der Simulation. Im Umgang mit Komplexität leisten sie einen wesentlichen Beitrag, denn sie helfen, reale Vorgänge besser zu verstehen.

Modellbildung kann dabei, vereinfacht gesprochen, als Versuch interpretiert werden, reale Zusammenhänge für einen bestimmten Zweck nachzubilden. Ein Modell kann helfen, die Funktionsweise eines Autos, den Aufbau eines Staates oder das Verhalten eines Individuums zu erklären. Die Simulation basiert auf einem solchen Modell. Sie wird durchgeführt, um Rückschlüsse über ein real beobachtetes Phänomen zu gewinnen. Wie verhält sich z.B. das Auto auf nasser oder trockener Fahrbahn, was passiert, wenn verschiedene Akteursgruppen innerhalb eines Staates ihre Interessen auf konfliktgeladene oder friedliche Weise durchsetzen wollen, und wie agiert ein Individuum unter Stress bzw. in Normalsituationen? Dies sind Fragestellungen, die im Rahmen der Modellbildung und Simulation abgebildet und untersucht werden können.

Ziel des vorliegenden Beitrags ist es, die Funktionsweise und die Anwendungsmöglichkeiten der Modellbildung und der Simulation im Kontext moderner Sicherheitsherausforderungen zu illustrieren. Neben dem militärischen Umfeld, in dem die Modellbildung und Simulation im Zuge der Transformation der Streitkräfte inzwischen eine zentrale Rolle spielt, sehen wir in der nationalen Sicherheitsvorsorge und dabei insbesondere zum Schutz der kritischen Infrastrukturen ein weiteres Anwendungsfeld, das in zunehmendem Maß auf Modellbildung und Simulation zurückgreifen wird. Wir stellen zuerst idealtypisch dar, welche grundlegenden Fragestellungen mit Modellbildung und Simulation untersucht und in welchen Bereichen Modellbildung und Simulation angewendet werden können. Im Anschluss daran wollen wir kurz einige technologische Trendentwicklungen beleuchten und darlegen, wie diese den Anwendungsnutzen der Modellbildung und Simulation in Zukunft verbessern werden. Gestützt darauf stellen wir anhand des fiktiven Szenarios des Einsatzes einer schmutzigen Bombe in der Seeschifffahrt dar, welche Lösungsbeiträge von der Modellbildung und Simulation erwartet werden können. Auf Basis dieses Szenarios beschreiben wir verschiedene methodische Aspekte der Modellbildung und Simulation. Wir runden unseren Beitrag ab, indem wir den Zusammenhang zwischen Modellbildung und Simulation sowie der Generierung von Lagebildern mittels Fusion und der Bereitstellung relevanter Führungsinformationen betrachten.

Untersuchungsdimensionen und Anwendungsbereiche

Modellbildung und Simulation dienen in der Sicherheitspolitik dazu, ein sicherheitsrelevantes Problem sowie dessen Ursachen- und Wirkungszusammenhänge besser zu verstehen. Gestützt darauf können problemadäquate Entscheidungen vorbereitet und getroffen werden. In diesem Zusammenhang dienen Modellbildung und Simulation auch dazu, verschiedene Lösungsoptionen miteinander zu vergleichen, womit die Qualität der Entscheidungsfindung verbessert werden kann. Mit Modellbildung und Simulation kann die Wirkung von Maßnahmen getestet werden, bevor diese tatsächlich ergriffen werden. Dadurch reduzieren sich Risiken bzw. Kosten, und der Einsatz knapper Ressourcen wird optimiert. Erkenntnisse aus der Modellbildung und der Simulation fließen daher ein in die Analyse und in die Planung, die (einsatzorientierte) Entscheidungsunterstützung, die Aus- und Weiterbildung sowie in die Bedarfsermittlung und Bedarfsdeckung.[1]

Vor dem Hintergrund der eingangs skizzierten aktuellen Sicherheitslandschaft sind es vor allem fünf Themenkomplexe, für die die Anwendung von Modellbildung und Simulation von vorrangiger Bedeutung sind:

- *Ursachen- und Wirkungszusammenhänge*
  Im Umgang mit modernen Sicherheitsherausforderungen hat sich die Erkenntnis durchgesetzt, dass nur ein systemtheoretischer Ansatz die adäquate Analyse der Sicherheitsprobleme ermöglicht. Modellbildung und Simulation tragen daher dazu bei, ökonomische, gesellschaftliche, kulturell-ideologische, politische, ökologische und technologische Entwicklungen in ihren gegenseitigen Abhängigkeiten zu verstehen. Damit schaffen sie die Grundlage für den Einsatz verschiedener sicherheitspolitischer Wirkmittel und vermitteln Anhaltspunkte dafür, wie sich ein System mit und ohne Einwirkung im Zeitablauf entwickelt.

- *Verhalten von Individuen und Gruppen*
  Menschliches Handeln oder Unterlassen steht am Ursprung der meisten sicherheitspolitischen Herausforderungen. Daher ist es unerlässlich, das Verhalten des Menschen und die Interaktion mit seinem Umfeld zu verstehen. Das gilt für die Problemanalyse genauso wie für die Entwicklung geeigneter Lösungsstrategien. Nur wenn z.B. bekannt ist, wie in einer Gesellschaft die Anreizstrukturen für ein bestimmtes Handeln ausgeprägt sind, kann überhaupt beurteilt werden, ob eine Intervention von außen die gewünschte Wirkung erzielt und wie diese Intervention konkret ausgestaltet sein sollte.

- *Strategien und Konzepte*
  Strategien und Konzepte müssen angesichts der Natur der neuen Sicherheitsherausforderungen multikausal angelegt und ressortübergreifend ausgerichtet sein. Gleichzeitig müssen sie auch zukunftsrobust ausgestaltet werden, d.h. nicht nur Vergangenheit und Gegenwart sind bestimmende Größen der Strategie- und Konzeptentwicklung; sie müssen vielmehr mit Blick auf künftige Herausforderungen bestehen.

- *Prozesse und Strukturen*
  Gleiches gilt auch für Prozesse und Strukturen, die den institutionalisierten Rahmen des Handelns von Individuen und Gruppen beschreiben. Der ressortübergreifende Charakter moderner Sicherheitsansätze und die Notwendigkeit der engen Abstimmung zwischen staatlichen und nicht-staatlichen Akteuren macht es unerlässlich, dass bestehende Organisationsgrenzen überwunden

1 Siehe zu diesem Verständnis: Teilkonzeption Modellbildung und Simulation in der Bundeswehr (TK M&SBw) (Berlin: Bundesministerium der Verteidigung, 2006).

werden müssen. Das setzt neue Ansätze der vernetzten Zusammenarbeit voraus und stellt neue Anforderungen an die Kompetenzen, die Motivation und das Vertrauen der Akteure ineinander.

- *Mittel und Fähigkeiten*
  Sollen die verschiedenen sicherheitspolitischen Mittel wie z.B. die Streitkräfte, die zivilen Sicherheits- und Einsatzkräfte, der Zivil- und Bevölkerungsschutz, die Außenpolitik oder die Entwicklungshilfe in vernetzten oder gar integrierten Ansätzen miteinander kombiniert werden, ist es unerlässlich, Erkenntnisse über die Wirkungsweise eines jeden Mittels in einem Szenario zu erarbeiten und die jeweiligen Wirkungsweisen miteinander zu vergleichen. Das setzt Maßstäbe als Grundlage der Vergleichbarkeit genauso voraus wie die methodische Kompetenz, die entsprechenden Wirkungszusammenhänge modellhaft abzubilden.

Technologische Trends

Der Einsatz von Rechensystemen zur Modellbildung und Simulation wird zunehmend einfacher, flexibler und die Systeme werden leistungsfähiger. Diese Entwicklung wird durch folgende technologischen Trends forciert:

- *Höhere Rechenleistung* von Rechensystemen ermöglicht es, bestehende Modelle in kürzerer Zeit und flexibler zu rechnen. Darüber hinaus wird es möglich, neuartige oder bisher als zu komplex angesehene Modelle zu rechnen. Die Komplexität betrifft dabei sowohl die Größe der Modelle, als auch die Algorithmen zu deren Simulation. Ein Beispiel, das diesen Trend verdeutlicht, ist die Online-Berechnung von 3D-Welten (3D Rendering). Mit großem Aufwand werden einzelne Lichtstrahlen verfolgt (Ray Tracing), anstatt nur Flächen als Ganzes zu betrachten.
- *Höhere Kommunikationsbandbreiten* ermöglichen einen Fernzugriff auf Simulationsmodelle, auch wenn diese sehr viele Eingabedaten brauchen oder sehr große Datenmengen produzieren. Außerdem ermöglichen es diese, auf unterschiedlichen Rechensystemen laufende Teilmodelle zu einem Gesamtmodell zusammenzuführen. Ein Beispiel ist der Zugriff auf Superrechner zur Berechnung von Kontaminationsgebieten bei Chemieunfällen in Abhängigkeit von aktuellen Wetterwerten.
- *Die Miniaturisierung von Hardware* ermöglicht es, Simulationsmodelle in andere Systeme zu integrieren oder komplett portabel zu gestalten. Beispiele sind die portablen Navigationssysteme.
- *Neue Display-Techniken* ermöglichen eine immer bessere visuelle Darstellung von simulierten Modellen. Dies betrifft sowohl die Auflösung und Realitätstreue der dargestellten Modelle als auch das Sichtfeld, das abgedeckt werden kann. Bewirkt wird hierdurch eine Erhöhung der Immersion, also der emotionalen Nähe des Nutzers zur Simulationswelt.

- *Software-Architekturen* wie Service Oriented Architectures stärken die Wiederverwendbarkeit von Softwarekomponenten. Auch lassen sich Softwarekomponenten von Realsystemen leichter in Simulationssysteme integrieren. Hierdurch ergibt sich sowohl im Hinblick auf Realisierungsgeschwindigkeit, als auch Kosten eine Effizienzsteigerung bei der Realisierung von Simulationssystemen.
- *Neue Sensortechniken* wie z.B. Spracherkennung und Positionsbestimmung erweitern die Interaktionsmöglichkeiten zwischen Nutzer und Modell. Dies erhöht die Immersion und die Flexibilität sowie Präzision der Bedienung. Die vereinfachte Interaktion (z.B. über Spracherkennung) ermöglicht den Einsatz von Simulationsmodellen in Anwendungsszenarien in denen ein Nutzer das Simulationsmodell „nebenbei" bedienen muss.
- *Niedrigere Hardwarekosten* ermöglichen den Einsatz von Simulationssystemen in neuen Einsatzgebieten. Ein Beispiel sind hierfür wiederum die mobilen Navigationssysteme.
- *Geospezifische Datenbasen* ermöglichen eine effizientere und realitätsnähere Modellbildung. Hierdurch ist es z.B. möglich die Auswirkungen von Hochwasserkatastrophen in Abhängigkeit von aktuellen Ereignissen besser vorherbestimmen zu können. Auch wird es möglich, die Wirksamkeit unterschiedlicher Gegenmaßnahmen zu simulieren und hierdurch Handlungsunterstützung zu erhalten.
- *Soziologische und psychologische Erkenntnisse* ermöglichen eine höhere Realitätsnähe der Modellierung menschlicher Verhaltensweisen. Vorangetrieben wird dies u.a. durch die Unterhaltungsindustrie (Spiele, Film). Hierdurch wird es auch in Krisensituationen in bestimmten Situationen möglich das Verhalten von Menschengruppen besser vorher zu sehen und darauf in geeigneter Weise reagieren zu können. Voraussetzung sind dabei allerdings sehr detailliert bekannte Rahmenbedingungen, so dass die Anwendung auf wenige Beispiele, wie z.B. Evakuierungsszenarien, beschränkt ist und bleibt.

Simulation eines Anschlags auf eine kritische Infrastruktur und dessen kurzwie mittelfristigen Folgen

Falls ein Anschlag mit vernichtenden Folgen auf eine kritische Infrastruktur durchgeführt wird, stellen sich prinzipiell zwei Fragen:

- Innerhalb der ersten 72 Stunden: was würden die direkten physikalischen Folgen eines solchen Anschlags sein? Die Anzahl der menschlichen Opfer, der genaue Schaden an der Infrastruktur, was würde sofort passieren?
- In den Wochen und Monaten nach dem Anschlag: was würden die längerfristigen ökonomischen Folgen sein? Aus Sicht der Entscheidungsfindung, was würden die speziellen politischen Herausforderungen sein? Was würden die hoch priorisierten Belange der einzelnen Interessenvertretungen sein?

Um die erste Frage zu beantworten, kann mit Hilfe einer Simulation eine Szenarien-Analyse durchgeführt werden. Strategic Gaming kann die zweite Frage etwas näher durchleuchten.

In der Szenarien-Sensitivitäts-Analyse wird die „was wäre wenn"-Frage strukturiert gestellt und ausgewertet, wie sich verschiedene Faktoren gegenseitig beeinflussen und eine Folge von Ereignissen verursachen. Es geht also um die Beantwortung der Frage: Was wäre wenn dies oder jenes als nächstes passieren würde? Eine andere Methode der simulativen Analyse ist die Exploratory Analysis, in der viele Parameter gleichzeitig verändert werden.

Beim Strategic Gaming sind die Teilnehmer realistisch unter Stress in einem Szenario eingebunden und darauf gerichtet, die mögliche Politik bzw. das Verhalten von einzelnen Interessensgruppen zu erkunden. Durch die Kombination dieser beiden Vorgehensweisen ist man in der Lage, die sofort auftretenden (eher physikalischen) Herausforderungen eines hypothetischen Anschlags mit den möglichen Folgen und Auswirkungen mit anderen Bereichen, wie der Wirtschaft, das Verhalten der Bevölkerung, das Verhalten von Interessensgemeinschaften etc. zu verknüpfen.

Die Methoden und Möglichkeiten der Simulation werden hier voll genutzt. Mit Hilfe der konstruktiven Simulation werden Szenarien generiert, mit Hilfe von Wirkungsmodellen (z.B. einer Explosion von x Kilotonnen am Boden etc.) und Verwundbarkeitsmasken (von Gebäuden, Menschen etc.) können Schäden simuliert werden. Mit Hilfe von Agentenbasierter Simulation lassen sich verschiedene Verhaltensmodelle von Akteuren konfigurieren, welche sich gegenseitig beeinflussen etc. Mit dem Man-in-the-Loop-Prinzip können reale Akteure in diesem Szenario handeln, deren Entscheidungen und Aktionen haben Einfluss auf die weitere Entwicklung des Szenarios.

Beispiel-Szenario: Vernichtender Anschlag auf eine Schlüsselinfrastruktur der US-Wirtschaft

In einem solchen Szenario verstecken Terroristen z.B. eine schwere Nuklearbombe in einem Seecontainer und bringen diesen Container zum Hafen von Long Beach. Nach der Entladung des Containers vom Schiff explodiert die Bombe. Dieses Szenario ist sehr gut vorstellbar; es es ist sehr wahrscheinlich, dass hier katastrophale Wirkungen durch die Bodenexplosion auftreten ebenso länger anhaltende Schäden für die US-Wirtschaft, da das Ziel der Explosion eine Schlüsselinfrastruktur darstellt und ein globales Seeschifffahrtszentrum betroffen ist.

Dieses Szenario ist Basis für ein mögliches Strategic Gaming mit führenden Vertretern der Regierung, der Geschäftswelt, der Versicherungswirtschaft, der Immobilienwirtschaft etc. Alle Teilnehmer teilten ihre Sicht der möglichen längerfristigen Konsequenzen einer solchen Explosion mit und erklärten, welche Entscheidungen sie möglicherweise treffen würden, um auf einen solchen Anschlag und die Abfolge von Ereignissen (aus dem Szenario) zu reagieren.

Die kurz- wie auch die langfristigen Folgen dieses Anschlags könnten ein Desaster erzeugen. Innerhalb der ersten 72 Stunden würde der Anschlag einen Großteil der

Los Angeles Metropolitan Area zerstören. Bodenexplosionen zeichnen sich dadurch aus, dass sie hoch radioaktive Teile bilden, und der Fallout würde die größte Zerstörung verursachen:

- Sechzigtausend Menschen würden sofort oder kurz nach der Explosion durch radioaktive Vergiftung sterben.
- Weitere hundertfünfzigtausend Menschen würden einer radioaktiven Verseuchung durch das Meerwasser ausgesetzt sein und sofort ärztliche Hilfe brauchen.
- Die Wucht der Explosion und die nachfolgenden Brände würden die komplette Infrastruktur des Hafens zerstören sowie alle Schiffe.
- Sechs Millionen Menschen würden versuchen, die Gegend Los Angeles zu verlassen.
- Zwei bis drei Millionen Menschen müssten umgesiedelt werden, da ca. fünfhundert Quadratkilometer radioaktiv verseucht wären.
- Die Treibstoffversorgung für die ganze Region würde schnell einbrechen, da die Long Beach Raffinerien zerstört sind, welche für ca. ein Drittel der Treibstoffversorgung westlich der Rocky Mountains verantwortlich sind.

Die wirtschaftlichen Folgen in den Wochen und Monaten nach dem Anschlag könnten wie folgt aussehen:

- Die ersten Kostenschätzungen des Long Beach Szenarios könnten die Summe von einer Billion $ übersteigen (Kosten der Versicherungsschäden, Gesundheitsschäden, Evakuierung, Wiederaufbau, Gehaltsausgleich von Arbeitnehmern etc.). Die 50 bis 100 Milliarden $, die als geschätzte direkte Schadenssumme der Anschläge vom September 2001 genannte werden, können als Referenzgröße dienen. Generell würden die Konsequenzen die Ressourcen übersteigen die verfügbar wären.
- Zusätzlich über die Zeit würden die ökonomischen Auswirkungen der Katastrophe weit über das Gebiet des Anschlags hinausgehen. Es könnte zu nationale wie internationalen Folgen kommen. Entscheidungsträger würden zwei schwierigen Herausforderungen begegnen müssen: zum einen die globale Seeversorgungskette in Gang zu halten und zum anderen die regulären wirtschaftlichen Beziehungen wieder herzustellen.
- Nach dem Anschlag werden verschieden Interessengruppen verschiedene Absichten durchsetzen wollen. Die Entscheidungen werden oft zu gegensätzlichen Aktionen führen. Es ist Aufgabe der Politik, diese Interessenskonflikte aufzulösen. Der Hauptansatz wird sich zwischen den Vertretern der Sicherheitsorgane und den Wirtschaftsvertretern in Bezug auf die globale Seefahrt ergeben. Die Sicherheitsvertreter werden auf die Schließung aller Häfen drängen, um einen solchen weiteren Anschlag nicht mehr möglich zu machen. Die Wirtschaftsvertreter werden den Ausbau von weiteren Häfen fordern, um den Kapazitätsausfall des Long Beach-Hafens so schnell wie möglich ausgleichen

zu können und um die globale Seefahrt und deren Versorgungskette weiter am Laufen zu halten.

- Der Anschlag könnte die Versicherungswirtschaft durch Haftung und Zahlungen an den Rand des Bankrotts treiben. Neue Versicherungen für Terror und nuklear Risiken werden entweder nicht bezahlbar sein oder sie werden auf dem Markt von Versicherungen nicht mehr angeboten.
- Ohne diese Versicherungen könnten Häfen und die angrenzenden Infrastruktur nicht arbeiten. Weiterhin könnten Menschen aus den Hafengegenden generell fliehen, um sich so vor möglichen weiteren Anschlägen zu schützen. Dies hätte zur Folge, dass weniger oder zu wenig Arbeitskräfte zur Verfügung stehen um Häfen zu betreiben. Als Folge könnten Häfen entweder ganz geschlossen werden müssen oder sie würden signifikant unter ihrer Kapazität arbeiten. Dies hätte entsprechende Folgen für die Versorgung der Wirtschaft und der Bevölkerung mit Produktionsgütern, Treibstoff, Lebensmitteln etc.

Mit Hilfe von entsprechenden Analyse-Tools lässt sich mehr Einblick gewinnen in die Folgen von Entscheidungen, die nach Wochen oder Monaten des Anschlags getroffen werden müssen. Man könnte nach dem Durchspielen und Analysieren eine Entscheidungslandkarte entwickeln, um gegebenenfalls die Auswirkungen der Schwachstellen von Infrastrukturen und gegenseitig abhängiger Systeme in der jeweils gegebenen Lage vorher zu kennen. Politiker und Entscheidungsträger könnten ihre Entscheidungen in der Simulation reflektieren und daraus lernend im Voraus Antwortstrategien planen.

Analyse, Analysepraktiken und die Implikationen für Modellbildung und Simulation

Schon an dem oben geschilderten Beispiel eines (nuklearen) Anschlags auf einen Hafen lässt sich erkennen, dass zwar die Szenarienerstellung sowie die Modellierung der Wirkung der Explosion und der Verwundbarkeiten mit physikalischen Modellen machbar sind. Allerdings bedarf der nächste Schritt der Modellierung

- des Prozesses zur Erstellung der einzelnen Lagebilder bzw. der fusionierten Lagebilder (Common Operational Pictures),
- der Entscheidungen und der Entscheidungsketten,
- des menschlichen Verhaltens sowie
- der längerfristigen Auswirkungen auf die Wirtschaft der ganzen USA bzw. der Weltwirtschaft

durchaus neuer und anderer Methoden. Aus methodischer Sicht erfordern der Schutz und die Sicherheit der kritischen Infrastrukturen eine neue Systemtheorie. Es geht darum, alle kritischen Infrastrukturen in ihrer Granularität/Auflösung, ihrem Verhalten und in ihren Schnittstellen zu anderen Infrastrukturen mit virtueller Simulation nachbilden zu können, um diese dann in einem relevanten Szenario bzw. Szenarienportfolio gegebenenfalls mit der Beteiligung von Entscheidungsträgern in allen Facetten durchspielen und analysieren zu können. Erst dies ermöglicht einen ganzheitlichen Ansatz, um Folgendes zu analysieren:

- Wer stellt die größte Bedrohung für die kritischen Infrastrukturen eines Landes dar (z.B. Terroristen)?
- Welche kritische Infrastruktur ist aufgrund der Motivation und der verfügbaren Fähigkeiten besonders bedroht?
- Welche physikalischen Auswirkungen hat ein Anschlag (z.B. physikalische High Resolution Modelle)?
- Welche Szenarienportfolios sind zu betrachten (agile, robuste Low Resolution-Modelle)?
- Welche Kaskadeneffekte mit anderen Infrastrukturen sind mittelfristig zwangsweise (durch Vernetzung der hoch optimierten Infrastruktursysteme) zu erwarten?
- Welche mittelfristigen Auswirkungen auf die Wirtschaft, die innere Sicherheit, die Bevölkerung und die Politik (öffentliche Meinung und die daraus resultierende strategische Verwundbarkeit) wird dies haben?
- Welche Interessensgruppen werden welche Entscheidungen treffen, werden sich wie verhalten?
- Wie könnten mögliche Antwortstrategien aussehen?
- Wie kann die durch die Bedrohung entstandene hohe Gefährdung durch geeignete, optimierte Maßnahmen (wirtschaftlich und bezahlbar) in eine geringere Gefährdung überführt werden, um den höchsten Wirkungsgrad der eingesetzten Ressourcen (Technik, Personal, Geld, Prozesse, Methoden etc.) zu erzielen?

Es geht also darum einen Top Down-Ansatz für ein übergreifendes Sicherheitskonzept bezüglich aller vernetzten kritischen Infrastrukturen zu evaluieren. Hierzu ist es notwendig, für die Simulation brauchbare Modelle der einzelnen Komponenten von kritischen Infrastrukturen zu nutzen bzw. – falls nicht vorhanden – diese zu entwickeln, um sie nach Zweck und Granularität/Auflösungsgrad in einem relevanten Szenario kombinieren zu können. Definitionen gewisser Standards auf Basis bestehender Technologien werden Vorteile schaffen, um die Schnittstellenproblematik zu lösen. Die moderne Simulation kann in Kategorien wie

- Vorbereitung, Definition des Zwecks der Simulation
- Simulative Analyse (was wäre wenn?, Aspekte der Physik, des Verhaltens, der Entscheidungen, der Interdependenzen)
- Konstruktive Simulation (Synthetische Umgebung, Szenariogenerierung und Stimulation der Modelle)
- Virtuelle Simulation (Nachbildung der Funktionen und technisches wie prozedurales Verhalten von kritischen Infrastrukturen durch Modelle verschiedener Auflösung und Agilität)
- Aufzeichnung/Auswertung/Bewertung der Ergebnisse

zum Einsatz kommen und deren Ergebnisse können signifikant zum wirtschaftlichen Schutz der vernetzten kritischen Infrastrukturen beitragen. Dabei können unterschiedliche Modellarten angewendet werden (Tabelle 1).

Low Resolution Model	**High Resolution Model**
Early Design	Detailed design
Using low resolution knowledge	Using high resolution Knowledge
Analysis responding to high level questions	Narrow, in-depth analysis for accuracy, precision, or detail
Reasoning and comprehension with high level variables	Reasoning and comprehension at more atomic level of phenomena
Informing, summarizing or calibrating high resolution work	Informing, summarizing or calibrating low resolution work
Abstracting "big picture"	Simulating reality

Tabelle 1: Zur Modellbildung und Simulation eingesetzte Modellarten

Nehmen wir an, dass es keine vorausgesetzte Ausgangslage (Basisszenario) gibt, dann können die beschriebenen Herausforderungen für den Schutz der kritischen Infrastrukturen nur mit der Methode Exploratory Analysis for Portfolio Work[2] analysiert und bewertet werden. Diese unterscheidet sich essentiell von der gewöhnlichen Sensitivitätsanalyse, die normalerweise ein Basisszenario annimmt und einen Eingangsparameter zu einem Zeitpunkt verändert. Die Exploratory Analysis-Methode stattdessen nimmt kein Basisszenario an, sondern variiert alle Parameter gleichzeitig. Dies ist sehr zweckmäßig für Modelle mit geringer Auflösung bzw. Granularität und wenigen Parametern.

Da die Unsicherheit über mögliche Szenarienentwicklung und auch Verhaltensentwicklung hoch ist, müssen Risiken gut charakterisiert werden und Lösungsstrategien müssen flexibel, adaptiv und robust sein (FAR-Strategien). Mögliche Lösungsstrategien müssen gegen den gesamten Möglichkeitsraum evaluiert werden. Dies wiederum erfordert adaptive und agile Modelle, die wiederum schnell verändert oder schnell neu aufgesetzt werden können. Composability der Modelle in verschiedenen Auflösungen für verschiede Zwecke ist die Schlüsseltechnologie.

Diese wird auch Multiresolution Multiperspective Modeling (MRMPM) genannt. Da vernetzte Systeme simuliert werden müssen, ist die Cross Resolution Modeling Connection, welche einzelne Modelle unterschiedlicher Auflösung vernetzt, anzuwenden. Der Aufbau einer High-Level Architecture (HLA) ist hier erst der erste Schritt zur Interoperabilität für das Verbinden von Modellen über mehrere Auflösungsebenen und verschiedenen Orten.

2 Diese Methode bewertet das Verhalten eines Modells oder eines Ensembles von Modellen über den gesamten Raum der Eingangsparameter. Die Exploratory Analysis kann parametrisch oder probabilistisch sein.

Gerade auf Basis der unsicheren Ausgangslage und der Notwendigkeit FAR-Strategien gegen den gesamten Möglichkeitsraum zu evaluieren, sind beide Modellarten (niedrig- wie hochauflösend) in entsprechender Kombination notwendig. Tabelle 1 verdeutlicht die Attribute, die den einzelnen Modellarten zugeschrieben werden.

Aspekte der Nutzung von Modellbildung und Simulation

Eine Simulation ermöglicht es, aufgrund einer Modelldefinition, Eingabeparametern und gegebenenfalls Zufallsgrößen Szenarien durchzurechnen. Die sich ergebenden Erkenntnisse beruhen daher vollständig auf den Annahmen der Nutzer, die ein System parametrisieren und der Programmierer, die das Modell erstellen. Diese Annahmen werden in einem Simulationslauf lediglich systematisch zusammengefügt und durchgespielt. Die Erkenntnisse, die in einer Simulation bezüglich Risiken, Verwundbarkeit und Verhaltensweisen gewonnen werden können, sind daher lediglich quantitativ, d.h. eine Simulation kann errechnen, wie hoch ein Risiko ist. Die potentiellen Risikofelder und die Faktoren, die zu einem Risiko beitragen, müssen dagegen schon im Simulationsmodell verankert und daher vorher bekannt sein. Grundlage jeder Simulation sind zustandsbehaftete Entitäten zwischen denen Interaktionen stattfinden, die sich aus den Zuständen selbst ergeben und die wiederum auf die Zustände der Entitäten zurückwirken.

Eine Entität kann ein Mensch, höher aggregiert (und vernetzt) eine Menschenmenge sein. Eine Entität kann aber auch eine Plattform (z.B. Flugzeug, Auto, Panzer) sein, höher aggregiert (und vernetzt) z.B. Plattformverbände. Man kann auch eine Entität als eine zu schützende kritische Infrastruktur (Hafen, Flughafen, Bahnhof, Kernkraftwerk etc.) sehen, höher aggregiert (und vernetzt) z.B. die kritische Transportinfrastruktur eines Landes. Entitäten zeichnen sich immer dadurch aus, dass sie neben der definierten Wahrnehmung für die Umwelt (Sensoren, Verwundbarkeitsmasken) und der definierten Wirkungsmöglichkeit auf ihre Umwelt (Wirkungsmasken) ein spezifisches Verhalten hinterlegt und Missionen zu erfüllen haben. Durch die Interaktion von Entitäten (unter Einbeziehung von hinterlegtem Verhalten und Missionen) sowie definierten Sensoriken, Verwundbarkeits- und Wirkungsmasken entstehen sehr dynamische Entwicklungen (die nicht mehr regelbasiert vorhersagbar sind) von Szenarien und Vignetten.

Man unterscheidet Simulationsmodelle anhand der Auflösungsstufen der Entitäten. Veranschaulichen kann man dies anhand der Simulation menschlicher Interaktion:

- Modelle in der feinsten Auflösung bilden psychologische Modelle über das Verhalten von Menschen nach. Eine Vielzahl von Eingabeparametern wird in einem mehrschichtigen Netz verknüpft und definiert eine Anzahl von Verhaltenswerten. Simulierte Entitäten sind also die Elemente des jeweiligen Modells der menschlichen Psyche. Derartige Modelle sind sehr rechenintensiv und werden z.B. genutzt, um Gruppenverhalten zu analysieren. Im technischen Umfeld kann man eine solche Simulation mit der physikalischen Simulation eines Werkstoffs vergleichen, sie ist allerdings aufgrund des eingeschränkten Wissens über die menschliche Psyche ungleich unzuverlässiger.

- Im Rahmen von Computer Generated Forces werden Verhaltensmodelle einzelner Personen anhand logischer Modelle definiert. Dabei spielen Abläufe innerhalb der menschlichen Psyche keine Rolle, die betrachtete Entität ist also der Mensch. Diese Art der Modellierung erlaubt es, sehr realistisch das Verhalten einer größeren Anzahl von Akteuren nachzubilden und dabei einen hohen Grad an Dynamik zu erreichen. Auf dieser Ebene lassen sich über virtuelle Realität menschliche Akteure in Simulationsabläufe einbeziehen.
- Höher aggregierte Simulationen abstrahieren von einzelnen Personen und betrachten Interaktionen zwischen Organisationseinheiten. Im Regelfall sind dies militärische Organisationen wie Zug, Brigade, Bataillon. Es können aber ebenso zivile Organisationen nachgebildet werden. Anwendung finden Simulationsmodelle dieser Auflösung bei der Ausbildung militärischer Stäbe, denn nur mit dieser Auflösung können groß angelegte Operationen sinnvoll modelliert werden. Auf dieser Ebene bindet man über militärische Kommunikationsstandards (z.B. MIP-DEM) direkt militärische Führungsinformationssysteme in die Simulation ein. Im Simulationsablauf berechnet das Simulationssystem rein konstruktiv ein Lagebild, dass das Führungsteam analysiert und anschließend einen Satz von Befehlen in die Simulation zurückgibt, die dann wiederum rein konstruktiv in die Berechnung eines neuen Lagebildes einfließen.
- In einem noch höher aggregierten Ansatz sind die betrachteten Entitäten politische Strukturen wie z.B. Staaten. Das System ermöglicht es, über eine entsprechende Ontologie die Grundlagen für politische Entscheidungsprozesse von Staaten zu formulieren. Entsprechend dieses Regelwerks wird errechnet, wie eine politische Struktur auf sich ändernde Situationen reagiert. Im Gegensatz zu den vorher vorgestellten Aggregationsebenen wird das Simulationssystem in diesem Zusammenhang nicht genutzt, um eine große Anzahl von Detailabläufen vom Rechner durchspielen zu lassen, um so zu einem Ergebnis zu kommen. Stattdessen wird das Wissen einer Vielzahl von Experten formalisiert und hierdurch für andere ad hoc verfügbar.

Alle Ebenen der Simulation ermöglichen die Realisierung wertvoller Instrumente, die helfen können, Krisen, wie die oben beschriebenen, besser vorzubeugen oder ihre Folgen zu mindern. Ein Multiresolution Multiperspective Modeling erfordert es dabei, Simulationsmodelle auf verschiedenen Aggregationsebenen zusammenzuschalten. Hierfür sind allerdings wichtige Interoperabilitätsaspekte zu betrachten, für die mit HLA Lösungsansätze aufgezeigt werden, die teilweise aber noch im Bereich der Grundlagenforschung liegen. Zusätzliche Interoperabilitätsaspekte kommen durch die Notwendigkeit hinzu, wann immer möglich auf bestehende Simulationen zurückgreifen zu können. Daher unterstützt Thales einen Forschungsantrag (INCENTIVE) des Fraunhofer Instituts für Fabrikbetrieb und -automatisierung (IFF) und der Universität Magdeburg in dem wichtige Grundlagenprobleme der Interoperabilität zwischen Simulationssystemen gelöst werden sollen:

- *Technische Interoperabilität*
  Simulationswerkzeuge für verschiedene Domänen müssen ebenso wie nutzungsübergreifende Tools unabhängig von Hardwareplattformen und Herstellern zusammenarbeiten können. Das bedingt die Entwicklung geeigneter formalisierter Beschreibungssprachen, Standards, Datenprotokolle etc.

- *Semantische Interoperabilität*
  Heutige Simulationswerkzeuge besitzen – wenn überhaupt – lediglich Kompatibilität auf syntaktischer Ebene. Beispielsweise werden geometrische Daten eines Systems in einem anderen System als solche erkannt und richtig wiedergegeben. Funktionszusammenhänge können in heutigen Systemen nicht abgebildet werden. Offensichtlich kommen spätestens an dieser Stelle menschliche Intuition, Kreativität und Erfahrungswissen ins Spiel. Semantisch interoperable Systeme müssen also neben funktionalen Beschreibungsmethoden auch Möglichkeiten zur Abbildung, Speicherung, Verarbeitung und zur Weitergabe von noch nicht formalisierbaren Informationen wie z.B. erfahrungsbasiertem Wissen besitzen.

- *Organisatorische Interoperabilität*
  Die Vielfalt der physischen, funktionellen und organisatorischen Wirkzusammenhänge und Informationen ist in realen Abläufen in der Regel auf eine Vielzahl von technischen und humanen Teilsystemen verteilt, welche in allen betrachteten Phasen auf verschiedensten Ebenen formal und nichtformal kommunizieren, d.h. Informationen austauschen. Eine virtuelle Abbildung von Prozessen muss folglich auch in der Lage sein, diese Prozesse abzubilden, zu simulieren und in Testumgebungen entsprechende Interaktionen zuzulassen und richtig zu verarbeiten. Interoperabilität auf dieser Ebene setzt offensichtlich semantische Interoperabilität voraus, geht aber in ihrer Komplexität deutlich darüber hinaus.

Bereitstellen von Führungsinformationen und Erstellen von Lagebildern

Zur effektivsten Bewältigung von Krisensituationen jeglicher Art ist es essentiell, dass allen Entscheidungsstellen zeitnah eine möglichst vollständige Lageinformation zur Verfügung steht. Dabei darf es allerdings auch nicht zu einer Informationsüberfrachtung kommen, sondern es müssen die relevanten Informationen in einem der Entscheidungsebene angepassten Aggregationsgrad dargestellt werden. Dies ist eine notwendige Voraussetzung damit Entscheidungsträger, gegebenenfalls mit Unterstützung von Simulationsmodellen zur Entscheidungsunterstützung, optimale Entscheidungen treffen. Man nennt dies rollengerechte Informationsaufbereitung. Der Begriff Entscheidungsträger beschränkt sich dabei nicht auf die Führungsebenen, sondern umfasst jeden, der innerhalb der Organisation zu einem bestimmten Augenblick eine Entscheidung treffen muss.

Durch die neue Komplexität der Einsätze mit mehreren nationalen wie internationalen Akteuren und der strategischen Verwundbarkeit eigener kritischer Infrastrukturen wächst die Notwendigkeit, neue Prozesse und Methoden zur Erfassung, Kombination und Auswertung der gewonnenen Information durch entsprechend eingesetzte Mittel (Sensoren, Daten- und Wissensdatenbasen, Expertenwissen, Open Source etc.) zu entwickeln. Dieser Fusionsprozess wird eine entscheidende Rolle spielen, um ein Lagebild zu erstellen, ein Lageverständnis zu entwickeln und die Informationsüberlegenheit herzustellen. Dieser Prozess wird aber sehr häufig in konstruktiven Simulationen und Modellen entweder ganz vernachlässigt oder nur an der Oberfläche betrachtet.

Konzeptionell kann man dem Fusionsprozess das Daten-Fusionsmodell des Joint Directors of Laboratories (JDL) mit entsprechenden Ergänzungen zugrundelegen. Das (funktionelle) Modell unterteilt den Fusionsprozess in sechs Ebenen, die nicht notwendigerweise sequenziell durchlaufen werden müssen. Ebene 0 repräsentiert die Sensorebene. Hier werden jeweils die Daten unterschiedlich eingesetzter Sensoren zur Beobachtung organisiert. In den Ebenen 1, 2, 3 wird korreliert, aggregiert und Beobachtungen interpretiert. In der Ebene 4 wird der Fusionsprozess bewertet, kontrolliert und gegebenenfalls mit Hilfe von neuen oder anders einzusetzenden Mitteln (Sensoren, Zugang zu anderer Information) verbessert. Die Ebene 5 stellt die Schnittstelle zu Visualisierung der Fusionsprodukte, der Fusionsergebnisse (Common Operational Picture, COP) und zu den Führungssystemen dar.

Eine Fusion der Ebene 1 z.B. stellt die Kombination von mehreren bildgebenden Sensoren (Radarbilder, Optische Bilder etc.) über die Zeit dar (Single Source Processing). Auch die Fusion erfasster Funksignale wäre der Ebene 1 zuzuordnen, ebenso die Fusion und Auswertung von Open Source Intelligence (Auswertung von Berichten, Internet, Medien etc.). Erst wenn diese einzelnen Domänen der relevanten COP in den Ebenen 2, 3, 4 mittels einer All Source Processing fusioniert, aggregiert und ausgewertet werden, entsteht das domänenunabhängige COP, welches in Ebene 5 visualisiert wird und den Input für die Führungssysteme darstellt.

Durch die Kombination von Sensor-Effektor Modellen, den Computer Generated Forces, der Simulation der Sensor-Effektor-Modelle, den auf den unterschiedlichen JDL-Ebenen vorhandenen Fusionssystemen und der entsprechenden Visualiserung können mittels den beschriebenen Verfahren und Techniken der Modellbildung und Simulation entsprechende Bedrohungsanalysen und Einsatzplanungen bzw. Optimierungen kostengünstiger durchgeführt werden als in Feldversuchen/Life Experimenten. Das erhöht die Attraktivität der Anwendung von Modellbildung und Simulation im Kontext der nationalen Sicherheitsvorsorge.

Schlussfolgerungen

Das Konzept und der Prozess für den Schutz einer kritischen Infrastruktur in der Vernetzten Sicherheit sind nur mit dem Einsatz der Verfahren und Techniken der Modellbildung und Simulation in der ganzen Komplexität entwickelbar. Die konzeptionellen Herausforderungen der Vernetzten Sicherheit auf der einen Seite und die technologischen Entwicklungen auf der anderen Seite werden die Art und Weise des Einsatzes der Modellbildung und Simulation grundlegend verändern sowie ihren Einsatz selbst im militärischen wie auch im zivilen Umfeld stark forcieren.

Wichtig hierfür ist, dass die Bedarfsträger und die Bedarfsdecker in enger Abstimmung an der Weiterentwicklung der vorhandenen Verfahren und Methoden der Modellbildung und Simulation arbeiten und die bestehende Modellbildungs- und Simulationsinfrastruktur konsequent miteinander zu einem gemeinsamen Netzwerk verknüpfen. Werden hierbei auch nicht-staatliche Akteure wie z.B. die Eigentümer und die Betreiber der kritischen Infrastrukturen eingebunden, können Modellbildung und Simulation einen wichtigen Beitrag zur Sicherheit und zur Prosperität leisten.

Die Autoren

Stefan Brem (stefan.brem@babs.admin.ch) leitet seit 2007 den Fachbereich Risikogrundlagen und Forschungskoordination des Bundesamts für Bevölkerungsschutz im Eidgenössischen Departement für Verteidigung, Bevölkerungsschutz und Sport. Der Fachbereich ist u.a. verantwortlich für die Erarbeitung einer nationalen Strategie zum Schutz Kritischer Infrastrukturen. Zwischen 2003 und 2007 war Stefan Brem als wissenschaftlicher Mitarbeiter am Zentrum für internationale Sicherheitspolitik des Eidgenössischen Departements für Auswärtige Angelegenheiten in Bern tätig. Er hat an der Universität Zürich Geschichte, Politikwissenschaft, Staats- und Völkerrecht studiert und dort im Frühjahr 2003 seine Dissertation in Politikwissenschaft abgeschlossen.

Heiko Borchert (hb@borchert.ch) leitet Unternehmens- und Politikberatungsbüros in der Schweiz und in Österreich. Er ist Mitglied des Beirates von IPA Network International Public Affairs, Berlin, sowie der Zeitschrift für Außen- und Sicherheitspolitik (ZfAS) und Kooperationspartner des Hague Center for Strategic Studies (HCSS). Seine Arbeitsschwerpunkte sind die Transformation des Sicherheitssektors, Energie- und Energieinfrastruktursicherheit sowie Wissenschaft und Technologie. Heiko Borchert hat Internationale Beziehungen an der Universität St. Gallen (HSG) studiert und dort mit einer Arbeit über Europas Sicherheitsarchitektur promoviert sowie am Zentrum für Vergleichende und Internationale Studien (ETH/Universität Zürich) gearbeitet.

Uwe Christian Fischer (uwechristian.fischer@bmi.bund.de) arbeitet seit 2006 in der Grundsatzabteilung des Innenministeriums (Referat Internationale Entwicklungen). Nach Offiziersausbildung und Studium der Wirtschaftswissenschaften sowie anschließend der Philosophie und Politikwissenschaft an verschiedenen Universitäten Verwendung als Nachrichten- und Presseoffizier der Luftwaffe. Nach Promotion und Dozententätigkeit an einem Lehrstuhl für politische Philosophie durchlief er verschiedene Funktionen in der politischen und wirtschaftlichen Auswertung des Bundesnachrichtendienstes. Ferner Verwendungen in Bundeskanzleramt und Auswärtigem Amt (Mitarbeit an einer Energiestrategie im Planungsstab). Themenschwerpunkte sind Bedrohungsanalysen und Sicherheitsdoktrin.

Karina Forster (contact@ipa-international.org) ist seit 1990 Geschäftsführerin von IPA Network International Public Affairs, Berlin. Sie arbeitet schwerpunktmäßig in den Bereichen Sicherheit und Verteidigung, Energie, Entwicklung, Transport sowie öffentlich-private Partnerschaften. Vor ihrer Tätigkeit bei IPA Network hat Karina Forster für das Europäische Parlament, die Europäische Kommission und den Deutschen Bundestag gearbeitet. Sie hat Internationale Beziehungen an der London School of Economics, der Columbia University und der University of Maryland studiert.

Olav Hansen (olav.hansen@de.thalesgroup.com) ist seit Januar 2006 als technischer Direktor des Battlespace Transformation Center der Thales Deutschland standortübergreifend tätig. Davor leitete er die Entwicklungsabteilungen zunächst in Kiel und ab 2003 am Standort Koblenz. Er war dabei verantwortlich für die Entwicklung des an über 160 Standorten der Bundeswehr und weltweit eingesetzten Simulators AGSHP/Sagittarius und das Datenaufzeichnungs- und Analysesystem ADAS/SASIE, das in allen deutschen Teilstreitkräften und weltweit eingesetzt wird. Vor seinem Eintritt in die Firma Thales war Olav Hansen in verschiedenen Unternehmen der IT-Branche tätig. Er studierte Informatik und erwarb seine Promotion ebenfalls in der Informatik an der technischen Universität München. Erfahrungen im zivilen Sicherheitsumfeld sammelte er u.a. durch seine zehnjährige ehrenamtliche Mitarbeit in Regie- und Sanitätseinheiten des Katastrophenschutzes.

Andreas Lang (andreas.lang@de.thalesgroup.com) ist seit August 2004 als Leiter der Geschäftsentwicklung mit Schwerpunkt Transformation bei der Thales Holding Deutschland GmbH in Siegburg tätig. Zwischen 2002 und 2004 war er als International Director C2IS Strategy in der Division Land and Joint bei Thales Paris im Bereich C4ISR und Battle Space Transformation Center tätig. Zuvor leitete er bei den Firmen Thales, SEL Verteidigungssysteme und Alcatel SEL die Produktbereiche Führungssysteme und Richtfunk, das Produktmanagement für Studien in der Elektronischen Kampfführung sowie Softwareprojekte für Digitale Vermittlungssysteme. Er ist Major der Reserve, Dipl. Ing. Elektrotechnik und besitzt den Dual Degree Executive Master of Business Administration (E-MBA) der Graduate School of Business Administration (GSBA) Zürich und der State University of New York (SUNY) at Albany.

Günther Marek (guenther.marek@bmi.gv.at) ist seit 2003 Leiter des Zentrums für Sportangelegenheiten (ZSA) und Projektleiter für die Sicherheitsvorbereitungen des österreichischen Bundesministeriums für Inneres (BM.I) für die EURO 2008. Zuvor war Günther Marek u.a. Leiter des Aufbaustabs des Zentralen Kriminalpolizeilichen Dienstes im BM.I sowie des Referats Wirtschaft und Sport in der Wirtschaftskammer Österreich, Mitglied des Wiener Gemeinderats sowie stellvertretender Kabinettchef und Pressesprecher des Bundesministers für Wissenschaft und Forschung. Er studierte Rechtswissenschaften an der Universität Wien.

Thomas Menk (thomas.menk@daimler.com) arbeitete nach Beendigung seiner juristischen und verwaltungswissenschaftlichen Ausbildung, die er mit der Promotion abschloss, als wissenschaftlicher Assistent mit den Arbeitsschwerpunkten Staats- und Völkerrecht an der Hochschule für Verwaltungswissenschaften in Speyer. Von 1994 bis 2001 war er im Geschäftsbereich des Bundesinnenministeriums tätig. Seit Ende 2001 ist er Leiter der Konzernsicherheit der Daimler AG und in dieser Funktion für die Sicherheit des Gesamtunternehmens verantwortlich. Seit April 2004 ist er Präsident des Verbandes für Sicherheit in der Wirtschaft Baden-Württemberg (VSW BW) und seit Juni 2005 Vorsitzender der Arbeitsgemeinschaft für Sicherheit der Wirtschaft (ASW).

Johannes Prinz (johannes.prinz@frequentis.com) leitet seit 2004 die Stabsstelle Corporate Research der Frequentis AG. Nach dem Studium der Nachrichtentechnik an der TU Wien und einem Jahr bei Motorola in den USA begann seine Tätigkeit 1995 bei Frequentis als Leiter von Produktentwicklungen im Bereich Kommunikationstechnik zur taktischer Führung von Luftfahrzeugen sowohl für die zivile Flugsicherung als auch im Bereich Defence. Seit 1999 ist er verantwortlich für strategische Analysen zuerst für den Bereich Air Traffic Management und in der Folge für Public Safety and Transport. 2007 wurde Johannes Prinz ins European Security Research and Innovation Forum (ESRIF) berufen.

Maximilian Prinz (maximilian.prinz@bmi.gv.at) ist seit 2005 im Zentrum für Sportangelegenheiten des Bundesministeriums für Inneres (BM.I), Wien, in den Bereichen Medienarbeit und internationale Zusammenarbeit tätig. Maximilian Prinz hat Kommunikations- und Politikwissenschaften an der Universität Wien studiert und war vor seiner Zeit im BM.I in der Telekommunikationsbranche sowie in den Bundesministerien für Wirtschaft und auswärtige Angelegenheiten tätig.

Ruedi Rytz (ruedi.rytz@bwl.admin.ch) leitet die Geschäftsstelle Infrastrukturbereiche im Bundesamt für wirtschaftliche Landesversorgung im Eidgenössischen Volkswirtschaftsdepartement. Die Geschäftsstelle zeichnet unter anderem verantwortlich für die Risikoanalysen im Bereich der kritischen Informationsinfrastrukturen, welche in enger Zusammenarbeit mit dessen Betreibern aus der Wirtschaft erarbeitet werden. Von 2002 bis 2004 war er federführend für den Aufbau der Melde- und Analysestelle Informationssicherung MELANI zuständig, welche er vom 1. Oktober 2004 bis Ende Februar 2008 auch leitete. Er hat an der Universität Bern Physikalische Chemie studiert und nach der Dissertation ein Jahr an der Cornell University in Ithaca, N.Y. (USA.), geforscht.

Jan-Erik Schmidt (schmidt.jan-erik@web.de) arbeitet für ein weltweit tätiges Business Intelligence-Unternehmen. Davor war er von 1995 bis 2007 als selbständiger Berater in Projekten zur Verwaltungsmodernisierung mit den Schwerpunkten Organisations- und Personalentwicklung, neues Finanz- und Rechnungswesen sowie informationsbasierte Führung tätig. Von 1985 bis 1994 diente er in der Marine und ist heute Kapitänleutnant der Reserve. Er studierte Pädagogik an der Universität der Bundeswehr Hamburg und ist Mitglied der Politisch-Militärischen Gesellschaft e.V.

Ralph Thiele (ralphthiele@bundeswehr.org) derzeit mit Sondervorhaben im Luftwaffenamt der Deutschen Luftwaffe beauftragt, war u.a. Direktor Lehre an der Führungsakademie der Bundeswehr, Hamburg, Kommandeur des Zentrums für Transformation der Bundeswehr in Waldbröl und Chef de Cabinet und Chef des Stabes am NATO Defense College, Rom. Ralph Thiele hat Wirtschafts- und Organisationswissenschaften an der Universität der Bundeswehr, München, sowie Politikwissenschaft an der Hochschule für Politik, München, studiert und die Generalstabsausbildung an der Führungsakademie der Bundeswehr, Hamburg, absolviert. Er ist Gründungsvorsitzender der Politisch-Militärischen Gesellschaft e.V. in Berlin.